경남의 향교

경남의 향교

초판 1쇄 발행 2012년 5월 30일

지은이 구산우 · 성진석
펴낸이 윤관백
펴낸곳 도서출판 선인
　　　　등록 제5-77호(1998.11.4)
　　　　주소 서울시 마포구 마포동 324-1 곳마루빌딩 1층
　　　　전화 02)718-6252 / 6257 | 팩스 02)718-6253
　　　　E-mail. sunin72@chol.com

ISBN 978-89-5933-433-9 (세트)
ISBN 978-89-5933-539-8 94900

정가 37,000원

- 저자와 협의에 의해 인지 생략.
- 잘못된 책은 바꿔 드립니다.

경남의 향교

구산우·성진석

선인

차례

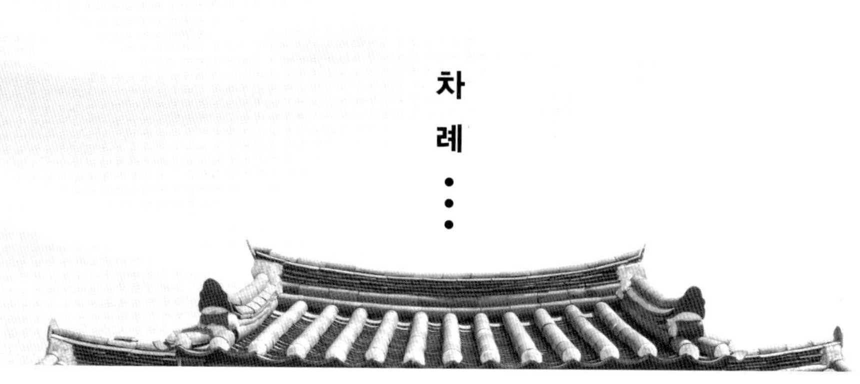

경남의 향교

지난 한 해 동안 경남에 있는 향교를 방문하여 조사하고, 이를 바탕으로 연구한 성과를 한 권의 책으로 펴낸다. 향교를 방문하기 전에 관련 자료를 찾아서 검토하고, 현장 조사를 통해 확인된 사실을 이 책을 쓸 때 정확히 반영하고자 했다. 선행 연구를 충분히 살펴보고, 현지에서 얻은 자료와 정보를 더하여 경남의 향교에 대한 최신판 조사 연구의 성과물을 만들려고 노력했다.

우리 연구진이 경남의 향교를 조사하려고 결정한 것은 다음의 두 가지 이유 때문이었다. 하나는 경남의 향교에 관해서, 지금까지 선행 연구를 충실히 소화하면서 동시에 현장 조사를 반영한 형태로 만들어진 책자가 없었던 사정에 있다. 20년 전에 조선시대 경남의 향교에 관한 역사학 방면의 전문 연구서가 간행되었으나, 이는 전문 연구서라는 특성 때문에 시민들이 쉽게 접근하기 어려운 한계가 있었고, 간행 시점의 현장 조사가 충분히 이루어지지 못한 아쉬움이 있었다. 그리고 그 뒤에 건축학 전공자들이 경남의 향교 건축에 대한 종합적인 조사 성과물을 간행했으나, 향교의 본질적 기능이 발휘되던 조선시대의 역사적 배경에 대한 이해가 불충분하여 이 성과물에서는 향교의 연혁과 역사적 전개에 대한 정확한 지식을 얻기 어려운 한계가 있었다. 지금까지는 이런 상황이었으므로, 우리는 역사 문화재인 경남의 향교에 대한 종합적인 조사가 이루어져야 한다고 판단했다.

경남의 향교를 조사하고 연구하려 한 다른 이유는 이 책의 연구책임자가 이전에 간행한 조사 성과물의 성격과도 직접적으로 관련된다. 그 책은 다름아닌 2008년에 펴낸 『경남의 서원』이다. 잘 알고 있듯이, 조선시대에 향교가 공립 학교라면 서원은 사립 학교였으므로, 특정 지역의 서원과 향교는 상호 보완적이면서도 다른 기능을 제각기 갖고 있었다. 따라서 조선시대 경남의 교육을 둘러싼 지방 정치와 사림의 동향을 둘러싼 사회사적 측면을 정확히 이해하려면 서원과 향교를 동시에 연구해야 할 필요가 있는 것이다. 이전에 펴낸 『경남의 서원』의 성과를 잇는 작업이면서도 나름의 완결성이 있는 주제라는 점에서, 우리 연구진이 『경남의 향교』를 연구 조사하게 되었던 것이다. 한편 『경남의 서원』은 경남의 정체성을 찾기 위해 창원대학교 경남학연구센터에서 기획한 경남학학술총서의 하나로 간행되었다. 이번에 간행하는 『경남의 향교』도 그 연속선상에서 구상하여 만든 결과이다.

이 책자를 만들면서, 이 책을 읽어줄 독자들을 생각하여 우리 연구진이 작업의 기본 원칙으로 삼은 것이 있다. 이는 경남학연구센터에서 추진하는 학술 성과물에서 기본적으로 요구되는 원칙이기도 하다. 첫째, 경남을 대상으로 삼아 연구 성과물을 만들 때, 현장을 반드시 조사해야 한다는 것, 이를테면 현장성을 살려야 점이다. 『경남의 향교』도 이런 원칙에 입각하여, 현존하는 경남의 향교를 모두 답사하여 관련 자료와 정보를 수집하여, 이를 충실히 반영하고 거기서 찍은 사진을 수록함으로써 현장성을 담아내고자 했다. 둘째, 연구 성과물의 내용이 지역 주민과 시민사회에 유용한 정보와 읽을거리를 제공할 수 있어야 한다는 측면을 고려하고자 했다. 학계의 전문적 연구 성과를 적절히 반영하면서도 필요한 지식을 쉽게 얻을 수 있도록 하기 위해, 가능하면 어려운 전문 용어를 풀어 씀으로써 가독성을 높이려고 했다. 이를 통해 학계와 시민사회 사이에 가로놓인 간격이 좀더 좁아질 수 있지 않을까 생각한다.

이 책을 만드는 과정에서 이름을 밝힐 수 없는 많은 이들의 도움을 받았다. 먼저 경남의 향교에 대한 선행 연구를 남긴 많은 연구자들에게 감사의 마음을 전하고 싶다. 그리고 우리가 향교를 방문했을 때, 필요한 자료를 얻게 해주시고 정보를 들려주신 향교 관계자들에게 각별한 감사의 말씀을 드린다. 그렇지 않은 경우도 있었으나, 개별 향교에서 만든 향교지에서 우리의 연구에 필요한 많은 정보를 얻을 수 있었음을 밝힌다. 향교를 조사할 때, 곁들여서 방문한 여러 문화원의 관계자들도 우리가 필요한 자료를 기꺼이 제공해주었다. 선행 연구자의 성과, 향교의 향교지와 기문, 문화원이 제공한 자료들에서 얻은 도움이 이 책의 가장 중요한 밑거름이 되었다.

이 책의 연구책임자는 구산우(창원대 사학과 교수)이고, 공동연구원으로 성진석(창원대 사학과 박사과정)이 참여했다. 행정적인 연락을 맡고 현장 조사에 참여한 이창현(창원대 대학원)의 노고가 이 책의 완성에 기여했음을 아울러 밝힌다.

교정을 화사하게 만들었던 벚꽃의 꽃잎이 모두 진 2012년 4월에
구산우

서술 대상과 집필 기준

＊ 이 책에서 서술의 대상으로 삼은 것은 고려시대부터 창건된 경남의 향교(鄕校)이다.

＊ 경남에는 현재 18개의 기초 자치단체가 있다. 18개 지역의 서술은 기초 자치단체 명칭을 기준으로 삼아 가나다순으로 배열하였다. 같은 지역 내에 있는 향교에 대한 서술도 마찬가지로 가나다순으로 배치하였다.

＊ 이상에서 제시한 원칙에 입각하여 이 책에서 서술된 경남의 향교는 총 27개이다. 경남의 향교 건립 상황을 지역별로 분류하면 다음의 표와 같다.

〈표 1〉 경남의 지역별 향교 현황

지역명	향교명	창건 연대	주 소
거제시	巨濟향교	조선 세종 14년(1432)	경남 거제시 거제읍 서정리 626번지
거창군	居昌향교	조선 태종 15년(1415)	경남 거창군 거창읍 가지리 348번지
고성군	固城향교	조선 태종대(1400~1418) 추정	경남 고성군 고성읍 교사리 270-1번지
김해시	金海향교	고려 충숙왕 복위 3년 (1334) 전후	경남 김해시 대성동 224번지
남해군	南海향교	조선 세종 32년(1450)	경남 남해군 남해읍 북변리 586번지
밀양시	密陽향교	고려 인종대(1122~1146) 추정	경남 밀양시 교동 733번지
사천시	昆陽향교	조선 세종 원년(1419) 추정	경남 사천시 곤양면 송전리 355번지
	泗川향교	조선 초기 추정	경남 사천시 사천읍 선인리 119번지

산청군	丹城향교	고려 충선왕대(忠宣王代, 1308~1313) 추정	경남 산청군 단성면 강루리 595-1번지
	山淸향교	조선 초기 추정	경남 산청군 산청읍 지리 369-1번지
양산시	梁山향교	조선 초기 추정	경남 양산시 강서동 198번지
의령군	宜寧향교	조선 초기 추정	경남 의령군 의령읍 서리 393번지
진주시	晋州향교	고려 성종 6년(987)	경남 진주시 옥봉동 232-1번지
창녕군	靈山향교	조선 초기 추정	경남 창녕군 영산면 교리 51번지
	昌寧향교	조선 초기 추정	경남 창녕군 창녕읍 교동리 440번지
창원시	馬山향교	조선 태종 13년(1413)	경남 창원시 마산합포구 진동면 교동리 544번지
	昌原향교	조선 초기 추정	경남 창원시 의창구 소답동 433-2번지
통영시	統營향교	대한제국 광무 5년(1901)	경남 통영시 광도면 죽림리 945-2번지
하동군	河東향교	조선 세조 5년(1459)	경남 하동군 하동읍 읍내리 1069번지
함안군	漆原향교	조선 초기 추정	경남 함안군 칠원면 용산리 299번지
	咸安향교	조선 초기 추정	경남 함안군 함안읍 봉성리 1319-2번지
함양군	安義향교	조선 성종 4년(1473)	경남 함양군 안의면 교북리 148-2번지
	咸陽향교	조선 태조 7년(1398) 추정	경남 함양군 함양읍 교산리 793번지
합천군	江陽향교	1965년	경남 합천군 합천읍 합천리 690-2번지
	三嘉향교	조선 세종대(1418~1450) 추정	경남 합천군 삼가면 소오리 342번지
	草溪향교	조선 초기 추정	경남 합천군 초계면 초계리 245번지
	陜川향교	조선 초기 추정	경남 합천군 야로면 구정리 311번지
계	27개		

  ＊ 경남지역 향교의 석전제(釋奠祭) 향사일과 향교지의 발간 여부를 정리하면 다음의 표와 같다.

〈표 2〉 경남 향교의 석전제 향사일과 향교지 발간 여부

지역명	향교명	석전제 향사일	발간 향교지	발간 연도
거제시	巨濟향교	매년 양력 5월 11일 / 양력 9월 28일	없음	
거창군	居昌향교	매년 양력 5월 11일 / 양력 9월 28일	居昌鄕校誌	2002
고성군	固城향교	매년 음력 2월 상정일(上丁日) / 음력 8월 상정일	固城鄕校誌	2002
김해시	金海향교	매년 음력 2월 상정일 / 음력 8월 상정일	金海鄕校誌	2007
남해군	南海향교	매년 양력 5월 11일 / 양력 9월 28일	南海鄕校誌	1998
밀양시	密陽향교	매년 음력 2월 상정일 / 음력 8월 상정일	密陽鄕校誌	2004
사천시	昆陽향교	매년 양력 5월 11일 / 음력 9월 28일	없음	
사천시	泗川향교	매년 양력 5월 11일 / 양력 9월 28일	없음	
산청군	丹城향교	매년 양력 5월 11일 / 양력 9월 28일	丹城鄕校誌	2008
산청군	山淸향교	매년 양력 5월 11일 / 양력 9월 28일	山淸鄕校誌	2010
양산시	梁山향교	매년 음력 2월 상정일 / 음력 8월 상정일	梁山鄕校誌	1999
의령군	宜寧향교	매년 음력 2월 상정일 / 음력 8월 상정일	校宮誌	2008
진주시	晋州향교	매년 양력 5월 11일 / 양력 9월 28일	晋州鄕校誌	1997
창녕군	靈山향교	매년 양력 5월 11일 / 양력 9월 28일	없음	
창녕군	昌寧향교	매년 양력 5월 11일 / 양력 9월 28일	昌寧鄕校誌	2012
창원시	馬山향교	매년 양력 5월 11일 / 양력 9월 28일	없음	
창원시	昌原향교	매년 양력 5월 11일 / 양력 9월 28일	昌原鄕校誌	2004
통영시	統營향교	매년 양력 5월 11일 / 양력 9월 28일	없음	
하동군	河東향교	매년 음력 2월 상정일 / 음력 8월 상정일	河東鄕校誌	2003
함안군	漆原향교	매년 음력 2월 상정일 / 음력 8월 상정일	漆原鄕校誌	2002
함안군	咸安향교	매년 양력 5월 11일 / 양력 9월 28일	咸安鄕校誌	2010

함양군	安義향교	매년 음력 2월 상정일 / 음력 8월 상정일	安義鄕校誌	2009
	咸陽향교	매년 음력 2월 상정일 / 음력 8월 상정일	咸陽鄕校誌	2010
합천군	江陽향교	매년 양력 5월 11일 / 양력 9월 28일	陜川校誌	미상
	三嘉향교	매년 음력 2월 상정일 / 음력 8월 상정일	三嘉鄕校懸板集成	2007
	草溪향교	매년 양력 5월 11일 / 양력 9월 28일	없음	
	陜川향교	매년 양력 5월 11일 / 양력 9월 28일	陜川鄕校誌	1989
계	27개			

＊ 조선시대에 석전에 거행되는 문묘는 유학의 정통에 기여한 선현들을 향사하는데 향교마다 고을의 크기에 따라 대설위(大設位), 중설위(中設位), 소설위(小設位)로 나누어 봉안하는 신위의 수에 차등을 두었다.

대설위는 5성(聖), 10철(哲), 70자(子) 및 한(漢)·당(唐)·송(宋)·원(元)의 제유(諸儒)와 동국(東國), 즉 우리나라의 18현(賢)을 성균관의 문묘와 같이 봉안하고, 중설위는 공자(孔子) 주향(主享)에 사현(四賢)을 배향(配享), 10철과 송조(宋朝) 6현을 전내(殿內)에 종향(從享), 동·서무(東·西廡)에 동국18현을 종향하였으며, 소설위는 공자 주향에 4성을 배향, 송조 4현을 전내에 종향하고 동국18현을 동·서무에 종향하였다. 이러한 문묘는 성전(聖殿)이라 하여 향교 건물 가운데 특별히 수호되었으며, 이곳에서 봉행되는 춘추의 석전제는 엄격한 규범이 적용되었다.

향교에 제향되는 인물을 정리하면 다음의 표와 같다.

〈표 3〉 향교 제향 인물

분류	대상 인물
5성(五聖)	공자(孔子), 안자(顔子), 증자(曾子), 자사자(子思子), 맹자(孟子)
공문10철(孔門十哲)	민손(閔損), 염경(冉耕), 염옹(冉雍), 재여(宰子), 단목사(端木賜), 염구(冉求), 중유(仲由), 언언(言偃), 복상(卜商), 전손사(顓孫師)
송조6현(宋朝六賢)	주돈이(周惇頤), 정호(程顥), 정이(程頤), 소옹(邵雍), 장재(張載), 주희(朱熹)

송조4현(宋朝四賢)	주돈이(周惇頤), 정호(程顥), 정이(程頤), 주희(朱熹)
송조3현(宋朝三賢)	정호(程顥), 정이(程頤), 주희(朱熹)
송조2현(宋朝二賢)	정호(程顥), 주희(朱熹)
동국18현(東國十八賢)	최치원(崔致遠), 설총(薛聰), 안유(安裕), 정몽주(鄭夢周), 정여창(鄭汝昌), 김굉필(金宏弼), 이언적(李彦迪), 조광조(趙光祖), 김인후(金麟厚), 이황(李滉), 성혼(成渾), 이이(李珥), 조헌(趙憲), 김장생(金長生), 송시열(宋時烈), 김집(金集), 박세채(朴世采), 송준길(宋浚吉)

＊ 고을의 크기에 따른 분류인 대설위·중설위·소설위의 향교에서 제향하는 인물을 정리하면 다음의 표와 같다.

〈표 4〉 향교의 설위별 제향 인물

대설위	5성(五聖) / 10철(十哲) / 70자(子) / 한(漢)·당(唐)·송(宋)·원(元)의 제유(諸儒) / 동국18현(東國十八賢)
중설위	5성(五聖) / 10철(十哲) / 송조6현(宋朝六賢) / 동국18현(東國十八賢)
소설위	5성(五聖) / 송조4현(宋朝四賢) / 동국18현(東國十八賢)

＊ 경남지역 향교의 제향 인물을 정리하면 다음의 표와 같다.

〈표 5〉 경남 향교의 제향 인물

지역명	향교명	제향 인물
거제시	巨濟향교	5성(五聖) / 동국18현(東國十八賢)
거창군	居昌향교	5성(五聖) / 공문10철(孔門十哲) / 송조6현(宋朝六賢) / 동국18현(東國十八賢)
고성군	固城향교	5성(五聖) / 송조2현(宋朝二賢) / 동국18현(東國十八賢)

김해시	金海향교	5성(五聖) / 송조2현(宋朝二賢) / 동국18현(東國十八賢)
남해군	南海향교	5성(五聖) / 송조2현(宋朝二賢) / 동국18현(東國十八賢)
밀양시	密陽향교	5성(五聖) / 송조2현(宋朝二賢) / 동국18현(東國十八賢)
사천시	昆陽향교	5성(五聖) / 송조2현(宋朝二賢) / 동국18현(東國十八賢)
	泗川향교	5성(五聖) / 송조2현(宋朝二賢) / 동국18현(東國十八賢)
산청군	丹城향교	5성(五聖) / 송조4현(宋朝四賢) / 동국18현(東國十八賢)
	山淸향교	5성(五聖) / 송조2현(宋朝二賢) / 동국18현(東國十八賢)
양산시	梁山향교	5성(五聖) / 송조2현(宋朝二賢) / 동국18현(東國十八賢)
의령군	宜寧향교	5성(五聖) / 송조4현(宋朝四賢) / 동국18현(東國十八賢)
진주시	晋州향교	5성(五聖) / 송조2현(宋朝二賢) / 동국18현(東國十八賢)
창녕군	靈山향교	5성(五聖) / 송조4현(宋朝四賢) / 동국18현(東國十八賢)
	昌寧향교	5성(五聖) / 송조4현(宋朝四賢) / 동국18현(東國十八賢)
창원시	馬山향교	5성(五聖) / 송조2현(宋朝二賢) / 동국18현(東國十八賢)
	昌原향교	5성(五聖) / 송조2현(宋朝二賢) / 동국18현(東國十八賢)
통영시	統營향교	5성(五聖) / 송조4현(宋朝四賢) / 동국18현(東國十八賢)
하동군	河東향교	5성(五聖) / 송조2현(宋朝二賢) / 동국18현(東國十八賢)
함안군	漆原향교	5성(五聖) / 송조2현(宋朝二賢) / 동국18현(東國十八賢)
	咸安향교	5성(五聖) / 송조3현(宋朝三賢) / 동국18현(東國十八賢)
함양군	安義향교	5성(五聖) / 송조4현(宋朝四賢) / 동국18현(東國十八賢)
	咸陽향교	5성(五聖) / 송조2현(宋朝二賢) / 동국18현(東國十八賢)
합천군	江陽향교	5성(五聖) / 송조4현(宋朝四賢) / 동국18현(東國十八賢)
	三嘉향교	5성(五聖) / 송조4현(宋朝四賢) / 동국18현(東國十八賢)
	草溪향교	5성(五聖) / 공문10철(孔門十哲) / 송조6현(宋朝六賢) / 동국18현(東國十八賢)
	陜川향교	5성(五聖) / 송조2현(宋朝二賢) / 동국18현(東國十八賢)
계	27개	

＊ 고려시대에 향교가 처음 건립된 시점인 고려 성종(成宗) 6년(987)부터 향교가 마지막으로 건립된 1965년까지, 경남의 각 지역에서 향교가 건립된 시기별 추이를 표로 정리하면 다음과 같다.

〈표 6〉 경남 향교의 시기별 건립 추이(987~1965)

건립 계	987~1391 (고려시대)	1392~1500	1501~1600	1601~1700	1701~1876	1877년 이후	합계
계	4	21	–	–	–	2	27

＊ 동일 항목에서 나오는 인명, 관직명, 지명 등의 고유 명사는 처음 나올 때만 한자로 표기하고, 그 뒤에는 한글로 표기하는 것을 원칙으로 삼았다.

＊ 인명을 쓸 때는 호(號)나 자(字)를 쓰지 않았다. 그리고 인물을 높이는 표현, 예컨대 ○○선생, ○○님, 그 분 등과 같은 표현은 사용하지 않는 것을 원칙으로 하였다.

＊ 모든 향교의 사진을 5매를 싣는 것을 원칙으로 하되, 필요하면 특정 향교의 경우에 몇 매를 더 추가하였다. 향교 사진의 배치 순서는 풍화루(風化樓, 혹은 외삼문(外三門)), 동재(東齋)와 서재(西齋), 명륜당(明倫堂), 대성전(大成殿)이다.

＊ 관련 자료(유적과 유물)의 내용은 해당 향교에서 소장하는 문화재 중 문화재청에 등록된 것을 수록함을 원칙으로 하되, 등록되지 않은 것도 일부 포함하였다.

＊ 연도는 영조 49년(1773)의 형식으로 표기하였다.

＊ 기문 자료 속의 아라비아 숫자는 그 기문의 작성 연도를 뜻한다.

＊ 현재 국사편찬위원회에서 제공하는 『조선왕조실록(朝鮮王朝實錄)』, 『승정원일기(承政院日記)』를 검색해 보면, 이 두 자료에는 경남의 향교에 관해 참고할만한 기록은 없다.

향교 건물 배치 모형도

✽ 향교의 건물 배치는 강학(講學) 영역이 앞쪽에, 제향(祭享) 영역이 뒤쪽에 있는 전학후묘(前學後廟)의 배치 형식이 일반적이며, 그 모형도는 다음과 같다.

〈그림 1〉 향교 건물 배치 모형도

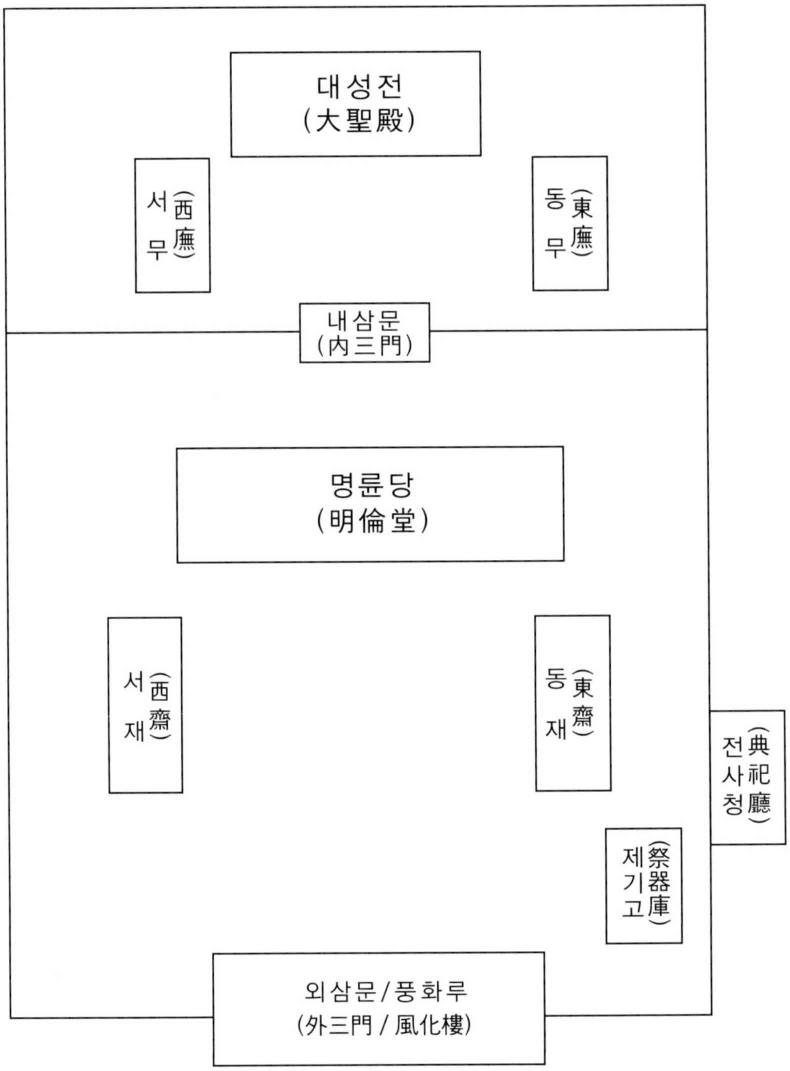

1. 5성(五聖)

1) 공자[1](孔子, 기원전 552~479)

중국 춘추시대(春秋時代)의 사상가이며, 유가(儒家)의 시조이다. 이름은 구(丘), 자(字)는 중니(仲尼)이며, 노(魯)의 곡부(曲阜)(산동 : 山東)에서 태어나, 어려서부터 노(魯)에 전해오는 주(周)의 전통문화를 배웠고, 그 창시자인 주공(周公)을 이상적인 인물로서 경모했다. 당시 노(魯)에는 삼환자(三桓子)가 정권을 지배하고 있었는데, 그 중 가장 강력했던 계손씨(季孫氏)는 신하인 양호(陽虎)에게 권력을 빼앗긴 형편이었다. 공자는 이런 노국(魯國)의 정치를 개혁하고자 동분서주했으나 실패, 기원전 497년 제자들과 함께 위(衛)로 도망했다. 그 후 진(陳), 채(蔡) 사이를 방황하고, 진(晉), 초(楚) 등 대국에 들어가 자신의 정치 이상을 실현하려 했으나 역시 실패하고, 마침내 13년간의 유랑 끝에 노(魯)로 돌아와, 그 후로는 제자의 교육과 시(詩), 서(書) 등의 고전을 정리하는 데에 몰두하여 여생을 보냈다.

교육자로서의 공자는 훌륭한 교사였다. 그에게는 3천 명의 제자가 있었다고 하는데, 그 중에서 육예(六藝)에 통달한 사람은 72명이었다. 그의 교육은 문행충신(文行忠信) 네 글자로 압축할 수 있다. 즉 학문지식(學問知識 : 文)을 위로 놓되 여기에는 실행(實行 : 行)이 수반되어야 한다. 또, 타인에게 마음을 쏟아야 한다(忠). 신(信)이란 언행(言行)이 일치하는 것이다. 그의 교육법은 개인 각자의 특성을 고려하여 거기에 합당한 것을 가르쳤다. 공자

---

1) 동양사 사전편찬위원회, 「공자(孔子)」『동양사 사전』, 일월서각, 1989.

의 사상 밑바닥에 있는 것은 인(仁)이다. 인(仁)이란 사람을 사랑하는 것이다. 그러한 인간 애가 가장 순수하게 드러나는 것이 가족에 대한 경우이다. 더욱이 그는 이 사랑에 기초를 둔 가족도덕을 정치에 응용하여 천하를 다스려야 한다고 주장했다. 그가 강조한 실천윤리 는 효(孝)와 제(弟)로서「효제(孝弟)는 인(仁)을 실현하는 기본」이라고 했다.

그의 정치사상은 가족·도덕에 근거를 둔 덕치주의(德治主義)로서, 그것을 구체적으로 표명한 것이 예치(禮治) 또는 예악(禮樂)의 치(治)이다. 예(禮)란 주공(周公)이 정한 인간사 회의 도덕관습으로, 덕(德)과 예(禮)로써 규제하면 왕도정치(王道政治)가 실현된다는 것이 다. 또, 공자는 죽음이나 귀신 따위 비현실적인 것은 배척하고 있다. 그가 죽은 뒤 제자들 이 그의 언행을 모은 것이『논어(論語)』이다. 그는 유가의 시조로서 성인으로 숭배되고 있 다. 자손은 대대로 곡부(曲阜)에 거주하며 역대 왕조로부터 공경을 받았다.

2) 안자[2](顔子, 기원전 521~490)

중국 춘추시대(春秋時代)의 유학자이며, 공자(孔子)의 제자로서 자(字)는 연(淵), 자연(子 淵), 노(魯)나라 출신이다. 아버지 안무요(顔無繇)와 함께 공자의 문하에 입문하여 공자의 3천 제자 중 제일의 제자가 되었다. 공자보다 30세 아래였으나 32세로 요절하였는데 그는 공자의 제자 중에서 생활이 가장 곤궁하였는데도, 가장 어질고 한문을 좋아하였으며, 공자 의 가르침을 가장 성실하게 실천하였다.

공자는 그에 대하여 가난 속에서의 학문 탐구와 그 실천을 높이 평가하였다. 또한 그에 대한 공자의 정의가 각별하였으므로 그가 공자보다 앞서 죽었을 때 공자는 "아, 하늘이 나 를 망치는구나!"(『논어(論語)』「선진(先進)」)라고 탄식하였다. 그는 공자의 가르침을 기꺼이 받아들이고 일상 생활 속에서 주체적으로 소화하여 실천하고자 하였다. 이러한 진취성과 실천성으로 말미암아, 공자는 "안회는 그 마음이 3개월 이상 오랜 기간도록 인(仁)을 어기 지 않을 것이다, 그 밖의 사람은 하루에 한 번, 혹은 한 달에 한 번 정도 인의 경지에 이를 뿐이다."(『논어(論語)』「옹야(雍也)」)라고 말하면서 그에게만은 장기간 동안 인(仁)을 실천

---

2) 儒敎事典編纂委員會, 「안회(顔回)」『儒敎大事典』, 博英社, 1990.

할 수 있는 마음과 능력이 있다고 평가하였다. 그가 인의 실천에 대해서 물었을 때, 공자는 '극기복례(克己復禮)'가 그것이라고 하면서, '비례물시 비례물청 비례물언 비례물동(非禮勿視 非禮勿聽 非禮勿言 非禮勿動)'을 세목(細目)으로 들어주었다. 그는 안빈낙도(安貧樂道)와 호학불권(好學不倦)의 전형으로 칭송되며, 공자가 가장 기대했던 제자로서 공자제자 72현(賢) 중에서도 제일 수위에 열거되어 '복성(復聖)'의 칭호를 받았다. 공자의 문묘(文廟)에 공자(孔子)·증자(曾子)·자사(子思)·맹자(孟子)와 함께 오성(五聖)의 한 사람으로 배향(配享)되어 있다.

3) 증자[3](曾子, 기원전 509~?)

공자(孔子)의 제자로서 이름은 참(參)이며, 자(字)는 자여(子輿), 산동성(山東省) 남무성(南武城) 사람이다.

증자는 효행으로 유명하다. 그의 학문 경향은 『효경(孝經)』 및 『대대예기(大戴禮記)』 가운데의 증자편(曾子篇)에 보인다. 그가 특히 중시한 것은 효였고, 유교의 근본이라는 인으로의 길은 효제(孝悌)에 있다고 하여, 효로써 모든 도덕을 설명하려고 했다. 또 그가 공자의 "나는 도(道), 이 하나로 일관한다"라는 말에 대하여 "선생님의 도(道)는 충서(忠恕)일 뿐"이라고 해설한 것은 유명하다. 그러나 일관이라는 것은 인(仁)이고, 충서(忠恕)는 인(仁)을 구하는 방법으로, 이것은 그가 도덕의 주관적 방면을 중요시하고 있었던 것을 보여 준다.

4) 자사자[4](子思子, 기원전 492~431)

공자(孔子)의 손자로서 이름은 급(伋)이며, 자(字)는 자사(子思)이다. 아버지는 백어(伯魚)이다. 자사자는 증자(曾子)의 학문을 전했으나, 그 후에는 맹자(孟子)를 이어받아 선진

---

3) 동양사 사전편찬위원회, 「증자(曾子)」『동양사 사전』, 일월서각, 1989.
4) 동양사 사전편찬위원회, 「자사자(子思子)」『동양사 사전』, 일월서각, 1989.

(先秦) 유가(儒家) 중에서 주관적 경향이 강한 학파를 만들었다.

『자사자(子思子)』라는 책이 있었으나, 지금은 중용(中庸), 표기(表記), 방기(坊記), 치의(緇衣)의 제편(諸篇) 등이 『예기(禮記)』 중에 남아 있을 뿐이다. 그러나 이러한 것들은 자사 1인의 저작은 아니다. 『중용(中庸)』에 대해서도 16장을 제외한 2장에서 19장까지가 대체로 자사 때에 지은 것이고, 그 밖의 것은 진대(秦代)에 추가한 「중용설(中庸說)」이라고 말한다. 『중용(中庸)』은 증자의 효를 부연한 것으로, 증자가 공자의 인도(人道)를 효로써 설명하려고 시도한 것에 대해, 자사(子思)는 그 위에 '중용'이라는 말로 설명을 더한 것이다. 『중용(中庸)』의 도(道)는 우선 부모에게 효를 다하는 것이 제일이고, 그 방법은 충서(忠恕 : 근본적으로는 忠)에 있다고 설명해, 증자와 함께 공자가 인도의 방법으로서 가르친 정신적인 면, 곧 충서설(忠恕說)을 계승 발전시켰다.

5) 맹자[5](孟子, 기원전 372~289)

중국 전국시대(戰國時代)의 유학자이며, 노(魯)나라 사람이다. 이름은 가(軻), 자(字)는 자여(子輿)이다. 맹자는 자사(子思)의 문인으로 학문을 익혀 양(梁), 제(齊), 송(宋) 등에 유세(遊說)하면서 노(魯)에서 일하려고 하였으나 뜻을 얻지 못하고, 노년에 고향으로 돌아와 많은 문인의 교육에 힘썼다. 그의 말과 논리를 기록한 『맹자(孟子)』는 7편으로 되어 있다.

맹자의 도덕 사상은 공자(孔子)와 같이 인(仁)과 효제(孝悌)를 기본으로 삼았으나, 그는 거기에 인간의 본성을 적극적인 선(善)이라고 단정했다. 사람은 본래적으로 선에 힘쓰는 성질이 있으나, 그것이 최고의 경지에까지 이르기에는 강한 의지를 기르지 않으면 안 된다고 주장했다. 그는 또 이러한 성선설(性善說)에 기초를 두어 덕치주의(德治主義)의 정치, 즉 왕도(王道)를 주장하고, 정전법(井田法)을 설(說)했으며 또 임금이 왕도를 행하지 않으면 안된다 하고 역성혁명(易姓革命)을 주장했다. 공자의 도덕설(道德說)로부터 출발한 맹자가 이러한 사상으로 발전했던 것은 공자시대보다 하극상의 항쟁과 토지사유제의 증대가 심했던 전국시대의 양상과 깊은 관련이 있다.

---

5) 동양사 사전편찬위원회, 「맹자(孟子)」 『동양사 사전』, 일월서각, 1989.

2. 공문10철(孔門十哲)

1) 민손[6](閔損, 생몰년 미상)

중국 춘추시대(春秋時代) 노(魯)나라의 유학자이다. 공자(孔子)의 제자이며, 자(字)는 자건(子騫)이다. 민손은 공문10철(孔門十哲) 가운데 한 사람으로서, 안회(顔回)·염경(冉耕)·염옹(冉雍) 등과 함께 공문덕행과(孔門德行科)에 열거되었다.

권문(權門)에 벼슬하지 않고 도(道)를 즐겼으며, 증자(曾子)와 함께 효행(孝行)의 대표적인 인물로 칭송받았다. 온화하고 정직했으며 신중하고 정확한 언행으로 뛰어났다. 『논어(論語)』「선진(先進)」에 그에 관한 기록이 보인다. 중국 산동성(山東省) 범현(范縣) 동남쪽에 묘가 있다.

2) 염경[7](冉耕, 기원전 545~?)

중국 춘추시대(春秋時代) 노(魯)나라의 유학자이다. 공자(孔子)의 제자이며, 자(字)는 백우(伯牛)이다. 염경은 공문10철(孔門十哲) 가운데 한 사람으로서, 안자(顔子)·민손(閔損)과 함께 덕행(德行)에 뛰어났다. 공자(孔子)보다 7세 연하이다.

그의 언행에 관한 기록은 『논어(論語)』「옹야(雍也)」에 한 절이 남아 있다. 공자가 노나라 사구(司寇)를 지낼 때, 그는 노나라 중도(中都)의 장(長)이었다. 그는 어질었으며 성인의 일면을 갖추고 있었으나 미약(微弱)하였다. 후에 그가 병에 걸리자 공자가 문병가서 창 너머로 그의 손을 잡고 "명(命)이로구나, 이 사람이 이런 병에 걸리다니"라고 하며 그와의 영결(永訣)을 애석해하였다. 중국 산동성(山東省) 동평현(東平縣) 서북쪽에 그의 묘가 있다.

---

6) 儒教事典編纂委員會, 「민손(閔損)」 『儒教大事典』, 博英社, 1990.
7) 儒教事典編纂委員會, 「염경(冉耕)」 『儒教大事典』, 博英社, 1990.

3) 염옹[8](冉雍, 기원전 523~?)

중국 춘추시대(春秋時代) 노(魯)나라의 유학자이다. 공자(孔子)의 제자이며, 자(字)는 중궁(仲弓)이다. 염옹은 공문10철(孔門十哲) 가운데 한 사람으로서, 안회(顔回) · 민손(閔損) 등과 함께 덕행(德行)에 뛰어났다. 공자보다 29세 연하이며, 『논어(論語)』 가운데 여섯 번 등장한다. 계씨(季氏)의 가신(家臣)을 지냈다. 성격은 과묵하고 관홍(寬洪) · 간중(簡重)하였다.

아버지의 신분은 비천하였지만 그는 매우 어질었기 때문에 아버지의 악을 가릴 수 있었다고 하여, 공자는 『논어(論語)』「옹야(雍也)」에서 "얼룩소의 새끼가 붉고 뿔이 단정하면 비록 쓰지 않으려 하나 산천의 신이 버리겠는가?"라고 비유하며 칭찬하였다. 또 그를 군주 자리에 앉힐 만하다고 평가하였다. 한편, 『순자(荀子)』「비상(非相)」 · 「비십이자(非十二子)」 · 『유효(儒效)』 등의 편에서는 공자와 자궁(子弓)을 병칭하고 있는데, 양경(楊倞)은 주(注)에서 이 자궁이 중궁, 곧 염옹이라고 주장하였다. 문묘(文廟)의 대성전(大成殿)에 그의 위패가 봉안되어 있다. 중국 산동성(山東省) 관현(冠縣)에 그의 묘가 있다.

4) 재여[9](宰予, 기원전 522~458)

중국 춘추시대(春秋時代) 노(魯)나라의 유학자이다. 공자(孔子)의 제자이며, 자(字)는 자아(子我) · 재아(宰我)이다. 재여는 자공(子貢)과 함께 공문10철(孔門十哲) 중 언어과(言語科)에 열거되었다. 성격이 솔직하고 언변이 좋으나, 실천이 미치지 못하였다고 한다. 중국 산동성(山東省) 곡부현(曲阜縣) 서쪽에 그의 묘가 있다.

---

8) 儒敎事典編纂委員會, 「염옹(冉雍)」『儒敎大事典』, 博英社, 1990.
9) 儒敎事典編纂委員會, 「재여(宰予)」『儒敎大事典』, 博英社, 1990.

5) 단목사[10](端木賜, 기원전 507~420)

중국 춘추시대(春秋時代) 위(魏)나라의 유학자이다. 공자(孔子)의 제자이며, 성은 단목(端木), 이름은 사(賜), 자(字)는 자공(子貢)이다. 하남성(河南省) 휘현(輝縣) 출신이다. 단목사는 공문10철(孔門十哲) 가운데 한 사람으로서, 언어(言語)에 뛰어났다.

그에 대한 기록은 『논어(論語)』에 38회 정도 있다. 그는 이재(利財)에 밝아 공자의 제자 가운데 가장 부유하였으며, 공자가 여러 나라를 돌아다니며 군주들에게 이상을 설파할 때 그 후원자 역할을 하였다. 위나라와 노(魯)나라에서 재상을 지내고, 제(齊)나라가 노나라를 치려 할 때에는 공자의 사신이 되어 제(齊)·진(晋)·오(吳)·월(越) 등의 나라를 돌아다니며 유세(遊說)하였다. 그는 천성이 총명하고 언어 능력이 뛰어나 적극적인 질문과 정확한 문제 제기를 하였다. 그러나 경솔한 면도 있어서 다른 사람을 평론하거나 비교하는 것을 좋아하였지만, 안회의 자질을 문일지십(聞一知十)에, 스스로를 문일지이(問一知二)에 비유하고 있는 것으로 미루어 (『논어(論語)』「공치자(公治子)」) 스스로를 굽히는 것에도 과감했음을 알 수 있다. 또한 고대로부터 내려온 곡삭(告朔)의 예(禮)가 허례(虛禮)로 격하되자 그 예에 사용하던 희생양을 없애려고 하는 등 현실적인 사고를 가지고 있었다.

공자는 그를 종묘(宗廟)의 제사 때에 쓰이는 호련(瑚璉 : 서직(黍稷))을 담는 玉으로 만든 제기)에 비유하여 유능한 인재로 평가하였다. 또한 계강자(季康子)의 질문에 대해서는 그가 사리에 통달하여 정사에 종사하게 할 수 있다고 칭찬하였다. 『맹자(孟子)』「등문공상(滕文公上)」에는 공자가 죽은 뒤 다른 제자는 심상(心喪) 3년을 지낸 뒤 돌아갔으나, 그는 혼자 여막(廬幕)에서 3년을 더 지내겠다고 하였다.

그는 공자가 죽은 뒤 공자의 인(仁)사상의 요점을 집약적으로 해명하고 인의 정치적 의의(意義)를 확대시키는 데에 주력하였다. 사마천(司馬遷)은 『사기(史記)』에서, 공자가 죽은 뒤, 공자의 이름을 천하에 선양한 사람은 단목사뿐이라고 평하고, 그를 「화식열전(貨殖列傳)」의 첫머리에 넣었다. 중국 준현성(濬縣省) 동쪽에 그의 묘가 있다. 우리나라 문묘(文廟)에 위패가 봉안되어 있다.

---

10) 儒敎事典編纂委員會, 「단목사(端木賜)」 『儒敎大事典』, 博英社, 1990.

6) 염구[11](冉求, 기원전 522~489)

중국 춘추시대(春秋時代)의 유학자이며, 공자(孔子)의 제자이다. 염구는 공문10철(孔門十哲) 가운데 한 사람으로서, 자(字)는 자유(子有), 염유(冉有)라고도 한다. 노(魯)나라 출신이다. 정사에 밝았으며, 『사기(史記)』「중니제자열전(仲尼弟子列傳)」에 의하면, 공자보다 29세가 적고, 계씨(季氏)의 재(宰)를 지냈다고 한다. 그에 대한 기록은 『논어(論語)』에 15절이 있다. 그는 부국강병의 술(術)이 뛰어나 노나라가 제나라에게 승리하는 데 결정적인 역할을 하였다. 또, 재정에 힘써 계씨를 위해 재물을 모으고 세금을 거두었는데, 공자는 제자들에게 그를 성토하게 하였다. 그는 공자의 도(道)를 좋아하여 계손(季孫)에게 공자를 추천하기도 하였다.

7) 중유[12](仲由, 기원전 542~480)

중국 춘추시대(春秋時代)의 유학자이며, 공자(孔子)의 제자이다. 자(字)는 자로(子路)·계로(季路)이다. 노(魯)나라 변읍(卞邑 : 지금의 山東省 泗水縣) 출신이다. 중유는 공문10철(孔門十哲) 가운데 한 사람으로서, 염유(冉有)와 함께 정사과(政事科)에 뛰어났다. 공자보다 9세 연하이다. 그는 노나라와 위(衛)나라에서 벼슬을 하였으며, 기원전 480년(애공(哀公) 15) 위나라의 내란 중에 죽었다. 그에게는 자최(子崔)라는 아들이 있었다.

『사기(史記)』에 의하면, 그가 공자를 처음 보았을 때에는 자신의 무용(武勇)을 믿고 오만하게 굴었으나, 후에 공자의 가르침을 받고 어진 사람이 되었다고 한다. 그는 강직하고 용맹하였으며 과감한 것으로 유명하였으며, 효성이 지극하였다. 또한, 호방하고 신용을 중요하게 여겼으며 충고를 들으면 기뻐하였다. 그의 이러한 성격을 엿볼 수 있는 구절이 『논어(論語)』「위정(爲政)」·「공야장(公冶長)」·「술이(述而)」·「자한(子罕)」·「선진(先進)」편 등에 있다. 공자는 그의 용감성·과감성·강직함을 칭찬하면서도, 한편으로는 그가 성급하고 경솔한 행동을 하려 한다고 지적하였다. 따라서 공자는 그를 일러 한마디로 '언하다(彦

---

11) 儒敎事典編纂委員會,「염구(冉求)」『儒敎大事典』, 博英社, 1990.
12) 儒敎事典編纂委員會,「중유(仲由)」『儒敎大事典』, 博英社, 1990.

: 거칠다·속되다·과감하다)'고 표현하고, 그러한 경솔함을 항상 경계시켰다. 그러나 그는 가르침을 받은 것이 있으면, 그것을 꼭 지키고자 하였는데, 이러한 점은 많은 칭찬을 받았다. 그가 죽자, 공자는 "내가 유(由)를 얻은 뒤로부터 나쁜 말을 듣지 않았었다"라고 하면서 탄식하였는데, 그가 공자를 시중(侍中)한 뒤로는 비방하는 사람들이 공자에게 감히 나쁜 말을 하지 못했기 때문이었다.

『춘추공양전(春秋公羊傳)』에는 "자로가 죽자 공자는 '아, 슬프다. 하늘이 나를 끊으시는구나' 라 했다"라고 하였다. 이는 공자의 도가 세상에 행해지지 않게 될 것을 탄식한 말이다. 공자는 항상 그의 성급하고 용맹스러운 성격을 보고 제대로 죽지 못할 것(不得其死)이라고 그의 앞날을 걱정하였는데, 과연 그는 전쟁터에서 횡사하고 말았다. 중국 하북성(河北省) 개현(開縣) 부근에 그의 묘가 있다.

8) 언언[13](言偃, 기원전 506~?)

중국 춘추시대(春秋時代) 오(吳)나라의 유학자이며, 공자(孔子)의 제자이다. 자(字)는 자유(子游)이다. 언언은 공문10철(孔門十哲) 가운데 한 사람으로서, 자하(子夏)와 함께 문학(文學)에 뛰어났다. 그는 덕치주의(德治主義)의 실행자로서 일찍이 노(魯)나라 무성(武城)의 읍재(邑宰)가 되어 선정을 베풀었으며, 예악(禮樂)을 융성하게 하는 등 예악교민(禮樂敎民)을 창도하였다. 또한 그의 현명함을 알아보고 그를 등용하였다. 공자가 죽은 뒤에는 위(魏)나라 문후(文侯)에게서 벼슬하였으며, 만년에는 고국인 오나라로 돌아갔다는 설이 있다. 그는 예(禮)를 깊이 연구하여, 예의 형식 뒤에 숨어 있는 본질적인 정신을 체득하는 것이 가장 중요하며 세세한 의례에 구애받을 필요는 없다고 주장하였다. 『예기(禮記)』「곡례(曲禮)」·「옥조(玉藻)」·「단궁(檀弓)」 등은 그의 일파의 학자들에 의해 이루어진 것으로 보인다. 공자의 문묘(文廟) 내 대성전(大成殿)에 위패가 봉안되어 있다.

---

13) 儒敎事典編纂委員會, 「언언(言偃)」『儒敎大事典』, 博英社, 1990.

9) 복상[14](卜商, 기원전 507~400)

중국 춘추시대(春秋時代) 위(魏)나라의 유학자이며, 공자(孔子)의 제자이다. 성(姓)은 복(卜)이며, 이름은 상(商), 자(字)는 자하(子夏)이다. 노(魯)나라 거보(莒父 : 지금의 산동성(山東省)) 거현(莒縣) 출신이다. 복상은 공문10철(孔門十哲) 가운데 한 사람으로서, 언언(言偃)과 함께 문학(文學)에 뛰어났다. 거보의 재(宰)를 지냈으며, 만년에는 서하(西河 : 지금의 하남(河南) 안양현(安陽縣))에 살면서 위문후(魏文侯)의 스승이 되었다. 태사(太師)가 되기 전부터 이미 현자로 존경을 받았으며 당시 서하의 사람들은 그를 공자와 흡사하다고 하였다. 문하에서 수많은 명사가 배출되었는데 단간목(段干木)·전자방(田子方)·오기(吳起)·금활리(禽滑釐)·공양고(公羊高)·곡량적(穀梁赤)·이극(李克)·증신(曾申) 등이 유명하다.

그는 박식하고 육경(六經)에 통달하여 유가(儒家)의 전적(典籍)을 여러 제자에게 전수함으로써 후세에 경(經)을 전했다는 공적이 있으며, 그가 장구(章句)를 발명한 이래 육경(六經)의 뜻이 명백해져, 간행되지 않은 모든 전적이 주석되었다고 한다. 송대(宋代) 홍매(洪邁)는 경전 전수의 근원을 모두 자하에게 두었다. 『논어(論語)』에는 그의 언동(言動)이 열아홉 차례 보이는데, 그가 배움을 좋아하며, 뜻이 독실하고 힘써 행하였음을 알 수 있다. 또 언언이 그의 문인소자(門人小子)가 물을 뿌리고 쓸며 응답하는 말단의 일에 힘쓰고 근본을 게을리 한다고 지적했을 때, 처음과 끝을 한결같이 하여 차례로 교육하는 것이 중요하다고 주장하면서 이론과 실천을 겸비할 것을 강조하였다.

그는 유학의 전수에 있어, 공자의 일관지도(一貫之道)를 전하여 추로(鄒魯)의 유학의 대종(大宗)이 되었던 증삼에 비교되는 공을 이루었다. 즉 외적인 교화를 중시하고 경전(經典)과 함께 공자의 예(禮)사상을 전수하여 삼진(三晋) 유학의 대종(大宗)이 되었다. 그의 사상은 순자(荀子)에 이르러 창성하였다. 중국 산동성(山東省) 조주(曹州 : 지금의 하택현(荷澤縣))의 서쪽 복고도(卜峒都)에 그의 묘가 있다.

---

14) 儒敎事典編纂委員會, 「복상(卜商)」『儒敎大事典』, 博英社, 1990.

10) 전손사[15](顓孫師, 기원전 503~?)

중국 춘추시대(春秋時代)의 유학자이며, 공자(孔子)의 제자이다. 자(字)는 자장(子張)이며, 진(陳)나라 양성(陽成 : 河南省 汝南縣) 출신이다. 전손사는 공문제자(孔門弟子) 가운데 자천(子賤)과 함께 최연소자이다. 재주가 뛰어나고 뜻이 넓어서 광박(廣博)한 풍도(風度)의 기개가 있었고, 대인접물(待人接物)에 있어서 넓은 아량을 가지고 있었다고 전한다. 위태로움을 보고는 목숨을 바치고 이로움을 보고는 대의(大義)를 생각해야 하며, 덕(德)을 널리 행하고 도(道)의 믿음을 독실히 해야 한다고 말하였다. 또한 군자(君子)는 현자(賢者)를 존경하되 대중도 포용해야 한다고 하였다. 강소성(江蘇省) 숙현(肅縣) 남쪽 산굴방촌(山屈坊村)에 그의 묘가 있다.

3. 송조6현(宋朝六賢)

1) 주돈이[16](周敦頤, 1017~1073)

중국 북송(北宋)의 학자로서, 호남성(湖南省) 도주(道州) 영도(營道) 사람이다. 자(字)는 무숙(茂叔)이다. 주돈이는 고향의 지명을 따서 염계(濂溪)라고도 불렀다. 일찍이 아버지를 여의고 외조부 정문(鄭問)에 의해 양육되었다. 관리가 되어 남강군(南康軍 : 江西) 지사(知事) 등으로 근무했으나, 후에는 여산(廬山)에 집을 짓고 여생을 보냈다.

저서는 『태극도설(太極圖說)』 1권, 『통서(通書)』 1권이 있다. 『태극도설(太極圖說)』은 우주의 생성과정을 태극도라 이름붙인 도식(圖式)으로 나타내고, 이를 설명한 우주론으로 이(易)의 사상에 기초를 두고 있다. 『통서(通書)』는 원래 「이통(易通)」이라 이름붙인 역의 통론으로, 「이(易)」와 「중용(中庸)」에 의해 도덕의 존재방식을 설명한 것이다. 그의 사상에는 유교뿐만 아니라 도가(道家)의 사상이 많이 들어가 있고, 또 불교 특히 선종(禪宗), 화엄종(華嚴宗)의 영향도 보여진다. 그는 도학의 시조라 하며 새로운 사상체계를 이루었는데, 그

---

15) 儒敎事典編纂委員會, 「전손사(顓孫師)」 『儒敎大事典』, 博英社, 1990.
16) 동양사 사전편찬위원회, 「주돈이(周敦頤)」 『동양사 사전』, 일월서각, 1989.

의 학설은 정호(程顥), 정이(程頤)에 의해 계승되고, 남송(南宋)의 주희(朱熹)에 이르러 대성되었다. 주희는 그를 맹자를 계승한 사람으로 크게 칭찬했다.

2) 정호[17](程顥, 1032~1085)

중국 북송(北宋)의 학자로서, 하남성(河南省) 낙양(洛陽) 사람이다. 자(字)는 백순(伯淳)이다. 정호는 명도선생(明道先生)이라 불리며 아우 이(頤)와 함께 이정자(二程子)라 한다. 진사에 합격하고 지방관이 되어 선정(善政)을 베풀었으며, 중앙의 관직에 올랐으나 왕안석(王安石)과 의견이 맞지 않아 다시 지방으로 나갔다. 15, 6세 때 주돈이(周敦頤)에게 배우고, 또 제자(諸子), 노장(老莊), 불교(佛敎)까지 배웠으나, 결국 유학(儒學)으로 돌아와 학설을 확립했다.

그는 다양한 자연현상을 질서 있게 만든 우주의 근본원리를 인정하고 이를 '이(理)'라 부르며, 인간은 이 이(理)를 직관적으로 파악하며 따라야 한다고 설명하였다. 이 학설은 정이(程頤)에게 이어져 송학(宋學)의 완성을 유도하고, 한편으로는 육구연(陸九淵)이 이 학설을 발전시켜 심학(心學)을 형성하였다.

3) 정이[18](程頤, 1033~1107)

중국 북송(北宋)의 학자로서, 하남성(河南省) 낙양(洛陽) 사람이다. 호(顥)의 동생이며, 자(字)는 정숙(正叔)이다. 정이는 이천선생(伊川先生)이라 불리며 형과 함께 이정자(二程子)라 한다. 소년시절 형과 같이 주돈이(周敦頤)에게 배우고 장재(張載)와도 교제가 있었다. 사마광(司馬光) 등의 추천으로 50세가 지나 벼슬길에 올랐으나, 정당 싸움에서 패하고 소성(紹聖)연간에 부주(涪州 : 四川)에 유배되었다. 휘종 즉위 후에 용서되어 사설(邪說)을 설(說)한다고 하여 문인(門人)들을 해산, 관직을 박탈하였다.

---

17) 동양사 사전편찬위원회, 「정호(程顥)」『동양사 사전』, 일월서각, 1989.
18) 동양사 사전편찬위원회, 「정이(程頤)」『동양사 사전』, 일월서각, 1989.

그의 설(說)은 정호의 이론을 발전시켜 이(理)는 추상적인 의미라 생각하고 이(理)와 현상(事)의 합일(合一)을 주장하였다. 그는 송학(宋學)의 대강을 정했다. 저서에 『이전(易傳)』 4권, 『경설(經說)』 8권이 있다.

4) 소옹[19](邵雍, 1011~1077)

중국 북송의 성리학자(性理學者)·상수학자(象數學者)이며, 자(字)는 요부(堯夫), 자호(自號)는 안락(安樂)·백천(百泉)이다. 공성(共城 : 지금의 河北省 範陽縣) 출신이다. 소옹은 청년 시절에 사방을 주유(周遊)하다가 북해(北海)의 이지재(李之才)에게서 선천상수학(先天象數學)을 전수받았다. 신종(神宗) 때 저작랑(著作郎)으로 부름을 받기도 하였으나 평생 관직에 나아가지 않았다. 낙양에서 사마광(司馬光)·부필(富弼)·여공저(呂公著)·조무택(祖无擇) 및 왕안석(王安石)의 동생인 왕안국(王安國)과 내왕하였으나 왕안석의 변법(變法)에는 반대하였다.

그는 역리(易理)에 특히 밝았는데 『주역(周易)』은 '상(象)'과 '수(數)'로 귀결되며 그 상수학적 원리로서 우주(宇宙)가 발생하고 자연(自然)이 이루어진다고 하였다. 즉 『주역(周易)』의 "태극(太極)이 양의(兩儀)를 낳고 양의는 사상(四象)을 낳으며 사상은 팔괘(八卦)를 낳는다"는 것을 우주의 기본 법칙으로 하면서, 우주간의 모든 현상을 이 법칙이 지배한다고 하여 선천학(先天學)을 제창하였다. 따라서 선척학이란 우주 만물의 발생 순서를 상수(象數)에 의해 연역(演繹)하는 원리를 말하는 것이다. 그는 "태극은 도의극[道之極]이다"라고 하여 세계 만물이 모두 하나의 본체(本體)인 태극으로부터 연역되어 나온다고 하였다.

즉 하나가 둘로 나뉘어 [一分爲二] 음양(陰陽)을 낳고, 다시 둘이 넷으로 나뉘어 [二分爲四] 사상(四象)을 낳게 되어 일월성신(日月星辰)이 생기며, 또다시 나뉘어 [四分爲八] 팔괘(八卦)를 낳고, 그 후 16으로 나뉘어 서한주야(暑寒晝夜)·우풍로뢰(雨風露雷)·성정형체(性情形體)·비주초목(飛走草木)이 된다고 하였으며, 이것이 다시 분화화여 드디어 세계 만물이 생긴다고 풀이하였다. 특히 시간에 있어서 그는 원(元)·회(會)·운(運)·세(世) 등

---

19) 儒敎事典編纂委員會, 「소옹(邵雍)」『儒敎大事典』, 博英社, 1990.

의 명칭을 사용하여 계산을 하였다. 즉 1원(元)은 12회(會)이고, 1회는 30운(運)이며, 1운은 12세(世)이고, 1세는 30세(歲)이며, 1세(歲)는 12월(月)이고, 1월은 30일(日)이며, 1일은 12진(辰)이니 결국 1원(元)은 12만 9천 6백세(歲)이며 456만 5천일(日)이 된다고 하였다. 또 이 운행의 수는 끊임없이 소장(消長)하여 반복 순환한다고 주장하였다. 이러한 설명에 있어서 그는 특히 '4'라는 숫자를 존중하여, 일체의 현상이 사시사유(四時四維)에서 나오며 인사(人事) 역시 '4'라는 숫자의 지배를 받는다고 하였다. 고대의 군왕도 정명(正命)·수명(受命)·개명(改命)·섭명(攝命)의 네 종류로 나눌 수 있으며 인성(人性)에도 인(仁)·의(義)·예(禮)·지(智)의 사성(四性)이 있다고 하였다.

한편, 그는 '성명(性命)'을 중요시하였는데『중용(中庸)』의 '천명지위성(天命之謂性)'의 사상을 따라, 하늘이 사람에게 부여한 것이 명(命)이 되고 명이 사람에게 있어서는 성(性)이 되며 성이 물(物)에 있어서는 이(理)가 된다고 보았다. 인식론에 있어서는 '관물(觀物)'을 중요한 개념으로 강조하였다. 관물이란 심(心)이나 감관(感官)을 통해 사물을 보는 것이 아니고 오직 이(理)를 통해서 실상을 살피는 것이라고 정의하였다. 따라서 무사무위(無思無爲)한 태도를 가지고 사물을 관찰해야 한다고 강조하면서 이를 가리켜 '세심(洗心)'·'순리(順理)'라고 하였다. 이와 같이 '이리관물(以理觀物)'하기 위해서는 찰심(察心)·관적(觀迹)·잠용(潛用)해야 한다고 하였는데, 이것은 선적인 직관 방법에 가까운 것이었다. 따라서 주관이나 감정이 이입된 '나[我]'를 배제해야만 본연의 도(道)와 나, 그리고 대상이 삼자일체(三子一體)가 되어 진리를 발견할 수 있다고 하였다.

그의 상수학은 중세기의 수학적 정신과 철학적 지혜를 결합한 연구라고 할 수 있다. 일찍이 황진(黃震)은 그의 상수학이 전승되지 않았다고 하였으나『사고전서총목제요(四庫全書叢目提要)』「자부(子部)」·「술수류(術數類)」에 의하면, 장행성(張行成)·축필(祝泌)·요응회(廖應准) 등에 의해 계승되었을 뿐 아니라 청대 중기까지 적지않은 영향을 주었음이 여러 자료를 통하여 증명되고 있다. 대체로 그의 상수학은 송(宋)·명(明)의 성리학 발생에 있어서 중대한 영향을 미쳤다고 평가된다.

주돈이(周敦頤)·정호(程顥)·정이(程頤)·장재(張載)와 함께 북송오자(北宋五子)로 불리며 또는 주돈이·장재·정호와 함께 북송사철(北宋四哲)로 혹은 주돈이·장재와 함께 북송초삼자(北宋初三子)로 불린다. 시호는 강절(康節)이다. 저서에『황극경세서(皇極經世書)』『관물외편(觀物外篇)』외에 시집(詩集)인『이천격양집(伊川擊壤集)』이 있다.

5) 장재[20](張載, 1020~1077)

중국 북송(北宋)의 학자로서, 합서성(陝西省) 사람이다. 자(字)는 자후(子厚)이다. 장재는 횡거선생(橫渠先生)으로 불려진다. 21세 때 범중엄(范仲淹)에게 배우고, 이어서 불교 노장(老莊)에 뛰어들었으나 다시 유학으로 돌아왔다. 진사로 합격하여 지방 장관이 되어 신종(神宗)초에 중앙에 소환되었으나, 왕안석(王安石)과 맞지 않아 고향으로 돌아왔다. 그 후 복관할 수 있는 기회가 있었으나 다시 의견이 안 맞아, 관직에서 물러나 귀향하는 길에 병사하였다.

그는 현상을 모두 기(氣)로 설명하며, 기가 모이면 만물이 생(生)하고 흩어지면 소멸한다. 기(氣)가 무형의 상태대로 있을 경우가 태허(太虛)이며, 기의 본체라고 생각하였다. 인간은 기질(氣質)의 성(性)을 가지나, 이를 천지의 성(性)에 일치시키지 않으면 안 된다고 설명하였다. 저서에 『이설(易說)』 3권, 『서명(西銘)』 1권, 『동명(東銘)』 1권, 『정몽(正蒙)』 10권 등이 있다.

6) 주희[21](朱熹, 1130~1200)

중국 남송(南宋)의 대유학자(大儒學者)로서, 자(字)는 원회(元晦), 또는 중회(仲晦)이다. 주희의 호(號)는 노정(老亭), 자양(紫陽), 회옹(晦翁), 둔옹(遯翁), 운곡노인(雲谷老人), 창주병수(滄州病叟) 등이 있고, 주희를 존칭하여 주자(朱子)라 한다. 본적은 강서성(江西省) 휘주(徽州)이지만, 휘주가 신안부(新安部)의 별명이므로, 스스로 신안사람이라 일컬었다. 아버지 송(松)은 그가 14세 때에 죽어 어머니 축씨(祝氏)가 그를 데리고 남편의 친구 유자우(劉子羽)에게 의탁하여, 그의 임지(任地)인 복건(福建 : 閩)지방을 이리저리 옮겨 다니며 학문을 닦게 했다.

19세로 진사(進士)가 되어 천주(泉州) 동안현(同安縣)의 주부(主簿)에 임명되었으나, 관리로서는 영달하지 못하여 실관(實官)에 오른 것은 지방관으로서 9년, 중앙정부 생활은

---

20) 동양사 사전편찬위원회, 「장재(張載)」『동양사 사전』, 일월서각, 1989.
21) 동양사 사전편찬위원회, 「주희(朱熹)」『동양사 사전』, 일월서각, 1989.

40일이었다. 지방관으로서는 사창(社倉)의 법(法)을 행하고 의역(義役)의 법(法)을 주창하여 공적을 올렸으나, 정치는 교육이 아니면 안 된다고 하여 정무하는 한편 학도를 모아 경서를 강의했다. 지남강군사(知南康軍事)가 되었을 때 관내 여산(廬山)의 백록동서원(白鹿洞書院)을 부흥하여, 이후 그곳이 학문의 대중심지가 되었다. 영종(寧宗)때 재상 조여우(趙汝愚)는 주자를 등용하여 함께 정치를 하려고 했으나 한탁주(韓侂冑)가 반대했다. 한탁주가 정권을 장악하자 조여우, 주자 등 59인을 위당(僞黨)으로 이름붙이고, 그의 학문을 위학(僞學)으로 몰아 금지했다.

주자는 이렇게 하여 실의에 빠져 세상을 떠났으나, 다음의 이종(理宗)시대가 되어 주자의 학문은 도학(道學)이라 일컬어지고 상하를 풍미하여, 유학의 정통 지위를 차지하게 되었다. 주자는 태사(太師), 휘국공(徽國公)을 받고 공자의 사당에 배향되기에 이르렀다. 주자학은 북송(北宋)에 나타난 주돈이(周敦頤), 정호(程顥), 정이(程頤) 등의 새로운 학풍을 이어 집대성한 것이고, 이른바 송학(宋學), 성리학(性理學), 이학(理學), 도학(道學) 등의 말과 동의어로 쓰여진다. 또 이정학(理程學), 이낙염민(伊洛廉閩)의 학(學) 등으로 일컬어진다.

주자학은 불교적인 사상으로써 유교의 경전을 해석하고 고친 것으로, 예로부터의 주소(注疏)를 물리치고 새로운 주석을 만들어 신주(新註)라고 칭하는데, 오경(五經)보다도 사서(四書)를 중요시하고 요순(堯舜) 등의 제왕보다도 공자를 귀하게 여겼다. 또『주자가례(朱子家禮)』는 이후 사대부의 일상생활의 규칙이 되었다. 그의 학문은 중국은 물론 한국, 일본에도 미쳐 그 감화력의 크기는 대종교의 종조에도 비교될 만한 것이었다. 저서에 많은 경주(經注) 외에『주문공문집(朱文公文集)』121권,『주자어류(朱子語類)』140권이 있다. 시호(諡號)는 문공(文公)이다.

4. 동국18현(東國十八賢)

1) 문창후(文昌侯) 최치원[22](崔致遠, 857~미상)

최치원은 신라 말기의 학자이자 문장가이며, 자는 고운(孤雲) 혹은 해운(海雲)이다. 최치원의 본관은 경주(慶州)이고, 경주 사량부(沙梁部, 혹은 本彼部) 출신이다.

① 가계 및 유년 시절

최견일(崔肩逸)의 아들이다. 신라 골품제에서 6두품(六頭品)으로 신라의 유교를 대표할 만한 많은 학자들을 배출한 최씨가문 출신이다. 특히, 최씨가문 가운데서도 이른바 '신라 말기 3최(崔)'의 한 사람으로서, 새로 성장하는 6두품 출신의 지식인 가운데 가장 대표적인 인물이었다. 세계(世系)는 자세히 알 수 없으나, 아버지 최견일은 원성왕의 원찰인 숭복사(崇福寺)의 창건에 관계하였다.

최치원이 경문왕 8년(868)에 12세의 어린 나이로 중국 당나라에 유학을 떠나게 되었을 때, 아버지 최견일은 그에게 "10년 동안에 과거에 합격하지 못하면 내 아들이 아니다"라고 격려하였다 한다.

이러한 이야기는 뒷날 최치원 자신이 6두품을 '득난(得難)'이라고도 한다고 하여 자랑스럽게 말하고 있었던 점과 아울러 신흥가문출신의 기백을 잘 나타내주고 있다.

② 당나라에서의 시작(詩作) 활동

당나라에 유학한 지 7년 만인 874년에 18세의 나이로 예부시랑(禮部侍郎) 배찬(裵瓚)이 주관한 빈공과(賓貢科)에 합격하였다. 그리고 2년간 낙양(洛陽)을 유랑하면서 시작(詩作)에 몰두하였는데, 그때 지은 작품이 『금체시(今體詩)』 5수 1권, 『오언칠언금체시(五言七言今體詩)』 100수 1권, 『잡시부(雜詩賦)』 30수 1권 등이다.

그 뒤 헌강왕 2년(876) 당나라의 선주(宣州) 표수현위(漂水縣尉)가 되었다. 이때 공사간(公私間)에 지은 글들을 추려 모은 것이 『중산복궤집(中山覆簣集)』 1부(部) 5권이다.

그 뒤 877년 겨울 표수현위를 사직하고 일시 경제적 곤란을 받게 되었으나, 양양(襄陽) 이위(李蔚)의 문객(門客)이 되었고, 곧이어 회남절도사(淮南節度使) 고변(高騈)의 추천으로 관역순관(館驛巡官)이 되었다. 그러나 문명(文名)을 천하에 떨치게 된 것은, 879년 황소(黃巢)가 반란을 일으키자 고변이 제도행영병마도통(諸道行營兵馬都統)이 되어 이를 칠 때, 고변의 종사관(從事官)이 되어 서기의 책임을 맡으면서부터였다.

---

22) 崔柄憲, 「崔致遠」『한국역대인물 종합정보 시스템(http://people.aks.ac.kr/index.aks)』, 한국학중앙연구원.

그 뒤 4년간 고변의 군막(軍幕)에서 표(表)·장(狀)·서계(書啓)·격문(檄文) 등을 제작하는 일을 맡게 되었다. 그 공적으로 879년 승무랑 전중시어사 내공봉(承務郎殿中侍御史內供奉)으로 도통순관(都統巡官)에 승차되었으며, 겸하여 포상으로 비은어대(緋銀魚袋)를 하사받았으며, 이어 882년에는 자금어대(紫金魚袋)를 하사받았다.

고변의 종사관으로 있을 때, 공사간에 지은 글이 표·장·격(檄)·서(書)·위곡(委曲)·거첩(擧牒)·제문(祭文)·소계장(疏啓狀)·잡서(雜書)·시 등 1만여 수에 달하였는데, 귀국 후 정선하여 『계원필경(桂苑筆耕)』 20권을 이루게 되었다. 이 가운데 특히 「토황소격(討黃巢檄)」은 명문으로 이름이 높다.

③ 귀국 후의 활동

885년 귀국할 때까지 17년 동안 당나라에 머물러 있었는데, 그동안 고운(顧雲)·나은(羅隱) 등 당나라의 여러 문인들과 사귀어 그의 글재주는 더욱 빛나게 되었다. 이로 인하여 『당서(唐書)』 예문지(藝文志)에도 그의 저서명이 수록되게 되었는데, 이규보(李奎報)는 『동국이상국집』 권22 잡문(雜文)의 「당서에 최치원전을 세우지 않은 데 대한 논의(唐書不立崔致遠傳議)」에서 『당서』 열전(列傳)에 최치원의 전기가 들어 있지 않은 것은 중국인들이 그의 글재주를 시기한 때문일 것이라고까지 말하고 있다.

29세로 신라에 돌아오자, 헌강왕에 의하여 시독 겸 한림학사 수병부시랑 지서서감사(侍讀兼翰林學士守兵部侍郎知瑞書監事)에 임명되었다. 그리고 국내에서도 문명을 떨쳐 귀국한 다음해에 왕명으로 「대숭복사비문(大崇福寺碑文)」 등의 명문을 남겼고, 당나라에서 지은 저작들을 정리하여 국왕에게 진헌하였다.

④ 시국관

당시의 신라사회는 이미 붕괴를 눈앞에 두고 있었는데, 무엇보다도 지방에서 호족세력이 대두하면서 중앙정부는 주(州)·군(郡)의 공부(貢賦)도 제대로 거두지 못하여 국가의 창고가 비고, 재정이 궁핍한 실정이었다.

진성여왕 3년(889)에는 마침내 주·군의 공부를 독촉하자 농민들이 사방에서 봉기하여 전국적인 내란에 들어가게 되었다.

이에 최치원은 895년 전국적인 내란의 와중에서 사찰을 지키다가 전몰한 승병들을 위하여 만든 해인사(海印寺) 경내의 한 공양탑(供養塔)의 기문(記文)에서 "당토(唐土)에서 벌어진 병(兵)·흉(凶) 두 가지 재앙이 서쪽 당에서는 멈추었고, 동쪽 신라로 옮겨져와서 그 험악한 중에도 더욱 험악하여 굶어서 죽고 전쟁으로 죽은 시체가 들판에 별처럼 흐트러져 있었다"고 당시의 처참한 상태를 적었다.

당나라에서 직접 황소의 반란을 체험한 바 있는 그에게는 고국에서 벌어지고 있던 전쟁과 재앙이 당나라의 그것이 파급, 연장된 것으로 느껴졌던 모양으로, 당대 제일의 국제통(國際通)다운 시대감각이라 아니할 수 없다.

⑤ 사회개혁 활동

귀국한 뒤 처음에는 상당한 의욕을 가지고 당나라에서 배운 경륜을 펴보려 하였으나, 진골귀족 중심의 독점적인 신분체제의 한계와 국정의 문란함을 깨닫고 외직(外職)을 원하여 890년에 대산군(大山郡 : 지금의 전라북도 태인)·천령군(天嶺郡 : 지금의 경상남도 함양)·부성군(富城郡 : 지금의 충청남도 서산) 등지의 태수(太守)를 역임하였다.

부성군 태수로 있던 893년 하정사(賀正使)에 임명되었으나 도둑들의 횡행으로 가지 못하고, 그뒤에 다시 사신으로 당나라에 간 일이 있다. 894년에는 시무책(時務策) 10여 조를 진성여왕에게 올려서 문란한 정치를 바로잡으려고 노력하기도 하였다.

10여 년 동안 중앙의 관직과 지방관직을 역임하면서, 중앙 진골귀족의 부패와 지방세력의 반란 등의 사회모순을 직접적으로 목격한 결과 그 구체적인 개혁안을 제시하기에 이른 것이다. 시무책은 진성여왕에게 받아들여져서 6두품의 신분으로서는 최고의 관등인 아찬(阿飡)에 올랐으나 그의 정치적인 개혁안은 실현될 수 없는 것이었다. 당시의 사회모순을 외면하고 있던 진골귀족들에게 그 개혁안이 받아들여질 리는 만무하였던 것이다.

그리고 얼마 안 되어 실정을 거듭하던 진성여왕이 즉위한 지 11년 만에 정치문란의 책임을 지고 효공왕에게 선양(禪讓)하기에 이르렀다.

⑥ 은거 생활

최치원은 퇴위하고자 하는 진성여왕과 그 뒤를 이어 새로이 즉위한 효공왕을 위하여 각각 대리 작성한 상표문(上表文)에서 신라가 이미 돌이킬 수 없는 멸망의 길로 들어서고 있었던 것을 박진감나게 묘사하였다. 이에 이르자 최치원은 신라왕실에 대한 실망과 좌절감을 느낀 나머지 40여 세 장년의 나이로 관직을 버리고 소요자방(逍遙自放)하다가 마침내 은거를 결심하였다.

당시의 사회적 현실과 자신의 정치적 이상과의 사이에서 빚어지는 심각한 고민을 해결하지 못하고 결국 은퇴의 길을 택하지 않을 수 없었던 것 같다. 즐겨 찾은 곳은 경주의 남산(南山), 강주(剛州 : 지금의 義城)의 빙산(氷山), 합천(陜川)의 청량사(淸凉寺), 지리산의 쌍계사(雙磎寺), 합포현(合浦縣 : 지금의 昌原)의 별서(別墅) 등이었다고 하는데, 이밖에도 동래(東萊)의 해운대(海雲臺)를 비롯하여 그의 발자취가 머물렀다고 전하는 곳이 여러 곳 있다.

만년에는 모형(母兄)인 승 현준(賢俊) 및 정현사(定玄師)와 도우(道友)를 맺고 가야산 해인사에 들어가 머물렀다. 해인사에서 언제 세상을 떠났는지 알 길이 없으나, 그가 지은 「신라수창군호국성팔각등루기(新羅壽昌郡護國城八角燈樓記)」에 의하면 효공왕 12년(908) 말까지 생존하였던 것은 분명하다.

그 뒤의 행적은 알 수 없으나, 물외인(物外人)으로 산수간에서 방랑하다가 죽었다고도 하며 혹은 신선이 되었다는 속설도 전해오고 있으나, 자살한 것이 아닌가 하는 새로운 주장도 있다.

⑦ 고려 건국을 즈음한 태도

최치원전에 의하면 고려 왕건(王建)에게 서한을 보냈는데 그 가운데 "계림은 시들어가는 누런 잎이고, 개경의 곡령은 푸른 솔(鷄林黃葉 鵠嶺靑松)"이라는 구절이 들어 있어 신라가 망하고 고려가 새로 일어날 것을 미리 내다보고 있었다고 한다.

최치원이 실제 왕건에게 서신을 보낸 사실이 있었는지 확인할 길은 없으나, 그가 송악(松岳) 지방에서 새로 대두하고 있던 왕건세력에 주목하고 있었던 것은 사실인 것 같다. 은거하고 있던 해인사에는 희랑(希朗)과 관혜(觀惠) 등 두 사람의 화엄종장(華嚴宗匠)이 있어서 서로 정치적 견해를 달리하여 대립하고 있었다.

즉, 희랑은 왕건을 지지하는 데 비하여, 관혜는 견훤(甄萱)의 지지를 표방하고 있었다. 그때에 최치원이 희랑과 교분을 가지고 그를 위하여 시 6수를 지어준 것이 오늘날까지 남아 있다.

이로 보아 최치원은 희랑을 통해서도 왕건의 소식을 듣고 있었고, 나아가 고려의 흥기에 기대를 걸었을 가능성을 생각할 수 있다. 그는 역사의 중심무대가 경주에서 송악 지방으로 옮겨지고 또 그 주인공도 경주의 진골귀족이 몰락하는 대신에 지방의 호족세력이 새로 대두하고 있던 역사적 현실을 직접 눈으로 내다보면서 살다간 사람이었다.

비록 그 어느 편에도 적극적으로 가담하여 사회적인 전환과정에서 주동적인 역할을 하지 못하고 이미 잔존세력에 불과하던 신라인으로 남아서 은거생활로 일생을 마치고 말았으나, 역사적 현실에 대한 고민은 그의 후계자들에게 영향을 주어, 문인(門人)들이 대거 고려정권에 참가하여 새로운 성격의 지배층을 형성함으로써 신흥고려의 새로운 정치질서·사회질서의 수립에 선구적인 역할을 담당하였다.

⑧ 학문적 입장

한편, 최치원이 살던 시대는 사회적 전환기일 뿐 아니라 그에 상응하는 정신계의 변화도 활발하게 전개되고 있었는데, 그는 정신계의 변화면에 있어서도 중요한 위치를 점하고 있었다. 자신을 '부유(腐儒)'·'유문말학(儒門末學)' 등으로 표현하였던 것으로 보아 학문의 기본적 입장은 유학(儒學)이었던 것을 알 수 있다. 유학을 단순히 불교의 부수적인 것으로 이해하거나, 왕자(王者)의 권위수식에만 이용하던 단계를 지나 새로운 정치이념으로 내세우면서, 골품제도라는 신라사회의 족적 편제방법(族的編制方法)을 부정하는 방향으로까지 발전시켰던 것이다.

유교에 있어서의 선구적 업적은 뒷날 최승로(崔承老)로 이어져 고려국가의 정치이념으로 확립을 보기에 이르렀다.

⑨ 역사인식

그는 유교사관(儒敎史觀)에 입각해서 역사를 정리하였는데, 그 가운데 가장 대표적인 것이 연표형식으로 정리한 『제왕연대력(帝王年代曆)』이다. 『제왕연대력』에서는 거서간(居西干)·차차웅(次次雄)·이사금(尼師今)·마립간(麻立干) 등 신라왕의 고유한 명칭은 모두 야비하여 족히 칭할 만한 것이 못 된다고 하면서 왕(王)으로 바꾸었는데, 그것은 유교사관에 입각해서 신라문화를 이해하려는 역사인식에서 말미암은 것이었다.

이러한 최치원의 유교사관은 유교에 대한 이해가 보다 깊어지는 김부식(金富軾)의 유교사관에 비해서 냉정한 면이 결여된 것이었고, 따라서 그만큼 모방적인 성격이 강한 것이었음을 나타내주는 것이었다.

『제왕연대력』은 오늘날 남아 있지 않아 그 내용은 알 수 없으나 가야를 포함하여 삼국의 연표와 통일신라, 그리고 중국의 연표가 들어 있을 것으로 보인다.

그러나 「사불허북국거상표(謝不許北國居上表)」나 「상태사시중장(上太師侍中狀)」 등에서 나타난 발해인에 대한 강한 적개심으로 보아 발해사(渤海史)는 제외되었을 것으로 추측된다.

그런데 「상태사시중장」에서는 마한은 고구려, 변한은 백제, 진한은 신라로 발전한 것으로 인식하고, 또한 발해는 고구려의 후예들이 건국한 것으로 이해하고 있었다.

이로 보아 그가 인식한 한국고대사체계는 삼한—삼국—통일신라와 발해로 이어져오는 것이었고, 나아가 그 자신의 시대에 와서 통일신라 자체도 이미 붕괴되고 있었던 것으로 인식하고 있는 것 같다.

⑩ 한문학과 불교 업적

그리고 유교에 있어서의 선구적인 역할과 아울러 빼놓을 수 없는 것이 한문학사(漢文學史)에 있어서의 업적이다. 그의 한문학은 중국문학의 차용(借用)을 통해서 형성되었는데, 신라의 문화적 전통 속에서 성립된 향가문학(鄕歌文學)과 대립되는 새로운 문학장르를 개척한 것이었다.

그리고 문장은 문사를 아름답게 다듬고 형식미가 정제된 변려문체(駢儷文體)였다. 『동문선』과 『계원필경』에 상당수의 시문이 수록되어 전하고 있는데 평이근아(平易近雅)하여 당시 만당시풍(晩唐詩風)과 구별되었다.

최치원은 그 자신 유학자로 자처하면서도 불교에도 깊은 관심을 가져 승려들과 교유하고, 불교관계의 글들을 많이 남기고 있었다. 불교 가운데서도 특히 종래의 학문불교·체제불교인 화엄종의 한계와 모순에 대해서 비판하는 성격을 가진 선종(禪宗)의 대두를 주목하고 있었다.

지증(智證)·낭혜(朗慧)·진감(眞鑑) 등 선승들의 탑비문(塔碑文)을 찬술하고 있었으며, 그가운데, 특히 「지증대사비문(智證大師碑文)」에서는 신라선종사(新羅禪宗史)를 간명하게 기술한 것으로 유명한데, 신라의 불교사를 세 시기로 구분하여 이해한 것은 말대사관(末代史觀)에 입각한 것으로서 주목된다.

그러나 불교 가운데서 주목한 것은 선종만이 아니었다. 오히려 더욱 깊은 관심을 가진 것은 종래의 지배적 불교인 화엄종이었다. 화엄종관계의 글을 많이 남기고 있어서 오늘날 확인되는 것만도 20여 종에 이르고 있으며, 특히 화엄종 사찰인 해인사에 은거한 뒤부터는 해인사관계의 글을 많이 남겼다. 화엄종관계의 글 가운데는 『법장화상전(法藏和尙傳)』·『부석존자전(浮石尊者傳)』·『석순응전(釋順應傳)』·『석이정전(釋利貞傳)』 등이 있었던 것이 확인되는바, 이로 보아 신라화엄종사(新羅華嚴宗史)의 주류를 의상(義湘)—신림(神琳)—순응(順應)—이정(利貞)—희랑으로 이어지는 계통으로 이해하지 않았는가 한다.

그리고 화엄학 이외에도 유식학자(唯識學者)인 원측(圓測)과 태현(太賢) 등에 대해서도 언급하고 있어, 화엄학과 함께 신라불교의 양대 조류를 이루었던 유식학(唯識學)도 이해하고 있었던 것으로 주목된다.

⑪ 도교·노장·풍수지리연구

유교와 불교 이외에 기타 사상으로서 지적할 수 있는 것은 도교(道敎)와 노장사상(老莊思想)·풍수지리설(風水地理說)이었다. 당나라에 있을 때 도교의 신자였던 고변의 종사관으로 있으면서 도교에 관한 글을 남기고 있었던 것을 보아 그 영향을 받았을 것을 짐작할 수 있다. 특히, 『계원필경』 권15에 수록된 「재사 齋詞」에서 그의 도교에 대한 이해를 보여주고 있다. 그리고 귀국한 뒤 정치개혁을 주장하다가 진골귀족의 배척을 받아 관직을 떠난 뒤에는 현실적인 불운을 노장적(老莊的)인 분위기 속에서 자족하려고 하는 면이 시에 잘 나타나 있다. 이러한 현실도피적인 행동이 뒷날 도교의 인물로까지 잘못 전하여지게 되었던 것이다.

또한, 그가 찬술한 「대숭복사비문」에 의하면 예언적인 도참신앙(圖讖信仰)과 결부되어 국토재계획안적인 성격을 가지고 사회적 전환의 추진력이 되고 있었던 풍수지리설에도 상당한 이해를 가지고 있었던 것을 알 수 있다.

그리고 그의 사회에 대한 인식이나 역사적인 위치가 선승(禪僧)이자 풍수지리설의 대가였던 도선(道詵)과 비슷한 점은 주목할 만한 것이다. 이처럼 유학자라고 자처하면서 유교 이외에 불교나 노장사상, 그리고 심지어는 풍수지리설까지도 아무 모순 없이 복합하여 이해하고 있었던 것이다.

특히, 유교와 불교의 조화에 노력한 면이 「난랑비서문(鸞郞碑序文)」을 비롯한 그의 글

여러 곳에서 나타나고 있다.

⑫ 평가

그런데 이러한 사상적인 복합화가 중앙의 진골귀족들의 독점적인 지배체제와 그들의 고대적인 사유방식에 반발하던 6두품출신의 최치원에 의하여 추진되었다는 사실은 신라고대문화의 한계를 극복하려는 새로운 사상운동으로서의 성격을 가지게 하였던 것이다.

그러나 말년에 와서의 소극적이며 은둔적인 생활은 시대적인 제약성을 스스로 극복하지 못함으로써 신라말 고려초의 사회적인 전환기에서 중세적 지성의 선구자로 머물다 간 아쉬움을 남겼다.

현종 11년(1020) 현종에 의하여 내사령(內史令)에 추증, 다음해에 문창후(文昌候)에 추시(追諡)되어 문묘에 배향되었다. 조선시대에 태인(泰仁)의 무성서원(武成書院), 경주의 서악서원(西嶽書院), 함양의 백연서원(柏淵書院), 영평(永平)의 고운영당(孤雲影堂), 대구 해안현(解顔縣)의 계림사(桂林祠) 등에 제향되었다.

⑬ 저술

저술로는 시문집으로 『계원필경』 20권, 『금체시』 5수 1권, 『오언칠언금체시』 100수 1권, 『잡시부』 30수 1권, 『중산복궤집』 1부 5권, 『사륙집(四六集)』 1권, 문집 30권 등이 있었고, 사서(史書)로는 『제왕연대력』이 있었으며, 불교에 관계되는 저술로는 『부석존자전』 1권, 『법장화상전』 1권과 『석이정전』·『석순응전』·『사산비명(四山碑銘)』 등이 있었으나 오늘날 전하는 것은 『계원필경』·『법장화상전』·『사상비명』뿐이고, 그 외는 『동문선』에 시문 약간, 사기(寺記) 등에 기(記)·원문(願文)·찬(讚) 등 그 편린만이 전할 뿐이다. 글씨도 잘 썼는데, 오늘날 남아 있는 것으로는 쌍계사의 「진감선사비문」이 유명하다.

그리고 많은 설화가 전해오는데, 그중에서 가장 대표적인 것으로는 조선시대 김집(金集)의 『신독재전집(愼獨齋全集)』에 실린 「최문헌전(崔文獻傳)」이 있다.

[참고문헌]

『三國史記』

『三國遺事』

『新增東國輿地勝覽』

『新編諸宗敎藏總錄』

『華嚴寺事蹟』

『佛國寺古今歷代記』

『東文選』

『崔文昌候全集』, 成均館大學校大東文化硏究院, 1972.

孤雲先生文集編纂會, 『국역 孤雲先生文集』 上·下, 1972·1973.

『韓國佛敎撰述文獻總錄』, 東國大學校佛敎文化硏究所, 1976.

金福順, 「孤雲 崔致遠의 思想硏究」 『史叢』 24, 1980.

金哲埈, 「韓國古代政治의 性格과 中世政治思想의 成立過程」 『東方學志』 10, 1969; 『韓國
　　　古代社會硏究』, 知識産業社, 1975.

徐首生, 「東國文宗崔孤雲文學」 『語文學』 1·2, 1956·1957.

徐首生, 「桂苑筆耕集」 『韓國의 名著』, 玄岩社, 1969.

양광석, 「최고운의 사상과 문학」 『한국문학론』, 일월서각, 1981.

李基東, 「新羅下代 賓貢及第者의 出現과 羅唐文人의 交驩」 『全海宗博士華甲記念史學論
　　　叢』, 1979; 『新羅骨品制社會와 花郎徒』, 한국연구원, 1980.

李基白, 「新羅統一期 및 高麗初期의 儒敎的 政治理念」 『大東文化硏究』 6·7, 1970.

李基白, 「崔文昌候全集 解題」 『崔文昌候全集』, 成均館大學校大東文化硏究院, 1972.

李基白, 「新羅六頭品硏究」 『省谷論叢』 2, 1971; 『新羅政治社會史硏究』, 一潮閣, 1974.

李基白, 「新羅骨品體制下의 儒敎的 政治理念」 『新羅時代의 國家佛敎와 儒敎』, 한국연구
　　　원, 1978.

李佑成, 「南北國時代와 崔致遠」 『創作과 批評』 38, 1975; 『韓國의 歷史像』, 창작과 비평
　　　사, 1982.

李弘稙, 「羅末의 戰亂과 緇軍」 『史叢』 12·13, 1968; 『韓國古代史의 硏究』, 新丘文化社,
　　　1973.

趙仁成, 「崔致遠의 歷史敍述」 『歷史學報』 94·95, 1982.

崔敬淑, 「崔致遠硏究」 『釜山史學』 5, 1981.

崔根泳, 「孤雲 崔致遠의 社會改革思想」 『韓國思想』 18, 1981.

崔柄憲, 「新羅下代禪宗九山派의 成立」 『韓國史研究』 7, 1972.
崔益翰, 「崔孤雲의 文化的 地位」 『春秋』 2-6, 1941.

2) 홍유후(弘儒侯) 설총[23](薛聰, 655~미상)

설총은 신라 경덕왕 때의 대학자이며, 자는 총지(聰智)이다. 증조부는 잉피공(仍皮公, 또는 赤大公), 할아버지는 나마(奈麻) 설담날(薛談捺)이고, 아버지는 원효(元曉), 어머니는 요석공주(瑤石公主)이다. 아마 6두품 출신인 듯하다. 관직은 한림(翰林)에 이르렀다. 『증보문헌비고』에는 경주설씨(慶州薛氏)의 시조로 기록되어 있다.

출생에 대해서는 『삼국유사』 원효불기(元曉不羈)에 자세하게 기록되어 있는데, 이에 의하면 태종무열왕 때, 즉 654~660년 사이에 출생한 듯하다. 설총은 나면서부터 재주가 많았고, 경사(經史)에 박통(博通)하였으며 우리말로 구경(九經)을 읽고 후생을 가르쳐 유학의 종주가 되었다. 그리하여 신라십현(新羅十賢)의 한 사람이요, 또 강수(强首)·최치원(崔致遠)과 더불어 신라삼문장(三文章)의 한 사람으로 손꼽혔다.

『삼국사기』는 "우리말(方言)로 구경을 읽고 후생을 훈도하였다(以方言讀九經 訓導後生)"라 하였고, 『삼국유사』에도 "우리말(方音)로 화이(華夷)의 방속(方俗)과 물명(物名)을 이해하고 육경(六經)과 문학을 훈해(訓解)하였으니, 지금도 우리나라[海東]의 명경(明經)을 업(業)으로 하는 이가 전수(傳受)하여 끊이지 않는다"라고 하였다.

이 두 기록을 가지고 고려말부터 조선초에 걸쳐서 설총이두창제설(薛聰吏讀創製說)이 비롯되었으나, 이는 틀린 것이다. 여러 기록에서 '吏讀·吏道·吏吐·吏套·吏頭·吏札'로 불리는 이 방법은 향가표기법인 향찰(鄕札)을 가리키는 것인데, 우리말로 육경을 읽는 데 능통하였다고 하여서 이것을 이두 내지 향찰의 고안이라고 함은 잘못이다.

향가표기식 방법, 즉 향찰의 사용은 이미 설총 이전부터 있었으니, 568년(진흥왕 29)에 북한산 비봉(碑峯)에 세운 진흥왕순수비문 가운데에도 이미 나타나 있고, 또 설총 이전에 향찰로 표기된 향가작품으로는 진평왕 때의 「서동요(薯童謠)」·「혜성가(彗星歌)」와 선덕여

---

23) 朴魯春, 「薛聰」 『한국역대인물 종합정보 시스템(http://people.aks.ac.kr/index.aks)』, 한국학중앙연구원.

50

왕 때의 「풍요(風謠)」가 있는 것으로 미루어보아, 설총이 향찰(이두)을 창안한 것이 아니라 향찰을 집대성, 정리한 것이며, 따라서 설총은 향찰의 권위자로 봄이 타당하다.

설총은 육경을 읽고 새기는 방법을 발명함으로써 한문을 국어화하고 유학 내지 한학의 연구를 쉽게 그리고 빨리 발전시키는 데에 공이 컸다. 또 관직에 나아가 문한(文翰)에 관계되는 직, 즉 한림과 같은 직에 있었을 것이며, 신문왕 때에 국학(國學)을 설립하는 데 주동적인 역할을 하였던 것으로 추측된다.

성덕왕 18년(719)에는 나마의 관등으로서 「감산사아미타여래조상기(甘山寺阿彌陀如來造像記)」를 찬(撰)하였다. 이밖에도 많은 작품이 있었을 것이나 『삼국사기』를 엮을 때 이미 “또 글을 잘 지었는데 세상에 전해지는 것이 없다. 다만, 지금도 남쪽지방에 더러 설총이 지은 비명(碑銘)이 있으나 글자가 결락되어 읽을 수가 없으니 끝내 그것이 어떤 것인지를 알 수 없다”고 하면서 완전하게 남은 게 없음을 안타까워하였다.

한편, 오늘날 설총의 문적(文蹟)으로는 우화적 단편산문인 「화왕계(花王戒)」가 당시 신문왕을 풍간(諷諫)하였다는 일화로서 『삼국사기』 설총열전에 실려 있다. 이 「화왕계」는 「풍왕서(諷王書)」라는 이름으로 『동문선』 권53에도 수록되어 있다.

죽은 뒤에도 계속 숭앙되어 고려 현종 13년(1022) 정월에 홍유후(弘儒侯)라는 시호를 추증받았다. 문묘(文廟) 동무(東廡)에 신라2현이라 하여 최치원(崔致遠)과 함께 종향(從享)되었으며, 경주 서악서원(西嶽書院)에 제향되었다.

[참고문헌]

『三國史記』

『三國遺事』

『東史綱目』

『東文選』

『增補文獻備考』

『東師列傳』

『大明律直解跋文』

康允浩, 「吏讀學史硏究序說」 『국어국문학』 15〜20, 1956〜1959.

金根洙, 「吏讀에 關한 新考察」 『國語文學』 4-1, 全北大學校, 1955.

朴魯春, 「薛聰과 그의 花王戒」『文湖』 6·7, 建國大學校, 1972.

李基白, 「新羅六頭品研究」『省谷論叢』, 1971.

李基白, 「新羅骨品制下의 儒敎的 政治理念」『新羅思想史研究』, 1986.

李崇寧, 「薛聰」『韓國의 人間像』 4, 新丘文化社, 1980.

鄭寅承, 「吏讀起源의 再考察」『一石頌壽記念論叢』, 1957.

3) 문성공(文成公) 안유[24](安裕, 1243~1306)

안유(안향)는 고려시대의 명신(名臣)이자 학자이다. 안유는 초명이 유(裕)였는데, 뒤에 향(珦)으로 고쳤다. 그러나 조선시대에 들어와 문종의 이름이 같은 자였으므로, 이를 피하여 초명인 유로 다시 고쳐 부르게 되었다. 자는 사온(士蘊), 호는 회헌(晦軒)인데, 이는 그가 만년에 송나라의 주자(朱子)를 추모하여 그의 호인 회암(晦庵)을 모방한 것이다.

① 가계

밀직부사 안부(安孚)의 아들로 흥주(興州: 지금의 경상북도 영주군 풍기)의 죽계(竹溪) 상평리(上坪里)에서 태어났다. 어머니는 강주우씨(剛州禹氏)이다.

② 관직

원종 1년(1260) 문과에 급제하여 교서랑(校書郎)이 되고, 이어 직한림원(直翰林院)으로 자리를 옮겼다. 1270년 삼별초의 난 때 강화에 억류되었다가 탈출, 1272년 감찰어사가 되었다. 강화 탈출로 인하여 그는 새삼 원종의 신임을 받게 되었다. 충렬왕 1년(1275) 상주판관(尙州判官)으로 나갔을 때에는 백성들을 현혹시키는 무당을 엄중히 다스려 미신을 타파, 민풍(民風)을 쇄신시키려 노력하였고, 판도사좌랑(版圖司左郎)·감찰시어사(監察侍御史)를 거쳐 국자사업(國子司業)에 올랐다.

1288년 우사의대부(右司議大夫)를 거쳐 좌부승지로 옮기고, 다시 좌승지로서 동지공거

---

24) 李東熙, 「安珦」『한국역대인물 종합정보 시스템(http://people.aks.ac.kr/index.aks)』, 한국학중앙연구원.

(同知貢擧)가 되었다. 고려는 충렬왕대에 와서는 원나라의 완전한 속국이 되어 관제도 고
쳤을 뿐만 아니라, 원나라는 정동행성(征東行省)을 고려에 두었는데, 1289년 2월에 그는
이 정동행성의 원외랑(員外郞)을 제수받았다.

얼마 뒤 좌우사낭중(左右司郞中)이 되고, 또 고려유학제거(高麗儒學提擧)가 되었다.

③ 주자학 수입

같은 해 11월에 왕과 공주(원나라 공주로서 당시 고려의 왕후)를 호종하고, 원나라에 가
서 주자서(朱子書)를 손수 베끼고 공자와 주자의 화상(畵像)을 그려가지고 이듬해 돌아왔
으며, 3월에 부지밀직사사가 되었다. 1294년 동남도병마사(東南道兵馬使)를 제수받아 합
포(合浦)에 출진하였고, 이어 지공거(知貢擧)가 되고, 같은 해 12월에 지밀직사사, 다시 이
듬해 밀직사사로 승진하였다. 1296년 삼사좌사(三司左使)로 옮기고, 왕과 공주를 호종하
여 다시 원나라에 들어갔으며, 이듬해에는 첨의참리세자이보(僉議參理世子貳保)가 되었
다. 12월 집 뒤에 정사(精舍)를 짓고, 공자와 주자의 화상을 모셨다.

1298년 당시 원나라의 간섭에 의하여 충렬왕이 물러나고 세자를 세우니, 그가 바로 충
선왕인데, 즉위하자 관제를 개혁하여 그는 집현전태학사 겸 참지기무동경유수계림부윤(集
賢殿太學士兼參知機務東京留守鷄林府尹)이 되고, 다시 첨의참리수문전태학사감수국사(僉
議參理修文殿太學士監修國史)가 되었다.

같은 해 8월 충선왕을 따라 또다시 원나라에 들어갔다. 바로 이해에 충렬왕이 다시 복위
되었는데, 이듬해 수국사가 되고, 이어 1300년 광정대부찬성사(匡靖大夫贊成事)에 오르
고, 얼마 뒤에 벽상삼한삼중대광(壁上三韓三重大匡)이 되었다.

④ 유교적 제도 정비

1303년 국학학정(國學學正) 김문정(金文鼎)을 중국 강남(江南 : 난징)에 보내어 공자와
70제자의 화상, 그리고 문묘에서 사용할 제기(祭器)·악기(樂器) 및 육경(六經)·제자(諸
子)·사서(史書)·주자서 등을 구해오게 하였다.

또 왕에게 청하여 문무백관으로 하여금 6품 이상은 은 1근, 7품 이하는 포(布)를 내게 하
여 이것을 양현고(養賢庫)에 귀속시키고, 그 이식으로 인재양성에 충당하도록 하였다. 같
은 해 12월에 첨의시랑찬성사판판도사사감찰사사(僉議侍郞贊成事判版圖司事監察司事)가

되었다.

이듬해 5월에는 섬학전(贍學錢)을 마련하여 박사(博士)를 두어 그 출납을 관장하게 하였는데, 이는 오늘날의 육영재단과 성격이 같은 것으로서 당시에 국자감 운영의 재정적 원활을 가져왔다.

그리고 같은 해 6월에 대성전(大成殿)이 완성되자, 중국에서 구해온 공자를 비롯한 선성(先聖)들의 화상을 모시고 이산(李㦃)·이진(李瑱)을 천거하여 경사교수도감사(經史敎授都監使)로 임명하게 하였다. 이해에 판밀직사사도첨의중찬(判密直司事都僉議中贊)으로 치사(致仕)하였다.

1306년 9월 12일 64세로 죽었다. 왕이 장지를 장단 대덕산에 내렸다.

⑤ 화상 제작과 서원 배향

충숙왕 5년(1318) 왕이 그의 공적을 기념하기 위하여 궁중의 원나라 화공에게 명하여 그의 화상을 그리게 하였다. 현재 국보 제111호로 지정되어 있는 그의 화상은 이것을 모사한 것을 조선 명종 때 다시 고쳐 그린 것이다. 이듬해 문묘에 배향되었다.

중종 37년(1542) 풍기군수 주세붕(周世鵬)이 영주군 순흥면 내죽리(內竹里)에 사우(祠宇)를 세우고, 이듬해 8월에는 송나라 주자의 백록동서원(白鹿洞書院)을 모방하여 백운동서원(白雲洞書院)을 그곳에 세웠는데, 명종 4년(1549) 풍기군수 이황(李滉)의 요청에 따라 '소수서원(紹修書院)'이라는 명종 친필의 사액(賜額)이 내려졌다.

인조 21년(1643) 장단의 유생들이 봉잠산(鳳岑山) 아래에 서원을 세웠는데, 이것이 임강서원(臨江書院)이다. 이 두 서원과 곡성의 회헌영당(晦軒影堂)에 제향되었다.

⑥ 업적

당시 원나라에서의 주자학의 보편화와 주자서의 유포 등에 따른 영향도 있었지만, 그가 여러 차례에 걸쳐 원나라에 왕래하여 그곳의 학풍을 견학하고, 또 직접 주자서를 베껴오고, 주자학의 국내보급을 위하여 섬학전을 설치하는 등 제반 노력을 경주하였다. 한번은 그가 원나라에 들어가 그곳의 문묘에 참배할 때에, 그곳의 학관(學官)이 "동국(東國)에도 성묘(聖廟: 文廟)가 있소?" 하고 묻자 그는 "우리나라도 중국과 똑같은 성묘가 있소." 하고 답하였다 하며, 또 그들과 문답하는 가운데 그가 주자학에 밝은 것을 안 그곳의 학관들이

'동방의 주자'라는 칭송을 아끼지 않았다고 전하여진다.

주자학이 성행한 당시 남송(南宋)의 사정이 원나라라는 이민족의 침입 앞에 민족적 저항을 하지 않으면 안 되는 국가적 위기를 맞고 있었던 때라면, 당시 고려 후기의 시대상황 역시 이와 비슷하게 무신집권에 의한 정치적 불안정, 불교의 부패와 무속의 성행, 몽고의 침탈 등으로 국내외적으로 위기가 가중되고 있을 때였다.

이러한 때에 민족주의 및 춘추대의(春秋大義)에 의한 명분주의의 정신, 그리고 불교보다 한층 주지적인 수양론(修養論) 등의 특성을 지닌 주자학을 적극적으로 수용하려는 것이 바로 그의 이상이었다.

이러한 이상을 그는 학교 재건과 인재양성을 통하여 이룩하려 하였다. 그가 당시 고려의 시대상황을 자각하고 주자학이 가진 이념이나 주자학 성립의 사회·역사적 배경을 의식하고 고려의 위기를 구하려는 적극적인 활동으로 제반 교육적 활동을 전개하였다.

[참고문헌]

『高麗史』

『高麗史節要』

安克權編, 『晦軒先生實記』, 1909.

李丙燾, 「安珦」『朝鮮名人傳』, 朝鮮日報社, 1939.

金柄九, 『晦軒思想研究』, 學文社, 1983.

閔丙河, 「安珦」『韓國의 人間像』 4, 新丘文化社, 1973.

4) 문충공(文忠公) 정몽주[25)](鄭夢周, 1337~1392)

정몽주는 고려의 문신이자 학자이다. 정몽주의 본관은 영일(迎日)이며, 경상도 영천에서 태어났다. 정몽주의 초명은 몽란(夢蘭), 또는 몽룡(夢龍)이며, 자는 달가(達可), 호는 포은(圃隱)이다.

---

25) 朴千圭, 「鄭夢周」『한국역대인물 종합정보 시스템(http://people.aks.ac.kr/index.aks)』, 한국학중앙연구원.

① 가계

추밀원지주사(樞密院知奏事) 정습명(鄭襲明)의 후손으로 정운관(鄭云瓘)의 아들이다. 어머니 이씨(李氏)가 임신하였을 때 난초화분을 품에 안고 있다가 땅에 떨어뜨리는 꿈을 꾸고 놀라 깨어나 낳았기 때문에 초명을 몽란이라 하였다가 뒤에 몽룡으로 개명하고, 성인이 된 뒤에 다시 몽주라 고쳤다.

② 관직

공민왕 6년(1357) 감시(監試)에 합격하고, 1360년 문과에 장원하여 1362년 예문관의 검열·수찬이 되었다. 이때 김득배(金得培)가 홍건적을 격파하여 서울을 수복하고서도 김용(金鏞)의 모해로 상주에서 효수되자, 그의 문생으로서 왕에게 청하여 그 시체를 거두어 장사지냈다.

이듬해 낭장 겸 합문지후(郎將兼閤門祗候)·위위시승(衛尉寺丞)을 거쳐, 동북면도지휘사(東北面都指揮使) 한방신(韓邦信)의 종사관(從事官)으로 종군, 서북면에서 달려온 병마사 이성계(李成桂)와 함께 여진토벌에 참가하고 돌아와 전보도감판관(典寶都監判官)·전농시승(典農寺丞)을 역임하였다.

당시 상제(喪制)가 문란해져서 사대부들이 모두 백일 단상(短喪)을 입었는데, 그는 홀로 부모의 상에 여묘(廬墓)를 살아 슬픔과 예절을 모두 극진히 하였기 때문에 1366년 나라에서 정려를 내렸다.

이듬해 예조정랑으로 성균박사를 겸임하였다. 당시 고려의 『주자집주(朱子集註)』에 대하여 정몽주의 강설이 사람의 의표를 찌르게 뛰어나 모두들 의아해하더니, 송나라 유학자 호병문(胡炳文)의 『사서통(四書通)』이 전하여지면서 이와 서로 맞아 떨어지는 것을 보고 모두 탄복하였고, 대사성 이색(李穡)이 정몽주를 높이 여겨 '동방 이학(理學)의 시조'라 하였다.

태상소경(太常少卿)과 성균관 사예·직강·사성 등을 역임하고, 1372년 서장관(書狀官)으로 명나라에 다녀오던 중 풍랑으로 파선을 당하여 일행 12인이 익사하고, 정몽주는 13일 동안 사경을 헤매다가 명나라 구조선에 구출되어, 이듬해 귀국하였다.

경상도안렴사(慶尙道按廉使)·우사의대부(右司議大夫) 등을 거쳐, 우왕 3년(1376) 성균관대사성으로 이인임(李仁任)·지윤(池奫) 등이 주장하는 배명친원의 외교방침을 반대하다가 언양에 유배되었으나 이듬해 풀려났다.

당시 왜구의 침요(侵擾)가 심하여 나흥유(羅興儒)를 일본에 보내어 화친을 도모하게 하였으나 그 주장(主將)에게 구수(拘囚)되었다가 겨우 죽음을 면하고 돌아왔다. 전일의 일로 앙심을 품은 권신들이 정몽주를 천거하여 구주(九州) 지방의 패가대(覇家臺)에 가서 왜구의 단속을 요청하게 하였다. 사람들이 모두 이를 위태롭게 여겼으나, 조금도 두려워하는 기색이 없이 건너가, 교린(交隣)의 이해를 개진하여 사명을 다하고 돌아왔을 뿐만 아니라, 왜구에게 잡혀갔던 고려 백성 수백 명을 귀국시켰다.

이어 우산기상시(右散騎常侍), 전공사(典工司)·예의사(禮儀司)·전법사(典法司)·판도사(判圖司)의 판서를 역임하고, 1380년 조전원수로 이성계를 따라 전라도 운봉에서 왜구를 토벌하고 돌아와, 이듬해 성근익찬공신(誠勤翊贊功臣)에 녹훈되어, 밀직부사 상의회의도감사 보문각제학 동지춘추관사 상호군(密直副使商議會議都監事寶文閣提學同知春秋館事上護軍)이 되었다. 1382년 진공사(進貢使)·청시사(請諡使)로 두 차례나 명나라에 봉사하였으나, 모두 입국을 거부당하여 요동(遼東)에까지 갔다가 돌아왔다.

동북면조전원수로서 다시 이성계를 따라 함경도에 다녀온 뒤, 1384년 정당문학(政堂文學)에 올라 성절사(聖節使)로 명나라에 다녀왔는데, 당시 명나라는 고려에 출병하려고 세공을 증액하며, 5년간의 세공이 약속과 다르다 하여 고려 사신을 유배하는 등 국교관계가 몹시 악화되었기 때문에 모두 명나라에 봉사하기를 꺼렸으나, 정몽주는 사명을 다하여 긴장상태의 대명국교를 회복하는 데 큰 공을 세웠다.

1385년 동지공거(同知貢擧)가 되어 우홍명(禹洪命) 등 33인을 뽑고, 이듬해 다시 사신으로 명나라에 가서 증액된 세공의 삭감과 5년간 미납한 세공의 면제를 요청하여 결국 그 뜻을 관철하였다.

귀국 후 문하평리(門下評理)를 거쳐 영원군(永原君)에 봉군되었으며, 또 명나라에 사신으로 갔으나 다시 국교가 악화되어 요동에서 되돌아와, 삼사좌사(三司左使)·문하찬성사·예문관대제학 등을 역임하였다.

공양왕 1년(1389) 이성계와 함께 공양왕을 영립하여, 이듬해 문하찬성사 동판도평의사사사 호조상서시사 진현관대제학 지경연춘추관사 겸 성균대사성 영서운관사(門下贊成事同判都評議使司事戶曹尙瑞寺事進賢館大提學知經筵春秋館事兼成均大司成領書雲觀事)로 익양군충의군(益陽郡忠義君)에 봉군되고, 순충논도동덕좌명공신(純忠論道同德佐命功臣)

의 호를 받았다.

이초(彝初)의 옥사가 일어나, 당시 조정에서 몰려난 구파정객들에 대한 대간의 논죄가 끊임없이 계속됨을 보고 이를 부당하다고 말하여 탄핵을 받고 사직하려 하였으나 허락되지 않았으며, 이어 벽상삼한삼중대광 수문하시중 판도평의사사병조상서시사 영경령전사 우문관대제학 감춘추관사 경연사 익양군 충의백(壁上三韓三重大匡守門下侍中判都評議使司兵曹尚瑞寺事領景靈殿事右文館大提學監春秋館事經筵事益陽郡忠義伯)이 되었다.

③ 인품과 치적

고려말 다사다난하던 때 정승의 자리에 오른 그는 아무리 큰 일이나 큰 의혹이라도 조용히 사리에 맞게 처결하였다. 당시 풍속이 모든 상제(喪祭)에 불교의식을 숭상하였는데, 그는 사서(士庶)로 하여금 『가례』에 의하여 사당을 세우고 신주를 만들어 제사를 받들게 하도록 요청하여 예속이 다시 일어났다.

또, 지방수령을 청렴하고 물망이 있는 사람으로 뽑아 임명하고, 감사를 보내어 출척(黜陟)을 엄격하게 하였으며, 도첨의사사(都僉議使司)에 경력과 도사를 두어 금전과 곡식의 출납을 기록하게 하였다.

서울에는 오부학당(五部學堂)을 세우고, 지방에는 향교를 두어 교육의 진흥을 꾀하는 한편, 기강을 정비하여 국체를 확립하고, 쓸데없이 채용된 관원을 도태하고 훌륭한 인재를 등용하며, 의창(義倉)을 세워 궁핍한 사람을 구제하고, 수참(水站)을 설치하여 조운(漕運)을 편리하게 하는 등 기울어져가는 국운을 바로잡고자 노력하였다.

1391년 인물추변도감제조관(人物推辨都監提調官)이 되고, 안사공신(安社功臣)의 호를 더하였으며, 이듬해 『대명률(大明律)』·『지정조격(至正條格)』 및 본국의 법령을 참작, 산정하여 신율(新律)을 만들어 법질서를 확립하려고 힘썼다.

④ 신진세력에 희생

당시 이성계의 위망(威望)이 날로 높아지자 조준(趙浚)·남은(南誾)·정도전(鄭道傳) 등이 그를 추대하려는 책모가 있음을 알고 기회를 보아 이들을 제거하려 하던 중, 명나라에서 돌아오는 세자 석(奭)을 마중나갔던 이성계가 황주에서 사냥하다가 낙마하여 벽란도(碧瀾渡)에 드러눕게 되자, 그 기회에 먼저 이성계의 우익(羽翼)인 조준 등을 제거하려고 하였다.

이를 눈치챈 이방원(李芳遠)이 아버지 이성계에게 위급을 고하여 그날 밤으로 병을 무릅쓰고 개성으로 돌아오게 하는 한편, 정몽주를 제거할 계획을 꾸몄다. 정몽주도 이를 알고 정세를 엿보려 이성계를 문병하고 귀가하던 도중 선죽교(善竹橋)에서 이방원의 문객 조영규(趙英珪) 등에게 격살되었다.

⑤ 평가

그는 천품이 지극히 높고, 뛰어나게 호매(豪邁)하여 충효를 겸하였다. 어려서부터 학문을 좋아하여 게을리하지 않았고, 성리학을 연구하여 조예가 깊었으며, 그의 시문은 호방, 준결하며, 그의 시조 「단심가(丹心歌)」는 그의 충절을 대변하는 작품으로 후세에까지 많이 회자되고 있으며, 문집으로 『포은집』이 전하고 있다.

태종 5년(1405) 권근(權近)의 요청에 의하여 대광보국숭록대부 영의정부사 수문전대제학 감예문춘추관사 익양부원군(大匡輔國崇祿大夫領議政府事修文殿大提學監藝文春秋館事益陽府院君)을 추증하였다.

중종12년(1517) 태학생(太學生) 등의 상서(上書)에 의하여 문묘에 배향하고, 또 묘에 비석을 세웠는데, 고려의 벼슬만을 쓰고 시호를 적지 않아 그가 두 왕조를 섬기지 않은 뜻을 분명히 하였다.

또, 개성의 숭양서원(崧陽書院) 등 13개의 서원에 제향되었고, 묘 아래에 있는 영모재(永慕齋), 영천의 임고서원(臨皐書院) 등 몇 곳의 서원에는 그의 초상을 봉안하고 있다. 시호는 문충(文忠)이다.

[참고문헌]

『高麗史』

『高麗史節要』

『太祖實錄』

『太宗實錄』

『圃隱集』

『治平要覽』

金庠基, 「鄭夢周」 『朝鮮名人傳』, 文豪社, 1965.

河炫綱, 「鄭夢周」『韓國의 人間像』1, 新丘文化社, 1969.

5) 문헌공(文憲公) 정여창[26](鄭汝昌, 1450~1504)

정몽주는 조선 전기의 문신이자 학자이다. 정몽주의 본관은 하동(河東)이며, 자는 백욱(伯勖), 호는 일두(一蠹)이다. 정몽주는 판전농시사 정복주(鄭復周)의 손자로, 함길도병마우후 증한성부좌윤 정육을(鄭六乙)의 아들이다. 일찍이 아버지를 여의고 혼자서 독서에 힘쓰다가 김굉필(金宏弼)과 함께 김종직(金宗直)의 문하에서 학문을 연마하였다. 『논어』에 밝았고 성리학의 근원을 탐구하여 체용(體用)의 학을 깊이 연구하였다.

성종 11년(1480)에 성종이 성균관에 유서를 내려 행실을 닦고 경학에 밝은 사람을 구하자 성균관에서 그를 제일로 천거하였다. 지관사 서거정(徐居正)이 그를 경연에서 진강하게 하려 하였으나 나가지 않았다. 1483년 8월에는 성균관 상사(上舍)의 동렬(同列)에서 그를 이학(理學)으로 추천하였다. 1486년 어머니가 이질에 걸리자 극진히 간호하고, 어머니가 죽자 최복(衰服)을 벗지 않고 3년 동안 시묘하였다.

그뒤 지리산을 찾아가 진양의 악양동(岳陽洞)에 들어가 섬진(蟾津)나루에 집을 짓고 대와 매화를 심으며 여기에서 평생을 마치고자 하였다. 1490년 참의 윤취(尹就)에 의해 효행과 학식으로 추천되어 소격서참봉에 제수되었으나 자식의 직분을 들어 사양하였다.

성종은 그의 사직상소문의 끝에 "너의 행실을 듣고 나도 모르게 눈물이 났다. 행실을 감출 수 없는데도 오히려 이와 같으니 이것이 너의 선행이다"라고 쓰고 사임을 허가하지 않았다. 그해 별시문과에 병과로 급제하고, 예문관검열을 거쳐 시강원설서로서 정도(正道)로써 동궁(연산군)을 보도하였으나 동궁이 좋아하지 않았다.

연산군 1년(1495) 안음현감(安陰縣監)에 임명되어 백성들의 질고(疾痼)가 부렴(賦斂)에 있음을 알고 「편의수십조(便宜數十條)」를 지어 시행한 지 1년 만에 정치가 맑고 백성들로부터 칭송을 들었다.

감사는 해결하기 어려운 옥사가 있으면 그를 만나서 물어본 뒤에 시행하였다. 이로 말미

---

26) 宋贊植, 「鄭汝昌」『한국역대인물 종합정보 시스템(http://people.aks.ac.kr/index.aks)』, 한국학중앙연구원.

암아 판결에 의문나는 것이 있으면 원근에서 그를 찾아와 판결을 받았다. 민사(民事)를 돌보는 여가로 고을의 총명한 자제를 뽑아 친히 교육하였고, 춘추로 양로례(養老禮)를 행하였다.

1498년 무오사화 때 경성으로 유배, 1504년 죽은 뒤 갑자사화 때 부관참시되었다. 중종대에 우의정에 증직되었고, 광해군 2년(1610) 문묘에 승무(陞廡)되었다.

나주의 경현서원(景賢書院), 상주의 도남서원(道南書院), 함양의 남계서원(藍溪書院), 합천의 이연서원(伊淵書院), 거창의 도산서원(道山書院), 종성의 종산서원(鍾山書院) 등에 제향되었다.

저서로는 『일두유집』이 있다. 시호는 문헌(文獻)이다.

[참고문헌]
『成宗實錄』
『燕山君日記』
『中宗實錄』
『宣祖實錄』
『光海君日記』
『國朝榜目』
『燃藜室記述』
『新增東國輿地勝覽』
『文獻公實記』
李丙燾, 『韓國儒學史』, 亞細亞文化社, 1987.

6) 문경공(文敬公) 김굉필[27](金宏弼, 1454~1504)

김굉필은 조선 전기의 문신이자 학자이다. 김굉필의 본관은 서흥(瑞興)이며, 자는 대유

---

27) 李秉烋, 「金宏弼」『한국역대인물 종합정보 시스템(http://people.aks.ac.kr/index.aks)』, 한국학중앙연구원.

(大猷), 호는 사옹(簑翁), 한훤당(寒暄堂)이다.

① 집안 환경 · 소학 입문

김굉필의 아버지는 충좌위사용(忠佐衛司勇) 김유(金紐)이며, 어머니는 중추부사(中樞副使) 한승순(韓承舜)의 딸인 청주한씨이다. 그의 선조는 서흥의 토성(土姓)으로서 고려 후기에 사족(士族)으로 성장하였는데, 증조부인 김사곤(金士坤)이 수령과 청환(淸宦)을 역임하다가 아내의 고향인 경상도 현풍현에 이주하게 되면서 그곳을 주근거지로 삼게 되었다. 할아버지인 의영고사(義盈庫使) 김소형(金小亨)이 개국공신 조반(趙胖)의 사위가 되면서 한양에도 연고를 가지게 되었는데, 할아버지 이래 살아오던 정릉동에서 태어났다. 어려서는 호방하고 거리낌이 없어, 저자거리를 돌아다니면서 사람들을 매로 치는 일이 많아 그를 보면 모두 피하였다고 한다.

그러나 성장함에 따라 분발하여 점차 학문에 힘쓰게 되었다. 근기지방의 성남(城南)·미원(迷原) 등지에도 상당한 경제적 기반을 가지고 있었던 것으로 짐작되나, 주로 영남지방의 현풍 및 합천의 야로(冶爐 : 처가), 성주의 가천(伽川 : 처외가) 등지를 내왕하면서 사류(士類)들과 사귀고 학문을 닦았다.

이때 김종직(金宗直)의 문하에 들어가 『소학』을 배웠다. 이를 계기로 『소학』에 심취하여 스스로를 '소학동자'라 일컬었을 뿐 아니라, 이에서 받은 감명을 "글을 읽어도 아직 천기를 알지 못하였더니, 소학 속에서 지난날의 잘못을 깨달았네. 이제부터는 마음을 다하여 자식 구실을 하려 하노니, 어찌 구구히 가볍고 따스한 가죽옷과 살찐 말을 부러워하리오"라고 술회하였다고 한다.

이후 평생토록 『소학』을 독신(篤信)하고 모든 처신을 그것에 따라 행하여 『소학』의 화신이라는 평을 들었으며, 나이 삼십에 이르러서야 다른 책을 접하였고 육경(六經)을 섭렵하였다.

② 관계 진입과 사화 연루

김굉필은 성종 11년(1480년) 생원시에 합격하여 성균관에 입학하게 되었으며, 이때에 장문의 상소를 올려 원각사(圓覺寺) 승려의 불법을 다스릴 것을 포함한 척불과 유학의 진흥에 관한 견해를 피력한 바 있다. 1494년 경상도관찰사 이극균(李克均)에 의해 이학(理

學)에 밝고 지조가 굳다는 명목의 유일지사(遺逸之士)로 천거되어 남부참봉에 제수되면서 관직생활이 시작되었다.

이어서 전생서참봉·북부주부 등을 거쳐 1496년 군자감주부에 제수되었으며, 곧 사헌부 감찰을 거쳐 이듬해에는 형조좌랑이 되었다.

1498년 무오사화가 일어나자, 김종직의 문도로서 붕당을 만들었다는 죄목으로 장(杖) 80대와 원방부처(遠方付處)의 형을 받고 평안도 희천에 유배되었다가 2년 뒤 순천에 이배 되었다. 그는 유배지에서도 학문연구와 후진교육에 힘써 희천에서는 조광조(趙光祖)에게 학문을 전수하여 우리나라 유학사의 정맥을 잇는 계기를 마련하였다. 1504년 갑자사화가 일어나자, 무오당인이라는 죄목으로 극형에 처해졌다.

③ 신원

중종반정 뒤 연산군 때에 피화한 인물들의 신원이 이루어짐에 따라 도승지에 추증되었 고, 자손은 관직에 등용되는 혜택을 받게 되었다. 그뒤 사림파의 개혁정치가 추진되면서 성리학의 기반구축과 인재양성에 끼친 업적이 재평가됨에 따라 그의 존재는 크게 부각되 었는데, 이는 조광조를 비롯한 제자들의 정치적 성장에 힘입은 바 컸다.

그 결과 중종 12년(1517) 정광필(鄭光弼)·신용개(申用漑)·김전(金詮) 등에 의하여 학문적 업적과 무고하게 피화되었음이 역설되어 다시 우의정에 추증되었으며, 도학(道學)을 강론 하던 곳에는 사우가 세워져 제사를 지내게 되었다.

그러나 1519년 기묘사화가 일어나 그의 문인들이 피화되면서 남곤(南袞)을 비롯한 반대 세력에 의하여 그에게 내려진 증직 및 각종 은전에 대한 수정론이 대두되었다.

당시의 이 같은 정치적 분위기의 변화에도 불구하고 그 뒤 그를 받드는 성균관유생들의 문묘종사(文廟從祀) 건의가 계속되어 선조 10년(1577)에는 시호가 내려졌고, 광해군 2년 (1610)에는 대간과 성균관 및 각 도 유생들의 지속적인 상소에 의하여 정여창(鄭汝昌)·조 광조·이언적(李彦迪)·이황(李滉) 등과 함께 오현(五賢)으로 문묘에 종사되었다.

④ 학문 성향

학문적으로는 정몽주(鄭夢周)·길재(吉再)·김숙자(金叔滋)·김종직으로 이어지는 우리나 라 유학사의 정통을 계승하였다.

그러나 김종직을 사사(師事)한 기간이 짧아 스승의 후광보다는 자신의 학문적 성과와 교육적 공적이 더 크게 평가되는 경향이 있다. 사우(師友)들 가운데에는 사장(詞章)에 치중한 인물이 많았던 데 반해, 정여창과 함께 경학(經學)에 치중하였다.

이러한 학문적 성향으로 말미암아 '치인(治人)' 보다는 '수기(修己)'에의 편향성을 지니게 되었으며, 현실에 대응하는 의식에 있어서도 그러한 성격은 잘 나타나, 현실상황에 적극적, 능동적으로 대응하려는 자세는 엿보이지 않았다.

이로 인해 20여인에 달하는 문인들은 두 차례 사화의 소용돌이 속에서도 크게 타격을 받지는 않았으며, 유배지 교육활동을 통해 더욱 보강되어, 후일 개혁정치를 주도한 기호계(畿湖系) 사림파의 주축을 형성하게 되었다.

『소학』에 입각한 그의 처신(處身), 복상(服喪)·솔가(率家)자세는 당시 사대부들의 귀감이 되었으며, '한훤당의 가범(家範)'이라 하여 숭상되었다. 아산의 인산서원(仁山書院), 서흥의 화곡서원(花谷書院), 희천의 상현서원(象賢書院), 순천의 옥천서원(玉川書院), 현풍의 도동서원(道東書院) 등에 제향되었다.

저서로는 『경현록』, 『한훤당집』, 『가범(家範)』 등이 있다. 시호는 문경(文敬)이다.

[참고문헌]

『成宗實錄』

『燕山君日記』

『中宗實錄』

『宣祖實錄』

『光海君日記』

『景賢錄』

『景賢續錄』

『景賢續錄補遺』

『大東野乘』

『燃藜室記述』

李樹健, 『嶺南士林派의 形成』, 嶺南大學校出版部, 1979.

李秉休, 『朝鮮前期畿湖士林派研究』, 一潮閣, 1984.

7) 문원공(文元公) 이언적[28](李彦迪, 1491~1553)

이언적은 조선 중기의 성리학자이다. 이언적의 본관은 여주(驪州)이며, 자는 복고(復古), 호는 회재(晦齋), 자계옹(紫溪翁)이다. 이언적은 참군 이수회(李壽會)의 손자로, 생원 이번(李蕃)의 아들이며, 어머니는 경주손씨(慶州孫氏)로 계천군(鷄川君) 손소(孫昭)의 딸이다. 이언적의 초명은 적(迪)이었으나 중종의 명으로 언(彦) 자를 더하였다.

① 관직

24세에 문과에 급제하여 벼슬길에 나갔다. 이조정랑·사헌부장령·밀양부사를 거쳐 중종 25년(1530) 사간이 되었다. 이때 김안로(金安老)의 등용을 반대하다가 관직에서 쫓겨나 경주의 자옥산에 들어가서 성리학연구에 전념하였다.

1537년 김안로 일당이 몰락한 뒤에 종부시첨정으로 불려나와 홍문관교리·응교·직제학이 되었고, 전주부윤에 나가 선정을 베풀어서 송덕비가 세워졌다. 이때 조정에 「일강십목소(一綱十目疏)」를 올려 정치의 도리를 논하였다. 이조·예조·형조의 판서를 거쳐 명종 원년(1545)에 좌찬성이 되었다.

이때 윤원형(尹元衡) 등이 선비를 축출하는 을사사화를 일으켰을 때 추관(推官)이 되어 선비들을 심문하는 일을 맡았지만 자신도 관직에서 물러났다.

1547년 윤원형 일당이 조작한 양재역벽서사건(良才驛壁書事件)에 무고하게 연루되어 강계로 유배되었고, 그곳에서 많은 저술을 남겼으나 63세로 죽었다.

② 학문

이언적은 조선조 유학, 곧 성리학의 정립에 선구적인 인물로서 유학의 방향과 성격을 밝히는 데 중요한 구실을 하였다. 그것은 주희(朱熹)의 주리론적 입장을 정통으로 확립하는 것이다. 그는 스승으로부터 뚜렷하게 계승받은 것이 아니요 독자적으로 학문을 수립하였다. 다만 그의 호를 '회재'라 한 것은 회암(晦菴 : 주희의 호)의 학문을 따른다는 견해를 보여주는 것이다.

---

28) 琴章泰, 「李彦迪」『한국역대인물 종합정보 시스템(http://people.aks.ac.kr/index.aks)』, 한국학중앙연구원.

27세 때 당시 영남 지방의 선배학자인 손숙돈(孫叔暾)과 조한보(曺漢輔) 사이에 토론되었던 성리학의 기본쟁점인 무극태극논쟁(無極太極論爭)에 뛰어들어 주희의 주리론적 견해에서 손숙돈과 조한보의 견해를 모두 비판하여 자신의 학문적 견해를 밝혔다.

물론, 이언적은 이 논쟁에서 이기론(理氣論)의 주리론적 견해로서 이선기후설(理先氣後說)과 이기불상잡설(理氣不相雜說)을 강조하였다. 이러한 이우위설(理優位說)의 견해는 이황(李滉)에게로 계승되는 영남학파의 성리설에 선구가 된다. 그가 여기에서 벌인 태극의 개념에 관한 논쟁은 조선조 성리학사에서 최초의 본격적인 개념논쟁이라고 할 수 있다.

사화가 거듭되는 사림의 시련기에 살았던 선비로서 을사사화 때는 그 자신이 좌찬성·판의금부사의 중요한 직책으로 사림과 권력층 간신 사이에서 억울한 사림의 희생을 막으려고 노력하다가 마침내 자신이 사화의 희생물이 되고 말았다.

이이(李珥)는 그가 을사사화에 곧은 말로 항거하여 절개를 지키지 못하였다고 비판하였다. 그러나 그는 불의와 타협하지 않으면서도 온건한 해결책을 추구하였던 인물이다.

③ 저술

그는 만년에 유배생활을 하는 동안 큰 업적이 되는 중요한 저술들을 여럿 남겼다. 곧, 『구인록(求仁錄)』(1550)·『대학장구보유(大學章句補遺)』(1549)·『중용구경연의(中庸九經衍義)』(1553)·『봉선잡의(奉先雜儀)』(1550) 등이다. 『구인록』(4권)은 유교경전의 핵심개념으로서 인(仁)에 대한 그의 집중적인 관심을 보여주고 있다.

유교의 여러 경전과 송대 도학자들의 설에 인의 본체와 실현방법에 관한 유학의 근본정신을 확인하고자 하였다. 『대학장구보유』 1권과 『속대학혹문』 1권은 주희의 『대학장구』나 『대학혹문』의 범위를 넘어서려는 그의 독자적인 학문세계를 제시하고 있다. 이 점에서 그는 뒤따르는 도학자들보다 훨씬 자율적인 학문태도를 가졌다. 곧, 주희가 『대학장구』에서 제시한 체계를 개편하였다.

특히, 주희가 역점을 두었던 격물치지보망장(格物致知補亡章)을 그는 인정하지 않고, 『대학장구』의 경1장에 들어 있는 두 구절을 격물치지장으로 옮기는 계획을 하였으며, 이런 개편에 대해서 주희가 다시 나오더라도 이것을 따를 것이라는 확신을 보여주고 있다.

이러한 그의 태도는 주희의 한 글자 한 구절을 금과옥조로 삼아 존숭하는 후기의 학문태도에 비하여 매우 창의적인 학문정신을 보여준다.

『중용구경연의』(29권)는 그의 미완성 절필이다. 이 저술도 주희의 『중용장구』나 『중용혹문』의 체계를 훨씬 벗어나서 천하국가를 통치하는 방법의 9경(九經 : 修身·尊賢·親親·敬大臣·體群臣·子庶民·來百工·柔遠人·懷諸侯)을 중심으로 중용정신을 밝히려는 독창적인 저술이다.

이 저술은 진덕수(眞德秀)의 『대학연의』가 대학체계를 통치원리의 구체적 실현방법에 응용하였던 것에 상응한 저술이요, 뒷날 이현일(李玄逸)이 『홍범연의(洪範衍義)』를 저술한 것에 선행한다고 할 수 있다.

그는 주희가 『대학』과 『중용』을 표출시킨 의도를 계승하면서도 『대학』과 『중용』의 정신을 수기(修己)와 치인(治人)의 양면으로 파악함으로써 도학의 통치원리를 선명하게 제시하는 창의적 견해를 가졌다고 하겠다.

『봉선잡의』(2권)는 도학의 실천적 규범인 예서를 제시한 것으로서 조선조 후기 예학파의 선구가 되고 있다.

주희의 『가례(家禮)』가 조선조 사회에 미친 영향을 주목한다면, 이언적의 예학저술은 그의 학문적 관심이 얼마나 광범하였던가를 보게 한다. 그가 임금에게 올렸던 상소문으로서 「일강십목소」와 「진수팔규(進修八規)」는 군주사회의 통치원리를 제시한 것이다.

하늘의 도리, 곧 천도에 순응하고 백성의 마음, 곧 인심을 바로잡으며 나라의 근본을 배양하여야 한다는 왕도정치의 기본이념을 추구하였으며, 도학적 경세론의 압축된 체계를 제시하고 있다.

「일강십목소」에서 근본의 일강령은 '임금의 마음씀(人主之心術)'으로 규정하고, 10조목으로는 가정법도의 엄숙, 국가근본의 배양, 조정기강의 정대, 인재취사의 신중, 하늘도리에 순응, 언로를 넓힘, 사치욕심의 경계, 군자의 길을 닦음, 일의 기미를 살핌을 도모하도록 요구하고, 27세에 지은 「오잠(五箴)」에서도 하늘을 두려워함(畏天), 마음을 배양함(養心), 공경하는 마음(敬心), 허물을 고침(改過), 의지를 독실하게 함(篤志)을 들고 있다.

그는 하늘(天道·天心)과 백성(人心)에 순응하며, 마음을 다스리는 수양(養心·敬心)에 힘쓸 것을 중요시하는 도학적 수양론을 경세의 근본으로 삼고 있다. 그는 조선조 도학의 학문과 실천에 모범이 되는 우뚝한 봉우리였다.

광해군 2년(1610) 문묘에 종사되었고, 경주의 옥산서원(玉山書院) 등에 배향되고 있다. 시호는 문원(文元)이다.

[참고문헌]

『晦齋集』

劉明鍾, 「李彦迪의 철학사상」『韓國哲學研究』 중권, 1978.

柳正東, 「李彦迪의 哲學思想」『韓國哲學史』 중권, 1978.

李丙燾, 「李晦齋의 학문과 그 영향」『韓國儒學史』, 亞細亞文化社, 1987.

8) 문정공(文正公) 조광조[29](趙光祖, 1482~1519)

조광조는 조선 중기의 문신이다. 조광조의 본관은 한양(漢陽)이며, 한성에서 출생하였다. 조광조의 자는 효직(孝直), 호는 정암(靜庵)이다.

① 가계와 학업

개국공신 정온(鄭溫)의 5대손으로, 감찰 조원강(趙元綱)의 아들이다. 17세 때 어천찰방(魚川察訪)으로 부임하는 아버지를 따라가, 무오사화로 화를 입고 희천에 유배 중이던 김굉필(金宏弼)에게 수학하였다.

학문은 『소학』, 『근사록(近思錄)』 등을 토대로 하여 이를 경전 연구에 응용하였으며, 이때부터 성리학 연구에 힘써 김종직(金宗直)의 학통을 이은 사림파(士林派)의 영수가 되었다.

이때는 사화 직후라 사람들은 그가 공부에 독실함을 보고 '광인(狂人)'이라거나 혹은 '화태(禍胎)'라 하였다. 친구들과도 자주 교류가 끊겼으나 그는 전혀 개의하지 않고 학업에만 전념하였다 한다. 한편, 평소에도 의관을 단정히 갖추고 언행도 성현의 가르침을 따라 절제가 있었다.

중종 5년(1510) 사마시에 장원으로 합격, 진사가 되어 성균관에 들어가 공부하였다.

② 관력과 정치활동

1506년 중종반정 이후 당시의 시대적인 추세는 정치적 분위기를 새롭게 하고자 하는 것

---

29) 李載襲, 「趙光祖」『한국역대인물 종합정보 시스템(http://people.aks.ac.kr/index.aks)』, 한국학중앙연구원.

이 전반적인 흐름이었다. 이러한 가운데 성균관 유생들의 천거와 이조판서 안당(安瑭)의 적극적인 추천으로, 중종 10년(1515) 조지서사지(造紙署司紙)라는 관직에 초임되었다.

그해 가을 증광문과에 을과로 급제하여 전적·감찰·예조좌랑을 역임하게 되었고, 이때부터 왕의 두터운 신임을 얻게 되었다. 그는 유교로써 정치와 교화의 근본을 삼아야 한다는 지치주의(至治主義)에 입각한 왕도정치의 실현을 역설하였다.

이와 함께 정언이 되어 언관으로서 그의 의도를 펴기 시작하였다. 이해 장경왕후(章敬王后, 중종의 제1계비)가 죽자 조정에서는 계비 책봉문제가 거론되기에 이르렀다. 이때 순창군수 김정(金淨), 담양부사 박상(朴祥) 등은 중종의 정비(正妃, 폐위된 愼氏)를 복위시킬 것과 신씨의 폐위를 주장하였던 박원종(朴元宗)을 처벌할 것을 상소하였는데, 이 때문에 대사간 이행(李荇)의 탄핵을 받아 귀양을 가게 되었다.

이에 대하여 조광조는 대사간으로서 상소자를 벌함은 언로를 막는 결과가 되므로 국가의 존망에 관계되는 일이라 주장하여 오히려 이행 등을 파직하게 하여 그에 대한 왕의 신임을 입증받았다. 이것이 계기가 되어 원로파(元老派), 즉 반정공신과 신진사류(新進士類)의 대립으로 발전, 이후 기묘사화의 발생원인이 되기도 하였다.

그뒤 수찬을 역임한 뒤 곧이어 정랑이 되고, 1517년에는 교리로 경연시독관·춘추관기주관을 겸임하였으며, 향촌의 상호부조를 위하여 『여씨향약(呂氏鄕約)』을 8도에 실시하도록 하였다.

③ 도학정치의 주장

주자학이 우리나라에 들어온 것은 고려말이었으나 널리 보급되지는 못하였고, 조선 초기에 와서도 사장(詞章)의 학만이 높이 숭상되었기 때문에 과거에 있어서도 이것에만 치중하였고 도학(道學)은 일반적으로 경시되었다.

그러나 조광조의 도학정치에 대한 주장은 대단한 것이었고, 이러한 주장을 계기로 하여 당시의 학풍은 변화되어갔으며, 뒤에 이황(李滉)·이이(李珥) 같은 학자가 탄생될 수 있었던 것이다. 그의 도학정치는 조선시대의 풍습과 사상을 유교식으로 바꾸어놓는 데 있어서 중요한 동기가 되었다.

즉, 조선시대에 일반서민들까지도 주자의 『가례(家禮)』를 지키게 되어 상례(喪禮)를 다하고 젊은 과부의 재가도 허락되지 않게 되었다.

1518년 부제학이 되어서는 유학의 이상정치를 구현하기 위하여 사문(斯文)의 흥기를 자신의 임무로 자부하였고, 이를 실현하기 위해서는 우선 인주(人主)의 마음을 바로잡아야 한다고 생각하였다. 그리하여 그는 미신타파를 내세워 소격서(昭格署)의 폐지를 강력히 주청, 많은 반대에도 불구하고 마침내 이를 혁파하는 데 성공하였다.

이어 그해 11월에는 대사헌에 승진되어 부빈객을 겸하게 되었다. 그는 한편으로 천거시취제(薦擧試取制)인 현량과(賢良科)를 처음 실시하게 하여 김식(金湜)·안처겸(安處謙)·박훈(朴薰) 등 28인이 뽑혔으며, 이어 김정(金淨)·박상(朴祥)·이자(李耔)·김구(金絿)·기준(奇遵)·한충(韓忠) 등 소장학자들을 뽑아 요직에 안배하였다.

그는 이와 같이 현량과 실시를 통하여 신진사류들을 정계에 본격적으로 진출시키는 실마리로 삼았다. 이들 신진사류들과 함께 훈구세력의 타도와 구제(舊制)의 개혁 및 그에 따른 새로운 질서의 수립에 나섰다.

④ 정치개혁의 노력

그리하여 이들은 중종 14년(1519)에 이르러 훈구세력인 반정공신을 공격하기에 이르렀다.

즉, 그들은 우선 정국공신(靖國功臣)이 너무 많음을 강력히 비판하였다. 그리고 성희안(成希顔) 같은 인물은 반정을 하지 않았는데도 뽑혔고, 유자광(柳子光)은 그의 척족들의 권귀(權貴)를 위하여 반정하였는데, 이러한 유의 반정정신은 소인들이나 꾀하는 것이라고 신랄하게 비난하였다.

즉, 이들은 권좌에 올라 모든 국정을 다스리는 데 이(利)를 먼저 하고 있다는 것이다. 따라서, 이를 개정하지 않으면 국가를 유지하기가 곤란함을 극력 주창하였다. 이의 실천 대안으로 반정공신 2·3등 중 가장 심한 것은 이를 개정해야 하고, 4등 50여인은 모두 공이 없이 녹을 함부로 먹고 있으므로 삭제함이 좋을 것이라는 위훈삭제(僞勳削除)를 강력히 청하고 나섰다.

이러한 주장은 전혀 근거가 없는 것은 아니었다. 이미 반정 초기에 대사헌 이계맹(李繼孟) 등은 원종공신(原從功臣)이 많아 외람되므로 그 진위를 밝힐 것을 주장한 일이 있었다.

그러나 신진사류들의 주장은 쉽게 받아들여지지 않았다. 그것은 이미 반정공신들은 기성 귀족이 되어 있었고, 현실적으로 원로가 된 훈구세력을 소인배로 몰아 배척하려는 급격한 개혁주장은 중종도 그리 달가워하지 않았기 때문이다.

그러나 마침내는 2·3등공신의 일부, 4등공신 전원, 즉 전 공신의 4분의 3에 해당되는 76인의 훈작이 삭탈당하기에 이르렀다.

⑤ 정치개혁의 반향

이러한 급진적인 개혁은 마침내 훈구파의 강한 반발을 야기시켰다. 훈구파 중 홍경주(洪景舟)·남곤(南袞)·심정(沈貞)은 경빈박씨(敬嬪朴氏) 등 후궁을 움직여 왕에게 신진사류를 무고하도록 하였다.

또한, 대궐 나뭇잎에 과일즙으로 '주초위왕(走肖爲王)'이라는 글자를 써 벌레가 파먹게 한 다음에 궁녀로 하여금 이를 따서 왕에게 바쳐 의심을 조장시키기도 하였다.

한편, 홍경주와 공조판서 김전(金詮), 예조판서 남곤, 우찬성 이장곤(李長坤), 호조판서 고형산(高荊山), 심정 등이 밀의하여 밤에 신무문(神武門)을 통하여 비밀리에 왕을 만나 조광조 일파가 당파를 조직, 조정을 문란하게 하고 있다고 탄핵하였다.

이에 평소부터 신진사류를 비롯한 조광조의 도학정치와 과격한 언행에 염증을 느껴오던 왕은 훈구대신들의 탄핵을 받아들여 이를 시행하였다. 그 결과 조광조는 김정·김구·김식·윤자임(尹自任)·박세희(朴世熹)·박훈 등과 함께 투옥되었다. 처음 김정·김식·김구와 함께 그도 사사(賜死)의 명을 받았으나, 영의정 정광필(鄭光弼)의 간곡한 비호로 능주에 유배되었다.

그뒤 정적인 훈구파의 김전·남곤·이유청(李惟淸)이 각각 영의정·좌의정·우의정에 임명되자 이들에 의하여 기묘년 12월 바로 사사되었다.

이때가 기묘년이었으므로 이 사건을 '기묘사화'라고 한다.

⑥ 정치개혁의 실패 원인

결국 신진사류들이 기성세력인 훈구파를 축출, 새로운 정치질서를 이루려던 계획은 실패하고 말았다. 이들의 실패원인은 그들이 대부분 젊고 또 정치적 경륜도 짧은데다가 개혁을 급진적이고 너무 과격하게 이루려 하다가 노련한 훈구세력의 반발을 샀기 때문이다.

이를 후대의 명석한 학자인 이이(李珥)가 잘 말해주고 있다. 즉, 그는 『석담일기(石潭日記)』에서 조광조를 비롯한 신진사류들의 실패를 다음과 같이 말하고 있다.

"옛사람들은 반드시 학문이 이루어진 뒤에나 이론을 실천하였는데, 이 이론을 실천하는 요점은 왕의 그릇된 정책을 시정하는 데 있었다. 그런데 그는 어질고 밝은 자질과 나라를 다스릴 재주를 타고났음에도 불구하고, 학문이 채 이루어지기 전에 정치일선에 나간 결과, 위로는 왕의 잘못을 시정하지 못하고 아래로는 구세력의 비방도 막지 못하고 말았다. 그러나 그가 도학을 실천하고자 왕에게 왕도의 철학을 이행하도록 간청하기는 하였지만 그를 비방하는 입이 너무 많아, 비방의 입이 한번 열리자 결국 몸이 죽고 나라를 어지럽게 하였으니 후세 사람들에게 그의 행적이 경계가 되었다"고 하였다.

⑦ 사후의 상황

그뒤 선조 초 신원(伸寃)되어 영의정에 추증되고 문묘에 배향되었다. 그의 학문과 인격을 흠모하는 후학들에 의하여 사당이 세워지고, 서원도 설립되었다. 1570년 능주에 죽수서원(竹樹書院), 1576년 희천에 양현사(兩賢司)가 세워져 봉안되었으며, 선조 38년(1605)에는 그의 묘소 아래에 있는 심곡서원(深谷書院)에 봉안되는 등 전국에 많은 향사가 세워졌다.

또한, 이이는 김굉필·정여창(鄭汝昌)·이언적(李彦迪) 등과 함께 그를 동방사현(東方四賢)이라 불렀다.

저서로는 『정암집』이 있는데 그중 대부분은 소(疏)·책(策)·계(啓) 등의 상소문과 몇 가지의 제문이고, 그밖에 몇 편의 시도 실려 있다. 시호는 문정(文正)이다.

[참고문헌]

『中宗實錄』

『國朝榜目』

『靜庵集』

『燃藜室記述』

『石潭日記』

『淸選考』

『增補文獻備考』

姜周鎭,「朝鮮朝 前期 性理學者의 政治思想」『韓國思想』13, 1975.

金光哲, 「靜庵趙光祖의 政治思想」『釜山史學』7, 부산경남사학회, 1983.

金其鉉, 「趙靜庵의 道學觀」『民族文化研究』14, 1979.

金鎬城, 「靜庵趙光祖의 政治思想論攷」『論文集』15, 서울教育大學, 1982.

申奭鎬, 「趙光祖－士禍 속에 진 哲人政客」『韓國의 人間像』, 新丘文化社, 1965.

尹南漢, 「中宗代의 道學과 心學化運動」『史叢』21·22合輯, 고려대 사학회, 1977.

李秉休, 「賢良科及第者의 性分」『大丘史學』12·13, 1977.

9) 문정공(文正公) 김인후[30](金麟厚, 1510~1560)

김인후는 조선 중기의 유학자이자 문신이다. 김인후의 자는 후지(厚之), 호는 하서(河西) 또는 담재(湛齋)이며, 본관은 울산(蔚山)이다.

김인후는 전라도 장성 출신으로 아버지는 참봉 김영(金齡)이며, 어머니는 옥천조씨(玉川趙氏)이다. 열 살 때 김안국(金安國)에게서 『소학』을 배웠고, 1531년에 성균사마시에 합격하여 성균관에 입학, 이황(李滉) 등과 교우가 두터웠다.

1540년에 별시문과에 병과로 급제하여 권지승문원부정자(權知承文院副正字)에 등용되었으며, 이듬해에 호당(湖堂)에 들어가 사가독서하고, 홍문관저작(弘文館著作)이 되었다. 1543년에 홍문관박사 겸 세자시강원설서·홍문관부수찬이 되어 세자 보도(輔導)의 임을 맡았다.

특히, 기묘사화 때 죽음을 당한 제현(諸賢)의 원한을 개진하여 문신으로서 본분을 수행하였다. 그해에 부모의 봉양을 위해 옥과현감(玉果縣監)으로 나갔다. 중종이 죽자 제술관(製述官)으로 서울에 올라왔으나, 일년도 채 못 되어 인종이 죽고 곧이어 을사사화가 일어나자, 병을 이유로 고향 장성에 돌아갔다.

그 뒤 1554년까지 성균관전적·공조정랑·홍문관교리·성균관직강 등에 제수되었으나 사직하고 나아가지 않았다. 시문에 능하여 10여 권의 시문집을 남겼으나 도학에 관한 저술은 많지 않다.

---

30) 李乙浩, 「金麟厚」『한국역대인물 종합정보 시스템(http://people.aks.ac.kr/index.aks)』, 한국학중앙연구원.

그러나 성리학 이론은 유학사에 있어서 중요한 위치를 차지하고 있는데, 당시 이항(李恒)과 기대승(奇大升) 사이에 논란되었던 태극음양설에 대하여 이항의 태극음양일물설(太極陰陽一物說)을 반대한 기대승에 동조하여, 인심과 도심은 다 그 동처(動處)를 두고 이른 말임을 주장함으로써, 후일 기대승의 주정설(主情說) 형성에 깊은 영향을 미쳤다고 할 수 있다.

학문은 성경(誠敬)을 주안으로 하였기 때문에 노수신(盧守愼)과 더불어 숙흥야매잠해(夙興夜寐箴解)를 논한 것을 보면, 마음이 일신을 주재한다는 노수신의 설을 비판하면서, 마음이 일신을 주재하지만 기(氣)가 섞여서 마음을 밖으로 잃게 되면 주재자를 잃게 되므로, 경(敬)으로써 이를 바르게 하여야 다시금 마음이 일신을 주재할 수 있게 된다고 주장하여, 이른바 주경설(主敬說)을 내놓았다.

천문·지리·의약·산수·율력(律曆)에도 정통하였다. 제자로는 정철(鄭澈)·변성온(卞成溫)·기효간(奇孝諫)·조희문(趙希文)·오건(吳健) 등이 있으며, 정조 20년(1796)에 문묘에 배향되었다. 장성의 필암서원(筆巖書院), 옥과의 영귀서원(詠歸書院)에 제향되었으며, 대광보국숭록대부 영의정 겸 영경연·홍문관·예문관·춘추관·관상감사에 추증되었다.

저서로는 『하서집(河西集)』, 『주역관상편(周易觀象篇)』, 『서명사천도(西銘四天圖)』, 『백련초해(百聯抄解)』 등이 있다. 시호는 문정(文靖)이다.

[참고문헌]

『河西集』

『中宗實錄』

『明宗實錄』

10) 문순공(文純公) 이황[31](李滉, 1501~1570)

이황은 조선 중기의 문신이자 학자이다. 이황의 본관은 진성(眞城)이며, 자는 경호(景

---

31) 全斗河, 「李滉」『한국역대인물 종합정보 시스템(http://people.aks.ac.kr/index.aks)』, 한국학중앙연구원.

浩), 호는 퇴계(退溪), 퇴도(退陶), 도수(陶叟)이다.

① 가계

이황은 경상도 예안현(禮安縣) 온계리(溫溪里: 지금의 경상북도 안동군 도산면 온혜리)에서 좌찬성 이식(李埴)의 7남 1녀 중 막내아들로 태어났다. 생후 7개월에 외간상(外艱喪)을 당하였으나, 후실이었지만 자모(慈母)요 현부인이었던 생모 박씨의 훈도 밑에서 총명한 자질을 키워갔다.

12세에 작은아버지 이우(李堣)로부터 『논어』를 배웠고, 14세경부터 혼자 독서하기를 좋아하여, 특히 도연명(陶淵明)의 시를 사랑하고 그 사람됨을 흠모하였다. 20세경 침식을 잊고『주역』 공부에 몰두한 탓에 건강을 해쳐서 그 뒤로부터 다병한 사람이 되어버렸다 한다.

② 출사와 관직

28세(1528)에 진사시에 합격하였다. 33세에 재차 성균관에 들어가 김인후(金麟厚)와 교유하고 『심경부주(心經附註)』를 입수하여 크게 심취하였다. 이해 귀향도중 김안국(金安國)을 만나 성인군자에 관한 견문을 넓혔다. 34세(1534)에 문과에 급제하고 승문원부정자가 되면서 관계에 발을 들여놓게 되었다.

37세에 내간상(內艱喪)을 당하자 향리에서 3년간 복상하였고, 39세에 홍문관수찬이 되었다가 곧 사가독서(賜暇讀書)에 임명되었다. 중종 말년에 조정이 어지러워지자 먼저 낙향하는 친우 김인후를 한양에서 떠나보내고, 이 무렵부터 관계를 떠나 산림에 은퇴할 결의를 굳힌듯, 43세이던 10월에 성균관사성으로 승진하자 성묘를 핑계삼아 사가를 청하여 고향으로 되돌아갔다. 을사사화 후 병약을 구실삼아 모든 관직을 사퇴하고, 46세(1546)가 되던 해 향토인 낙동강 상류 토계(兎溪)의 동암(東巖)에 양진암(養眞庵)을 얽어서 산운야학(山雲野鶴)을 벗삼아 독서에 전념하는 구도생활에 들어갔다. 이때에 토계를 퇴계(退溪)라 개칭하고, 자신의 아호로 삼았다.

그 뒤에도 자주 임관의 명을 받아 영영 퇴거(退居)해버릴 형편이 아님을 알고 부패하고 문란된 중앙의 관계에서 떠나고 싶어서 외직을 지망, 48세에 충청도 단양군수가 되었으나, 곧 형이 충청감사가 되어 옴을 피하여 임명 전에 청하여 경상도 풍기군수로 전임하였다.

풍기군수 재임중 주자가 백록동서원(白鹿洞書院)을 부흥한 선례를 좇아서, 고려 말기의 주자학의 선구자 안향(安珦)이 공부하던 땅에 전임군수 주세붕(周世鵬)이 창설한 백운동서원에 편액(扁額)·서적(書籍)·학전(學田)을 하사할 것을 감사를 통하여 조정에 청원하여 실현을 보게 되었는데, 이것이 조선조 사액서원(賜額書院)의 시초가 된 소수서원(紹修書院)이다.

1년 후 퇴관하고, 어지러운 정계를 피하여 퇴계의 서쪽에 한서암(寒棲庵)을 지어 다시금 구도생활에 침잠하다가 52세(1552)에 성균관대사성의 명을 받아 취임하였다.

56세에 홍문관부제학, 58세에 공조참판에 임명되었으나 여러 차례 고사하였다. 43세 이후 이때까지 관직을 사퇴하였거나 임관에 응하지 않은 일이 20수회에 이르렀다. 60세(1560)에 도산서당(陶山書堂)을 짓고 아호를 '도옹(陶翁)'이라 정하고, 이로부터 7년간 서당에 기거하면서 독서·수양·저술에 전념하는 한편, 많은 제자들을 훈도하였다.

명종은 예(禮)를 두터이하여 자주 그에게 출사(出仕)를 종용하였으나 듣지 않자, 근신들과 함께 '초현부지탄(招賢不至嘆)'이라는 제목으로 시를 짓고, 몰래 화공을 도산으로 보내어 그 풍경을 그리게 하여 그것에다 송인(宋寅)으로 하여금 도산기(陶山記) 및 도산잡영(陶山雜詠)을 써넣게 하여 병풍을 만들어서, 그것을 통하여 조석으로 이황을 흠모하였다 한다.

그 뒤 친정(親政)의 기회를 얻자, 이황을 자헌대부(資憲大夫)·공조판서·대제학이라는 현직(顯職)에 임명하여 자주 초빙하였으나, 그는 그때마다 고사하고 고향을 떠나지 않았다.

그러나 67세 때 명나라 신제(新帝)의 사절이 오게 되매, 조정에서 이황의 내경(來京)을 간절히 바라 그도 어쩔 수 없이 한양으로 갔다. 명종이 돌연 죽고 선조가 즉위하여 그를 부왕의 행장수찬청당상경(行狀修撰廳堂上卿) 및 예조판서에 임명하였으나 신병 때문에 부득이 귀향하고 말았다.

그러나 이황의 성망(聲望)은 조야에 높아, 선조는 그를 숭정대부(崇政大夫) 의정부우찬성에 임명하여 간절히 초빙하였고, 그는 사퇴하였지만 여러 차례의 돈독한 소명을 물리치기 어려워 마침내 68세의 노령에 대제학·지경연(知經筵)의 중임을 맡고, 선조에게 「무진육조소(戊辰六條疏)」를 올렸다. 선조는 이 소를 천고의 격언, 당금의 급무로서 한순간도 잊지 않을 것을 맹약하였다 한다.

그 뒤 이황은 선조에게 정자(程子)의 「사잠(四箴)」, 『논어집주』·『주역』, 장재(張載)의 「서명(西銘)」 등의 온오(蘊奧)를 진강하였다. 노환 때문에 여러 차례 사직을 청원하면서 왕에 대한 마지막 봉사로서 필생의 심혈을 기울여 『성학십도(聖學十圖)』를 저술, 어린 국왕 선조에게 바쳤다.

이듬해 69세에 이조판서에 임명되었으나 사양하고, 번번히 환고향(還故鄕)을 간청하여 마침내 허락을 받았다. 환향 후 학구(學究)에 전심하였으나, 다음해 70세가 되던 11월 종가의 시제 때 무리를 해서인지 우환이 악화되었다. 그달 8일 아침, 평소에 사랑하던 매화분에 물을 주게 하고, 침상을 정돈시키고, 일으켜 달라 하여 단정히 앉은 자세로 역책(易簀 : 학덕이 높은 사람의 죽음)하였다.

선조는 3일간 정사를 폐하여 애도하고, 대광보국숭록대부(大匡輔國崇祿大夫) 의정부영의정 겸 경연·홍문관·예문관·춘추관·관상감 영사를 추증하였고, 장사는 제일등 영의정의 예에 의하여 집행되었으나, 산소에는 유계(遺誡)대로 소자연석에 '퇴도만은진성이공지묘(退陶晩隱眞城李公之墓)'라 새긴 묘비가 세워졌을 뿐이었다.

죽은 지 4년 만에 고향사람들이 도산서당 뒤에 서원을 짓기 시작하여 이듬해 낙성, 도산서원의 사액을 받았다. 그 이듬해 2월에 위패를 모셨고, 11월에는 문순(文純)이라는 시호가 내려졌다.

③ 학문

이황이 『주자대전』을 입수한 것은 중종 38년, 즉 그의 43세 때였고, 이 『주자대전』은 명나라 가정간본(嘉靖刊本)의 복각본(復刻本)이었으며, 가정간본의 대본(臺本)은 송나라 때 간행된 것을 명나라 때 복간한 성화간본(成化刊本)의 수보본(修補本)이었지만, 그가 『주자대전』을 미독(味讀)하기 시작한 것은 풍기군수를 사퇴한 49세 이후의 일이었다.

이황은 이에 앞서 이미 『심경부주』·『태극도설』·『주역』·『논어집주』 등의 공부에 의하여 주자학의 대강을 이해하고 있었으나, 『주자대전』을 완미(玩味)함으로써 그의 학문이 한결 심화되었고, 마침내 주자의 서한문의 초록과 주해에 힘을 기울였는데, 그의 학문이 원숙하기 시작한 것은 50세 이후부터였다고 생각된다.

50세 이후의 학구활동 가운데서 주요한 것을 열거하면 다음과 같다.

53세에 정지운(鄭之雲)의 「천명도설(天命圖說)」을 개정하고 후서(後敍)를 썼고, 또한 『연평답문(延平答問)』을 교정하고 후어(後語)를 지었다. 54세에 노수신(盧守愼)의 「숙흥야매잠주(夙興夜寐箴註)」에 관하여 논술하였다. 56세에 향약을 기초, 57세에 『역학계몽전의

(易學啓蒙傳疑)』를 완성, 58세에 『주자서절요』 및 『자성록』을 거의 완결지어 그 서(序)를 썼다. 59세에 황중거(黃仲擧)에 답하여 『백록동규집해(白鹿洞規集解)』에 관하여 논의하였다.

또한 기대승(奇大升)과 더불어 사단칠정에 관한 질의응답을 하였고, 61세에 이언적(李彦迪)의 『태극문변(太極問辨)』을 읽고 크게 감동하였다.

62세에 『전도수언(傳道粹言)』을 교정하고 발문을 썼으며, 63세에 『송원이학통록(宋元理學通錄)』의 초고를 탈고하여 그 서(序)를 썼다. 64세에 이연방(李蓮坊)의 심무체용론(心無體用論)을 논박하였고, 66세에 이언적의 유고를 정리, 행장을 썼고 『심경후론(心經後論)』을 지었다. 68세에 선조에게 「무진육조소」를 상서하였으며, 「사잠」·『논어집주』·『주역』·「서명」 등을 강의하였다.

또한 그간 학구의 만년의 결정체인 『성학십도』를 저작하여 왕에게 헌상하였다. 「무진육조소」의 내용은, 제1조 계통을 중히 여겨 백부인 선제(先帝) 명종에게 인효(仁孝)를 온전히 할 것, 제2조 시신(侍臣)·궁인의 참언(讒言)·간언(間言)을 두절하게 하여 명종궁(明宗宮)과 선조궁(宣祖宮) 사이에 친교가 이루어지게 할 것, 제3조 성학(聖學)을 돈독히 존숭하여 그것을 가지고 정치의 근본을 정립할 것, 제4조 인군(人君) 스스로가 모범적으로 도술(道術)을 밝힘으로써 인심을 광정(匡正)할 것, 제5조 군주가 대신에게 진심을 다하여 접하고 대간(臺諫)을 잘 채용하여 군주의 이목을 가리게 하지 않을 것, 제6조 인주(人主)는 자기의 과실을 반성하고 자기의 정치를 수정하여 하늘의 인애(仁愛)를 받을 것 등으로, 시무 6개조를 극명하게 상주한 풍격(風格) 높은 명문이다.

『성학십도』는 제1도 태극도(太極圖), 제2도 서명도(西銘圖), 제3도 소학도(小學圖), 제4도 대학도(大學圖), 제5도 백록동규도(白鹿洞規圖), 제6도 심통성정도(心統性情圖), 제7도 인설도(仁說圖), 제8도 심학도(心學圖), 제9도 경재잠도(敬齋箴圖), 제10도 숙흥야매잠도(夙興夜寐箴圖)와 도설(圖說)·제사(題辭)·규약 등 부수문(附隨文)으로 되어 있다.

제1도는 도와 도설이 모두 주돈이(周敦頤)의 저작이며, 제2도에서 「서명」은 장재의 글이고, 도는 정임은(程林隱)의 작품이다. 제3도에서 제사는 주자의 말이고, 도는 『소학』의 목록에 의한 이황의 작품이다. 제4도에서 본문은 주자의 『대학경(大學經)』 일장(章)이고, 도는 권근(權近)의 작품이다. 제5도에서 규약은 주자의 글이고, 도는 이황의 작품이며, 제6도에서 상도(上圖) 및 도설은 정임은의 저작이고, 도는 이황의 작품이다. 제7도는 도 및 도설이 모두 주자의 저작이고, 제8도는 도 및 도설이 모두 정임은의 저작, 제9도에서 잠은 주자의 말이고, 도는 왕노재(王魯齋)의 작품이며, 제10도에서 잠은 진남당(陳南塘)의 말이고, 도는 이황의 작품이다.

그러므로 요컨대 제3·5·10도와 제6도의 중간 하도(下圖) 등 5개처만이 이황의 작품이고, 나머지 17개처는 상기한 선현들의 저작이기는 하지만, 그러나 이들 유학사상의 정수들의 집약은 이황에 의하여 독창적으로 배치되어 서로 유기적으로 관련됨으로써 생명 있는 전체적 체계를 형성하기에 이르렀다.

이황의 학문은 일대를 풍미하였을 뿐만 아니라, 한국의 역사를 통하여 영남을 배경으로 한 주리적(主理的)인 퇴계학파를 형성해왔고, 도쿠가와(德川家康) 이래로 일본 유학의 기몬학파(崎門學派) 및 구마모토학파(熊本學派)에게 결정적인 영향을 끼쳐왔다.

또한, 개화기 중국의 정신적 지도자에게서도 크게 존숭을 받아, 한국뿐만 아니라 동양 3국에서 도의철학(道義哲學)의 건설자이며 실천자였다고 볼 수 있다.

『언행록』에 의하면, 조목(趙穆)이 이덕홍(李德弘)에게 "퇴계 선생에게는 성현이라 할만한 풍모가 있다"고 하였을 때 이덕홍은 "풍모만이 훌륭한 것이 아니다"라고 답하였다 한다.

그리고 『언행통술(言行通述)』에서 정자중(鄭子中)은 다음과 같이 말하고 있다. "선생은 우리나라에 성현의 도가 두절된 뒤에 탄생하여, 스승 없이 초연히 도학을 회득(會得)하였다. 그 순수한 자질, 정치(精緻)한 견해, 홍의(弘毅)한 마음, 고명한 학(學)은 성현의 도를 일신에 계승하였고, 그 언설(言說)은 백대(百代)의 후에까지 영향을 끼칠 것이며, 그 공적은 선성(先聖)에게 빛을 던져 선성의 학(學)을 후학의 사람들에게 베풀었다. 이러한 분은 우리 동방의 나라에서 오직 한 분뿐이다." 위에서 밝힌 사실만 가지고도 우리는 그가 제자들에게서 성현의 예우를 받는 한국유림에서 찬연히 빛나는 제일인자임을 엿볼 수 있게 된다.

이황의 학풍을 따른 자는 당대의 유성룡(柳成龍)·정구(鄭逑)·김성일(金誠一)·조목·이덕홍·기대승·김설월당(金雪月堂)·금응협(琴應夾)·이산해(李山海)·정탁(鄭琢)·정자중·구경서(具景瑞)·조호익(曺好益)·황준량(黃俊良)·이강이(李剛而) 등을 위시한 260여 인에 이르렀고, 나아가서 성혼(成渾)·정시한(丁時翰)·이현일(李玄逸)·이재(李栽)·이익(李瀷)·이상정(李象靖)·유치명(柳致明)·이진상(李震相)·곽종석(郭鍾錫)·이항로(李恒老)·유중교(柳重教)·기정진(奇正鎭) 등을 잇는 영남학파 및 친영남학파를 포괄한 주리파 철학을 형성하게 하였으니, 이는 실로 한국유학사상의 일대장관이 아닐 수 없다.

그리고 특히 이익은 『이자수어(李子粹語)』를 찬술하여 그에게 성인(聖人)의 칭호를 붙였고, 정약용(丁若鏞)은 「도산사숙록(陶山私淑錄)」을 써서 그에 대한 흠모의 정을 술회하였다.

임진왜란 후 이황의 문집은 일본으로 반출되어 도쿠가와가 집정(執政)한 에도(江戸)시대에 그의 저술 11종 46권 45책이 일본각판으로 복간되어 일본 근세유학의 개조(開祖) 후지와라(藤原惺窩) 이래로 이 나라 유학사상의 주류인 기몬학파 및 구마모토학파에게 깊은 영향을 끼쳤고, 이황은 이 두 학파로부터 대대세세(代代世世)로 신명(神明)처럼 존숭을 받아왔다.

기몬학파의 창시자 야마사키(山崎暗齋)는 그를 "주자의 직제자(直弟子)와 다름없다." 하고 '조선의 일인(一人)'이라 평가하였고, 그의 고제(高弟) 사토(佐藤直方)는 "그의 학식이 이룬 바는 크게 월등하여 원명제유(元明諸儒)의 유(類)가 아니다."라고 찬양하였다.

이나바(稻葉默齋)는 '주자의 도통(道統)' '주자 이래의 일인(一人)'이라 하여 존신(尊信)하였으며, 구마모토 학파의 시조 오쓰카(大塚退野)는 "만약에 이 사람이 없었다면 주자의 미의(微意)는 불명하여 속학(俗學)이 되어버렸을 것이라 생각된다"고 하였고, 도쿠가와 말기의 요코이(橫井小楠)는 그를 원·명시대를 통하여 '고금절무(古今絕無)의 진유(眞儒)'라 절찬하였고, 역시 이 계통에 속하는 막부(幕府)말 메이지(明治)시대의 구스모토(楠本碩水)는 "명대의 대유(大儒) 설경헌(薛敬軒)·호경재(胡敬齋)와 명말 청초의 육가서(陸稼書)·장양원(張楊園)과 비교하면 훨씬 탁월하다"라고 단언하였다.

마쓰다(松田甲)의 『일선사화(日鮮史話)』에 의하면, 여코이의 친구이자 제자였던 메이지 제일의 공신이며 교육칙어(敎育勅語)의 기초자인 모토다(元田東野)는 "정주(程朱)의 학은 조선의 이퇴계(李退溪)에게 전하여졌고, 타이야(退野) 선생이 그 소찬(所撰)의 『주자서절요』를 읽고 초연히 얻은 바 있었으니, 내 지금 타이야의 학을 전하여 이것을 금상황제(今上皇帝)에게 봉헌하였다"라고 술회하였다 한다.

뿐만 아니라, 1926년 중국의 북경(北京) 상덕여자대학(尚德女子大學)에서 대학의 증축·확장기금에 충당하기 위하여 『성학십도』를 목판으로 복각(復刻)하여 병풍을 만들어서 널리 반포(頒布)하였을 때, 중국 개화기의 대표적인 사상가 량치차오(梁啓超)는 찬시(贊詩)를 써 그 제1연에서 "아득하셔라 이부자(李夫子) 님이시여"라고 그를 거리낌 없이 성인이라 호칭하였다.

일본유학에의 영향을 제외하면 다음과 같은 조호익의 말은 이황의 학적 지위를 간결히 표현한 매우 적절한 평가라 볼 수 있다.

즉, "주자가 작고한 뒤……도(道)의 정맥은 이미 중국에서 두절되어버렸다. 퇴계는…… 한결같이 성인의 학으로 나아가 순수하고 올바르게 주자의 도를 전하였다. 우리나라에서 비교할 만한 사람이 없을 뿐 아니라, 중국에서도 이만한 인물을 볼 수 없다. 실로 주자 이후의 제일인자이다"

1609년 문묘(文廟)에 종사(從祀)되었고, 그뒤 그를 주사(主祀)하거나 종사하는 서원은 전국 40여개처에 이르렀으며, 그의 위패가 있는 도산서원은 8·15광복 후 제5공화국 때 대통령의 지시에 의하여 국비보조로 크게 보수, 증축되어 우리나라 유림의 정신적 고향으로서 성역화되었다.

이황의 학덕은 그의 생시(生時) 및 한일 양국의 역사에서 크게 선양되었을 뿐만 아니라, 오늘날에 있어서도 국제적 규모로 널리 부흥, 재검토되고 있다.

1970년 서울에 퇴계학연구원이 창립되었고, 1972년 퇴계400주기기념논문집 『퇴계학연구』가 간행되기 이전부터 발행된 계간학술지 『퇴계학보』는 1990년 3월 현재로 64집에 이르렀다. 경북대학교에 퇴계연구소가 부설되었는가 하면, 서울과 거의 같은 시기에 일본 동경에 이퇴계연구회가 설립되었다. 대만에도 국립사범대학 안에 퇴계학연구회가 부설되었고, 근래에는 미국의 워싱톤·뉴욕·하와이에 이퇴계연구회가 조직되었으며, 서독 함부르크 및 본에 퇴계학연구회가 생겼다. 1986년에는 단국대학교에서 퇴계기념중앙도서관이 낙성되어 그 안에 퇴계학연구소를 부설하였다.

또한, 국제퇴계학회가 창설되어 1976년 이래로 거의 해마다 한국·일본·대만·미국·서독·홍콩 등지에서 국제학술회의를 개최하여 세계 각국의 이 방면의 석학들이 회동하여서 주제논문을 발표하며 진지한 토론을 거듭해왔다. 특히, 1989년 10월 국제퇴계학회와 중국인민대학이 공동주최한 제11차 국제학술대회가 북경에서, 그리고 1990년 8월 제12차 국제학술대회가 모스크바에서 개최된 바 있다.

[참고문헌]

『退溪全書』

『陶山全書』, 韓國精神文化研究院, 1980.

『日本刻版李退溪全集』, 退溪學研究院, 1975.

高橋進, 『李退溪と敬の哲學』, 東京東洋書院, 1985.

琴章泰, 「退溪의 家庭觀」『退溪學研究』1, 檀國大學校東洋學研究所, 1987.

朴鍾鴻, 「李滉―性理學의 眞髓」『韓國의 人間像』4, 新丘文化社, 1971.

裵宗鎬, 「退溪先生의 人性論」『退溪學報』32, 退溪學研究院, 1981.

阿部吉雄, 『李退溪―その行動と思想』, 評論社, 1977.

安炳周, 「儒敎의 憂患意識과 退溪의 敬」『退溪學報』25, 退溪學研究院, 1980.

劉明鍾, 『退溪와 栗谷의 哲學』, 東亞大學校出版部, 1987.

柳承國, 「退溪哲學의 根本問題」『退溪學報』19, 退溪學研究院, 1978.

柳正東, 『退溪의 生涯와 思想』, 博英社, 1974.

尹絲淳, 『退溪哲學의 研究』, 高麗大學校出版部, 1980.

李家源, 「退溪의 詩歌文學研究―短歌의 歌辭에 대하여」『退溪學研究』, 1972.

李楠永, 「退溪의 敬思想」『韓國人의 人間觀』, 한국교육개발원, 1977.

李丙燾, 「李退溪와 그의 學說」『韓國學研究叢書』, 成進文化社, 1971.

李相殷, 『退溪의 生涯와 學問』, 瑞文堂, 1973.

李乙浩, 「退溪先生과 奇高峯」『退溪學研究』, 1972.

張立文, 『退溪書節要』, 中國人民大學出版社, 1989.

全斗河, 『李退溪哲學―그 深層研究 및 理論』, 國民大學校出版部, 1987.

丁淳睦, 「退溪敎育思想의 現代的意義」『새교육』23-2, 대한교육연합회, 1971.

蔡茂松, 『退栗性理學의 比較研究』, 景仁文化社, 1982.

崔珍源, 「陶山十二曲攷」『陶山學報』7·8, 陶南學會, 1985.

11) 문간공(文簡公) 성혼[32](成渾, 1535~1598)

성혼은 조선 중기의 성리학자이다. 성혼의 본관은 창녕(昌寧)이며, 자는 호원(浩原), 호

---

32) 宋贊植, 「成渾」『한국역대인물 종합정보 시스템(http://people.aks.ac.kr/index.aks)』, 한국학중앙연구원.

는 묵암(默庵), 우계(牛溪)이다.

① 가계 및 수학

성혼은 현감 성수침(成守琛)의 아들로 서울 순화방(順和坊 : 지금의 순화동)에서 태어났으며, 경기도 파주 우계에서 거주하였다. 명종 6년(1551)에 생원·진사의 양장(兩場)초시에는 모두 합격하였으나 복시에 응하지 않고 학문에만 전심하였다. 그해 겨울에 백인걸(白人傑)의 문하에서 『상서(尙書)』를 배웠다. 1554년에는 같은 고을의 이이(李珥)와 사귀게 되면서 평생지기가 되었으며, 선조 1년(1568)에는 이황(李滉)을 뵙고서 깊은 영향을 받았다. 1561년에 어머니상을, 1564년에 아버지상을 당하였다.

② 율곡과의 사칠이기설 논변

1568년 2월에 경기감사 윤현(尹鉉)의 천거로 전생서참봉(典牲署參奉)에 임명되고, 그 이듬해에는 목청전참봉(穆淸殿參奉)·장원서장원(掌苑署掌苑)·적성현감(積城縣監) 등에 제수되었으나 모두 사양하고, 조헌(趙憲) 등 사방에서 모여든 학도들의 교훈에 힘썼다.

그는 「서실의(書室儀)」 22조를 지어 벽에 걸어놓고 제생을 지도하였으며, 공부하는 방법에 관한 주자(朱子)의 글을 발췌하여 읽히기도 하였다. 1572년 여름에는 이이와 9차에 걸쳐 서신을 주고받으면서 '사칠이기설(四七理氣說)'을 논하였다.

일찍이 이황을 사숙하였으나 그의 '이기호발설(理氣互發說)'에 회의를 품고 있었는데, 『중용』 서(序)에서 주자 또한 인심도심(人心道心)을 양변으로 나누어 말한 것을 보고, 이황의 호발설도 불가할 것이 없겠다고 생각하여 이이에게 질문한 데서 시작되었다.

③ 관직사체

1573년 2월에 공조좌랑에, 7월에 장원에 제수되었으나 모두 부임하지 아니하였고, 그해 12월에 사헌부지평에 제수되었다. 과거 출신이 아닌 사람으로서 헌관(憲官)에 임명되기는 기묘사화 이후 처음 있는 일로서, 이는 이이의 주장으로 이루어진 것이었다. 그러나 그는 이를 모두 사임하였다.

1575년 6월에 다시 지평으로 불러 상경하였으나 병으로 사체(辭遞)하니 선조는 의원을 보내어 약을 지어보내기까지 하였다. 그리고 이어서 공조좌랑·지평 등을 제수하였으나 사임하고 본가로 돌아가니 선조는 그의 체임을 허가할 수밖에 없었다.

그 뒤 지평·예빈시판관·장흥고주부·종묘서령·광흥창주부·장령·장악원첨정(掌樂院僉正)으로 계속 불렀으나 나가지 않았다.

1581년 정월에는 종묘령(宗廟令)으로 체임되었으나 귀향은 허가받지 못하였다. 그해 2월에 사정전(思政殿)에 등대(登對)하여 학문과 정치 및 민정에 관하여 진달하였으며, 왕으로부터 급록이 아닌 특은(特恩)으로 미곡을 하사받았다.

그해 3월에는 장령에서 내섬시첨정(內贍寺僉正)으로 전직되고, 4월에는 장문의 봉사(封事)를 올렸는데, 그 요지는 신심(身心)의 수양과 의리의 소명(昭明)을 강조하는 한편 그 방법을 제시하였으며, 이어 군자와 소인을 등용함에 따라서 치란(治亂)이 결정된다고 역설하였다.

또 역법(役法)과 공법(貢法)의 민폐를 논하고 경장(更張)을 역설하되 혁폐도감(革弊都監)의 설치를 제의하였다.

그러나 그의 주장은 채택되지 못하였고, 그렇다고 귀향이 허가된 것도 아니었다. 녹봉을 거부하면 미숙(米菽)을 하사하면서 귀향을 허가하지 않았다. 이어 내섬시첨정·풍저창수(豊儲倉守)를 역임하면서 선정전(宣政殿)에 등대하였으며, 특별히 경연에 출입하도록 명을 받았다.

그 뒤 전설사수(典設司守)·충무위사직(忠武衛司直)에 제수되었다. 그는 경연석상 또는 상소로 계속 퇴귀(退歸)를 청하였지만 도리어 겨울용 신탄(薪炭)을 명급하고 용양위상호군(龍驤衛上護軍)에 승배(陞拜)되었다. 그해 연말에 선조의 윤허를 받고 고향으로 돌아왔다.

1582년에는 다시 집의(執義)·사옹원정(司饔院正)·사재감정(司宰監正) 등으로 불렀으나 관직에 나가지 아니하니, 그 이듬해에 특지로 통정대부(通政大夫)에 가자하여 병조참지(兵曹參知)로, 이어 이조참의에 전직, 은대(銀帶)를 하사받았는데, 이는 이이가 이조판서로 있으면서 상경을 권유했기 때문이었다. 그리고 곧 이조참판에 특배되었다.

이러한 그의 관계 진출은 이이의 권유에 의한 것이었으며, 이이가 죽자 사귀(辭歸)를 청하였으나 허여되지 않고 동지중추부사(同知中樞府事)를 맡았으며, 그해 7월에 파산(坡山)으로 돌아와 사직소를 올렸으나 겸직만 면하고, 그해 12월에는 경기감사를 통하여 내린 식물(食物)을 사급받았다. 1585년 정월에 찬집청당상(纂集廳堂上)으로, 5월에는 동지중추부사로 불렀으나 나가지 아니하였다.

그 뒤 동인들이 득세하여 그를 공격하였으므로 자핵상소(自劾上疏)를 하였고, 1587년에 는 자지문(自誌文)을 지어두기까지 하였다. 그는 이이가 죽은 뒤 서인의 영수 가운데 중진 지도자가 되었다. 1589년 기축옥사로 서인이 집권하면서 이조판서에 복귀하였는데, 동인의 최영경(崔永慶)이 원사(冤死)하자 동인의 화살이 그에게 집중되었지만, 사실은 그는 정철(鄭澈)에게 최영경을 구원하자는 서신을 보내기까지 한 것이었다. 1590년에는 양민(養民)·보방(保邦)·율탐(律貪)·진현(進賢)의 방도를 논하는 장문의 봉사소(封事疏)를 올리고 귀향하였으며, 1591년에 『율곡집(栗谷集)』을 평정하였다.

④ 임진왜란 중 시무소 상소

임진왜란이 일어나자 아들 성문준(成文濬)에게 국난에 즈음하여 죄척지신(罪斥之臣)으로서 부난(赴難)할 수 없는 그의 처신을 밝히고, 안협(安峽)·이천(伊川)·연천(連川)·삭녕(朔寧) 등지를 전전하면서 피난하다가 세자가 이천에서 주필(駐蹕)하면서 불러 전삭녕부사 김궤(金潰)의 의병군중(義兵軍中)에서 군무를 도왔으며, 8월에는 개성유수 이정형(李廷馨)의 군중에서 군무를 도왔고, 성천(成川)의 분조에서 세자를 배알하고 대조(大朝: 선조가 있는 곳)로 나갈 것 그가 성천을 떠나 의주로 향했다는 말을 듣고 대조에서 그를 의정부우참찬에 특배하였다. 그는 의주의 행조(行朝)에서 우참찬직을 사양하였으나 허락되지 않았고, 「편의시무9조(便宜時務九條)」를 올렸으며, 이어 대사헌·우참찬을 지냈다.

1593년에 잦은 병으로 대가가 정주·영유(永柔)·해주를 거쳐 서울로 환도할 때 따르지 못하였고, 특히 해주에서는 중전을 유호(留扈)하였다. 1594년 석담정사(石潭精舍)에서 서울로 들어와 비국당상(備局堂上)·좌참찬에 있으면서 「편의시무14조」를 올렸다. 이 건의는 시행되지 못하였다.

이 무렵 명나라는 명군을 전면 철군시키면서 대왜강화를 강력히 요구해와 그는 영의정 유성룡(柳成龍)과 함께 명나라의 요청에 따르자고 건의하고, 또 허화완병(許和緩兵)을 건의한 이정암(李廷馣)을 옹호하다가 선조의 미움을 받았다.

특히 왜적과 내통하며 강화를 주장한 변몽룡(邊蒙龍)에게 왕은 비망기를 내렸는데, 여기에 유식인(有識人)의 동조자가 있다고 지적하여 선조는 은근히 성혼을 암시하였다. 이에 그는 용산으로 나와 걸해소(乞骸疏)를 올리고, 그길로 사직하고 연안의 각산(角山)에 우거하다가 1595년 2월에 파산의 고향으로 돌아왔다.

1597년에 정유재란이 일어나자, 윤방(尹昉)·정사조(鄭士朝) 등이 부난의 취지로 상경하여 예궐할 것을 권하였지만, 죄가 큰 죄인으로 엄견(嚴譴)을 기다리는 처지임을 들어 대죄하고 있었다.

⑤ 저술

저서로는 『우계집』 6권 6책과 『주문지결(朱門旨訣)』 1권 1책, 『위학지방(爲學之方)』 1책이 있다. 그가 죽은 뒤 1602년에 기축옥사와 관련되어 삭탈관직되었다가 1633년에 복관사제(復官賜祭)되었고, 좌의정에 추증되었으며, 문간(文簡)이라는 시호가 내려졌다.

1681년(숙종 7)에 문묘에 배향되었고, 1689년에 한때 출향(黜享)되었다가 1694년에 다시 승무(陞廡)되었다. 제향서원으로는 여산(礪山)의 죽림서원(竹林書院), 창녕의 물계서원(勿溪書院), 해주의 소현서원(紹賢書院), 함흥의 운전서원(雲田書院), 파주의 파산서원(坡山書院) 등이 있다.

[참고문헌]

『明宗實錄』

『宣祖實錄』

『牛溪集』

『牛溪年譜』

『牛溪先生年譜附錄』

『牛溪先生年譜補遺』

『牛溪先生年譜後錄』

李肯翊, 『燃藜室記述』

張志淵, 『儒敎淵源』

玄相允, 『朝鮮儒學史』, 民衆書館, 1949.

韓國名賢遺蹟研究所, 『東國文廟十八賢年譜』, 1966.

裵宗鎬, 『韓國儒學史』, 延世大學校出版部, 1974.

李丙燾, 『韓國儒學史』, 亞細亞文化社, 1987.

12) 문성공(文成公) 이이[33](李珥, 1536~1584)

이이는 조선 중기의 학자이자 정치가이다. 이이의 본관은 덕수(德水)이며, 자는 숙헌(叔獻), 호는 율곡(栗谷)·석담(石潭)·우재(愚齋)이다. 이이는 강릉에서 출생하였고, 아버지는 증좌찬성 이원수(李元秀)이며, 어머니는 사임당(師任堂) 신씨(申氏)이다.

① 가계와 수학

이이가 출생하던 날 밤 어머니의 꿈에 흑룡이 바다에서 날아들어와 서렸다고 하여 이이의 아명을 현룡(見龍)이라 하였다. 8세 때에 파주 율곡리에 있는 화석정(花石亭)에 올라 시를 지었다. 어려서부터 어머니에게 학문을 배웠고, 명종 3년(1548) 진사시에 합격하였다. 16세 때에 어머니가 죽자, 파주 두문리 자운산에 장례하고 3년간 시묘(侍墓)하였다. 19세에 성혼(成渾)과 교분을 맺었다. 금강산에 들어가 불교를 공부하고 20세에 하산하여 다시 유학에 전심하였다. 22세에 성주목사 노경린(盧慶麟)의 딸과 혼인하였다. 23세가 되던 봄에 예안(禮安)의 도산(陶山)으로 이황(李滉)을 방문하였고, 겨울에 별시 과거에서 「천도책(天道策)」을 지어 장원하였다. 전후 아홉 차례의 과거에 모두 장원하여 '구도장원공(九度壯元公)'이라 일컬어졌다. 26세 되던 해에 아버지가 죽었다.

② 관직과 저술

29세에 호조좌랑에 처음 임명되고 예조좌랑·이조좌랑 등을 역임, 33세(1568)에 천추사(千秋使)의 서장관(書狀官)으로 명나라에 다녀왔고, 부교리로 춘추기사관을 겸임하여 『명종실록』 편찬에 참여하였다. 이해에 성혼과 '지선여중(至善與中)' 및 '안자격치성정지설(顏子格致誠正之說)'을 논하였다. 34세에 「동호문답(東湖問答)」을 지어올렸다. 37세에 율곡리에서 성혼과 이기(理氣)·사단칠정(四端七情)·인심도심(人心道心) 등을 논하였고, 39세(1574)에 우부승지에 임명되고 재해로 인하여 「만언봉사(萬言封事)」를 올렸으며, 40세 때 『성학집요(聖學輯要)』를 제진하였다. 42세에 『격몽요결(擊蒙要訣)』을 지었고, 45세에 『기자실기(箕子實記)』를 편찬하였다. 47세에 이조판서에 임명되고, 어명으로 「인심도심설(人

---

33) 李東俊, 「李珥」『한국역대인물 종합정보 시스템(http://people.aks.ac.kr/index.aks)』, 한국학중앙연구원.

心道心說)」을 지었다. 이해에 「김시습전(金時習傳)」과 『학교모범(學校模範)』을 지었으며, 48세에 「시무육조(時務六條)」를 계진하고 십만양병을 주청하였다. 49세에 서울 대사동(大寺洞)에서 죽었으며 파주 자운산 선영에 안장되었다. 문묘에 종향되었으며, 파주의 자운서원(紫雲書院), 강릉의 송담서원(松潭書院), 풍덕의 구암서원(龜巖書院), 황주의 백록동서원(白鹿洞書院) 등 20여 개 서원에 배향되었다. 시호는 문성(文成)이다.

③ 사화와 사회경제

1545년 을사사화로 수많은 사류(士類)가 죽고 유배되자, 사림은 벼슬에 나가지 않고 학문에만 전념하였다. 그러나 명종 20년(1565) 문정대비(文正大妃)가 죽고 20년간 권력을 휘두르던 윤원형(尹元衡) 일파가 몰락하자 사림은 다시 정계로 복귀하기 시작하였다. 이이가 30세로서 출사 1년째 되는 해였다. 1566년에는 남계서원(藍溪書院)에 사액하였으며, 1567년에는 이황이 상경하였다. 그해 6월에는 명종이 죽고 선조가 즉위하였으며, 8월에는 을사사화로 처벌받았던 노수신(盧守愼)·유희춘(柳希春) 등을 등용하였다.

선조 즉위 다음해인 1568년에는 조광조(趙光祖)에게 영의정을 추서, 이황이 일시에 대제학에 취임하고 남곤(南袞)의 관작삭탈, 이황의 『성학십도(聖學十圖)』 제진, 선조 2년(1569)에는 이이의 「동호문답」 제진, 그리고 1570년에는 유권(柳灌)·유인숙(柳仁淑)의 역명신원(逆名伸寃) 등 사림의 활동이 활발해졌다. 그러나 상황이 변화하였음에도 불구하고 오랜 폐단은 일시에 시정될 수 없었다. 더구나 1575년부터는 동서 분당으로 인하여 사림은 분열되고 정쟁으로 인해 민생의 곤고는 극도에 달하였으며, 군사적으로도 무력한 상태에 빠져 있었다.

④ 성리사상

1565년부터 선조 25년(1592)까지의 약 30년간은 국정을 쇄신하여 국력을 회복할 수 있는 기회가 주어졌으며, 이이와 같은 인물이 조정에 나와 있었던 매우 중요한 시기였다. 이이는 16세기 후반의 조선사회를 '중쇠기(中衰期)'로 판단하여 일대 경장(更張)이 요구되는 시대라 하였다. 경장이 필요하다는 것과 그것이 가능하다 함에 대하여는 이미 조광조도 강조한 바 있거니와, 그 시대에 더욱 절실히 요청되는 것이었다. 이이는 「만언봉사」에서 "시의(時宜)라는 것은 때에 따라 변통(變通)하여 법을 만들어 백성을 구하는 것"이라 하였다.

이이에게 있어서 성리학은 단순한 사변적 관상철학(觀想哲學)이 아니었다. 성리학의 이론을 전개하는 이이에 있어서 항상 강조되는 것은 시세(時勢)를 알아서 옳게 처리해야 한다는 것이니, 언제나 '실공(實功)'과 '실효(實效)'를 강조하였다.

성현의 도는 '시의와 실공'을 떠나서 있지 않으므로 현실을 파악하고 처리할 수 있는 능력이 있어야 한다. 그러므로 요(堯)·순(舜)·공(孔)·맹(孟)이 있더라도 시폐(時弊)를 고침이 없이는 도리가 없는 것이라 하였다. 이와 같이, 이이에 있어서 진리란 현실의 문제와 직결되어 있는 것이며, 그것을 떠나서 별도로 구하는 것이 아니라고 보았다. 여기에 이(理)와 기(氣)를 불리(不離)의 관계에서 파악하는 율곡 성리설의 특징을 보게 되는 것이라 하겠다.

⑤ 학문과 업적

이이는 시대를 '창업(創業)'과 '수성(守成)' 그리고 '경장(更張)'의 과정으로 나누어 논하였으며, 당시를 경장기라고 보았다. 이를 위해 국세조사와 같은 전국적인 규모의 조사를 실시하여 개혁하여야 한다고 하였다. 그밖에도 이이는 「만언봉사」·『성학집요』 및 수많은 상소문을 통하여 정치·경제·문교·국방 등에서 구체적인 개혁안을 제시하였다. 더 나아가 이이는 정치는 하향식으로 수행될 것이 아니요, 언로를 개방하고 중지(衆智)를 모아야 한다고 보았다. 조광조에게 있어서도 그러하였지만, 이이에게 있어 언로는 국가흥망에 관계되는 중대한 일로 강조되었다.

그리고 이이는 경제사(經濟司)의 창설을 제의하면서 시무를 밝게 알고 국사를 염려하는 지식인 관료로서 윤리성과 합리성을 겸비한 최고의 지성이 동원되어야 한다고 보았다. 위에서 보아온 바와 같이, 이이는 그의 논의에 있어서 항시 실사와 실공에 토대를 두었던 것이며, 이렇듯 성리와 실사, 의리와 공리, 인간과 사회, 이념과 현실, 실사와 원리 등 형이상하와 내외본말을 적의(適宜)하게 갖추었던 그의 사상이 성리학으로 집약되었던 것이라 할 수 있다. 이이에게 있어서는 그것이 단지 이론으로서가 아니라 실제로 그의 구체적인 시책 속에서 시(是)와 이(利)를 하나로 구현하였던 것이다. 이렇듯 의리와 실리의 양면은 후기에 있어서 의리학과 실학으로 전개될 수 있는 것이다. 그리하여 때로는 의리와 실리가 조화를 이루는 바 연관성을 가지기도 하였으나, 때로는 양자가 균형을 얻지 못하고 어느 한편으로 기울어지기도 하였던 것이다. 그의 사상은 오늘에 있어서도 유심과 유물, 주체와 상황, 그리고 현실과 이상의 괴리로부터 양자의 조화와 발전을 도모함에 있어서 새로운 방향을 던

져주었다.

[참고문헌]

『栗谷全書』

朴鍾鴻, 『韓國思想史論攷』, 瑞文堂, 1977.

宋錫球, 『栗谷의 哲學思想研究』, 螢雪出版社, 1987.

李丙燾, 『栗谷의 生涯와 思想』, 瑞文堂, 1973.

李丙燾, 『韓國儒學史』, 亞細亞文化社, 1989.

李俊浩編, 『栗谷의 思想』, 玄岩社, 1973.

張志淵著, 柳正東譯, 『朝鮮儒教淵源』, 三星文化文庫, 1979.

蔡茂松, 『退溪栗谷哲學의 比較研究』, 成均館大學校出版部, 1974.

韓國哲學會, 『韓國哲學研究』中, 東明社, 1978.

韓國哲學會, 『韓國哲學史』中, 東明社, 1987.

黃義東, 『栗谷哲學研究』, 經文社, 1987.

玄相允, 『朝鮮儒學史』, 民衆書館, 1949.

柳承國, 「栗谷哲學의 根本精神」『東洋哲學研究』, 東方文化研究院, 1988.

李東俊, 「栗谷의 性理學과 社會哲學」『韓國思想史大系』Ⅳ, 成均館大學校大東文化研究院, 1984.

13) 문열공(文烈公) 조헌[34](趙憲, 1544~1592)

조헌은 조선 중기의 문신이자 유학자이며, 의병장이다. 조헌의 본관은 배천(白川)이며, 자는 여식(汝式), 호는 중봉(重峯), 도원(陶原), 후율(後栗)이다. 조헌은 경기도 김포 출생으로 조응지(趙應祉)의 아들이고, 이이(李珥)·성혼(成渾)의 문인이다.

조헌은 명종 10년(1555) 12세 때 김황(金滉)에게 시서(詩書)를 배웠는데, 집이 몹시 가난

---

34) 金鎭鳳, 「趙憲」『한국역대인물 종합정보 시스템(http://people.aks.ac.kr/index.aks)』, 한국학중앙연구원.

90

해서 추운 겨울에 옷과 신발이 다 해어졌어도 눈바람을 무릅쓰고 멀리 떨어진 글방 가는 것을 하루도 쉬지 않았으며, 밭에 나가 농사일을 도울 때나 땔감을 베어 부모의 방에 불을 땔 때에도 책을 손에서 놓지 않았다고 한다. 1565년 성균관에 입학하였으며, 1567년 식년 문과에 병과로 급제하였다.

선조 1년(1568) 처음으로 관직에 올라 정주목·파주목·홍주목의 교수를 역임하면서 사풍 (士風)을 바로잡았다. 1572년부터 교서관의 정자·저작·박사를 지내면서, 궁중의 불사봉향 (佛寺封香)에 반대하는 소(疏)를 올려 국왕을 진노하게 하였으며, 성절사(聖節使) 박희립 (朴希立)의 질정관(質正官)으로 명나라에 다녀와 「동환봉사(東還封事)」를 지어 올렸다.

1575년부터 호조좌랑·예조좌랑·성균관전적·사헌부감찰을 거쳐, 통진현감으로 있을 때, 내노(內奴)의 횡행죄를 엄히 다스리다가 죽인 죄로 탄핵을 받아 부평으로 귀양갔다가 3년 만에 풀려났으며, 다시 공조좌랑·전라도도사·종묘서령(宗廟署令)을 역임하였다. 1582년 계모를 편히 모시기 위하여 자청하여 보은현감으로 나가는 동안, 그 치적이 충청좌도에서 으뜸으로 손꼽히었으나, 대간의 모함에 따른 탄핵을 받아 파직되었다가, 다시 공주목제독 (公州牧提督)을 지냈다.

1587년 동인 정여립(鄭汝立)의 흉패함을 논박하는 만언소(萬言疏)를 지어 현도상소(縣 道上疏)하는 등 5차에 걸쳐 상소문을 올렸으나 모두 받아들여지지 않았으며, 다시 일본사 신을 배척하는 소와 이산해(李山海)가 나라를 그르침을 논박하는 소를 대궐문 앞에 나아가 올려 국왕의 진노를 샀다. 관직에서 물러난 뒤에는 옥천군 안읍밤티(安邑栗峙)로 들어가 후율정사(後栗精舍)라는 서실을 짓고 제자 양성과 학문을 닦는 데 전념하였다.

1589년 지부상소(持斧上疏)로 시폐(時弊)를 극론하다가 길주 영동역(嶺東驛)에 유배되 었으나 이해 정여립의 모반사건으로 동인이 실각하자 풀려났다. 1591년 일본의 도요토미 (豊臣秀吉)가 겐소(玄蘇) 등을 사신으로 보내어 명나라를 칠 길을 빌리자고 하므로, 조정의 상하가 어찌할 바를 모르고 있을 때, 옥천에서 상경, 지부상소로 대궐문 밖에서 3일간 일 본사신을 목벨 것을 청하였으나 받아들여지지 않았다.

1592년 4월 임진왜란이 일어나자 옥천에서 문인 이우(李瑀)·김경백(金敬伯)·전승업(全 承業) 등과 의병 1,600여 명을 모아, 8월 1일 영규(靈圭)의 승군(僧軍)과 합세하여 청주성 을 수복하였다.

그러나 충청도순찰사 윤국형(尹國馨)의 방해로 의병이 강제해산당하고 불과 700명의 남은 병력을 이끌고 금산으로 행진, 영규의 승군과 합진하여서, 전라도로 진격하려던 우세한 고바야가와(小早川隆景)의 왜군과 8월 18일 전투를 벌여 끝까지 분전하다가 중과부적으로 모두 전사하였다. 후세에 이를 금산전투라 일컬어 숭모하게 되었다. 1604년 선무원종공신(宣武原從功臣) 1등으로 책록되고, 영조 10년(1734) 영의정에 추증되었다.

고종 20년(1883) 문묘에 배향되고, 옥천의 표충사(表忠祠), 배천의 문회서원(文會書院), 김포의 우저서원(牛渚書院), 금산의 성곡서원(星谷書院), 보은의 상현서원(象賢書院) 등에 제향되었으며, 1971년 금산의 순절지 칠백의총이 성역화되었다. 시호는 문열(文烈)이다.

[참고문헌]

『宣祖實錄』

『宣祖修正實錄』

『國朝榜目』

『重峯集』

『亂中雜錄』

『寄齋雜記』

『尤庵集』

『月沙集』

『抗義新編』

『澤堂史草』

金鎭鳳, 「壬辰亂中 湖西地方의 義兵活動과 地方士民의 動態」『史學研究』34, 1982.

14) 문원공 (文元公) 김장생[35](金長生, 1548~1631)

김장생은 조선 중기의 학자이자 문신이다. 김장생의 본관은 광산(光山)이며, 자는 희원(希元), 호는 사계(沙溪)이다. 김장생은 서울 출신으로 아버지는 대사헌 김계휘(金繼輝)이

---

35) 李泰鎭, 「金長生」『한국역대인물 종합정보 시스템(http://people.aks.ac.kr/index.aks)』, 한국학중앙연구원.

며, 김집(金集)은 그의 아들이다.

① 가계·관력

김장생은 1560년에 송익필(宋翼弼)로부터 사서(四書)와 『근사록(近思錄)』 등을 배웠고, 20세 무렵에 이이(李珥)의 문하에 들어갔다. 선조 11년(1578)에 학행(學行)으로 천거되어 창릉참봉(昌陵參奉)이 되고, 1581년 종계변무(宗系辨誣)의 일로 아버지를 따라 명나라에 다녀와서 돈령부참봉이 되었다.

그뒤 순릉참봉(順陵參奉)과 평시서봉사(平市署奉事)를 거쳐 활인서(活人署)·사포서(司圃署)·사옹원(司饔院) 등의 별제(別提)와 봉사가 내렸으나 모두 병으로 나가지 않았다. 그뒤에 동몽교관(童蒙敎官)·인의(引儀)의 직을 거쳐 정산현감(定山縣監)이 되었다.

1592년 임진왜란 때 호조정랑이 된 뒤, 명나라 군사의 군량조달에 공이 커 종친부전부(宗親府典簿)로 승진하고, 1596년에 한때 연산으로 낙향했는데, 단양·양근 등지의 군수와 첨정(僉正)·익위(翊衛)의 직이 거듭 내려졌으나 나가지 않았다.

이듬해 봄에 호남 지방에서 군량을 모으라는 명을 받고 이를 행함으로써 군자감첨정이 되었다가 곧 안성군수가 되었다. 1601년에 조정에서 『주역구결(周易口訣)』의 교정에 참가하도록 불렀으나 병으로 나가지 못하였다.

이듬해에 청백리로 올려졌으나, 북인이 득세하는 것을 보고 1605년 관직을 버리고 연산으로 다시 내려갔다. 그뒤에 익산군수를 지내고, 광해군 2년(1610)에 회양·철원부사를 역임하였다.

1613년 계축옥사 때 동생이 그에 관련됨으로써 연좌되었으나 무혐의로 풀려나자, 관직을 버리고 연산에 은둔하여 학문에만 전념하였다.

그뒤 인조반정으로 서인이 집권하자 75세의 나이에 장령으로 조정에 나갔으나, 곧이어 사업(司業)으로 옮겨 원자보도(元子輔導)의 임무를 겸하다가 병으로 다시 낙향했다.

이듬해 이괄(李适)의 난으로 왕이 공주로 파천해오자 길에 나와 어가를 맞이하였다. 난이 평정된 뒤 왕을 따라 서울로 와서 원자보도의 임무를 다시 맡고 상의원정으로 사업을 겸하고, 집의의 직을 거친 뒤 낙향하려고 사직하면서 중요한 정사(政事) 13가지를 논하는 소를 올렸다.

그뒤 좌의정 윤방(尹昉), 이조판서 이정구(李廷龜) 등의 발의로 공조참의가 제수되어 원자의 강학을 겸하는 한편, 왕의 시강과 경연에 초치되기도 하였다.

1625년에 동지중추부사를 임명받았으나 이듬해 다시 사직하여 행호군(行護軍)의 산직(散職)으로 낙향하여, 이이·성혼(成渾)을 제향하는 황산서원(黃山書院)을 세웠다. 같은 해 용양위부사직으로 옮기고, 1627년 정묘호란 때 양호호소사(兩湖號召使)로서 의병을 모아 공주로 온 세자를 호위하고, 곧 화의가 이루어지자 모은 군사를 해산하고 강화도의 행궁(行宮)으로 가서 왕을 배알하고, 그해 다시 형조참판이 되었다.

그러나 한달 만에 다시 사직하여 용양위부호군으로 낙향한 뒤 1630년에 가의대부로 올랐으나, 조정에 나아가지 않고 줄곧 향리에 머물면서 학문과 교육에 전념하였다.

② 학문·교육

늦은 나이에 벼슬을 시작하였을 뿐더러 과거를 거치지 않아 요직이 많지는 않았지만, 인조반정 이후로는 서인의 영수격으로 영향력이 매우 컸다. 인조 즉위 뒤에도 향리에서 보낸 날이 더 많았지만, 그의 영향력은 같은 이이의 문인으로 줄곧 조정에서 활약한 이귀(李貴)와 함께 인조 초반의 정국을 서인 중심으로 안착시키는 데 결정적인 구실을 하였다.

학문과 교육으로 보낸 향리생활에서는 줄곧 곁을 떠나지 않은 아들 김집의 보필을 크게 받았다. 그의 문인은 많은데, 송시열(宋時烈)·송준길(宋浚吉)·이유태(李惟泰)·강석기(姜碩期)·장유(張維)·정홍명(鄭弘溟)·최명룡(崔命龍)·김경여(金慶餘)·이후원(李厚源)·조익(趙翼)·이시직(李時稷)·윤순거(尹舜擧)·이목(李楘)·윤원거(尹元擧)·최명길(崔鳴吉)·이상형(李尙馨)·송시영(宋時榮)·송국택(宋國澤)·이덕수(李德洙)·이경직(李景稷)·임의백(任義伯) 등 당대의 비중 높은 명사가 즐비하게 배출되었다.

아들 집도 문하이지만, 문인들 사이에는 그를 '노선생', 그리고 아들을 '선생'으로 불렀다고 한다. 학문적으로 송익필·이이·성혼 등의 영향을 함께 받고 있었지만, 예학(禮學)분야는 송익필로부터의 영향이 컸으며, 예학을 깊이 연구하여 아들 집에게 계승시켜 조선예학의 태두로 예학파의 한 주류를 형성하였다.

③ 저술

인조 즉위 뒤 서얼출신이었던 송익필이 그의 아버지 송사련(宋祀連)의 일로 환천(還賤)된 억울함을 풀어주기 위해 같은 문하의 서성(徐渻)·정엽(鄭曄) 등과 신변사원소(伸辨師寃

疏)를 올렸다.

또한, 이이와 성혼을 위하여 서원을 세웠을 뿐더러 1만 8천여 자에 달하는 이이의 행장을 짓기도 했다. 스승 이이가 시작한 『소학집주』를 1601년에 완성시켜 발문을 붙였는데, 『소학』에 대한 관심은 예학과도 깊은 관련이 있다.

1583년 첫 저술인 『상례비요(喪禮備要)』 4권을 비롯, 『가례집람(家禮輯覽)』·『전례문답(典禮問答)』·『의례문해(疑禮問解)』 등 예에 관한 것이 있고, 『근사록석의(近思錄釋疑)』·『경서변의(經書辨疑)』와 시문집을 모은 『사계선생전서』가 전한다.

1688년 문묘에 배향되었으며, 연산의 돈암서원(遯巖書院)을 비롯하여 안성의 도기서원(道基書院) 등 10개 서원에 제향되었다. 시호는 문원(文元)이다.

[참고문헌]

『宣祖實錄』

『仁祖實錄』

『燃藜室記述』

『沙溪先生全書』

張志淵, 『儒敎淵源』

玄相允, 『朝鮮儒學史』, 民衆書館, 1949.

15) 문정공(文正公) 송시열[36](宋時烈, 1607~1689)

송시열은 조선 후기의 문신이자 학자이다. 송시열의 본관은 은진(恩津)이며, 아명은 성뢰(聖賚), 자는 영보(英甫), 호는 우암(尤庵) 또는 우재(尤齋)이다.

① 가계

---

36) 李迎春, 「宋時烈」 『한국역대인물 종합정보 시스템(http://people.aks.ac.kr/index.aks)』, 한국학중앙연구원.

송시열의 아버지는 사옹원봉사(司饔院奉事) 송갑조(宋甲祚)이며, 어머니는 선산곽씨(善山郭氏)로 봉사 곽자방(郭自防)의 딸이다. 충청도 옥천군 구룡촌(九龍村) 외가에서 태어나 26세(1632) 때까지 그곳에서 살았으나, 후에는 회덕(懷德)의 송촌(宋村)·비래동(飛來洞)·소제(蘇堤) 등지로 옮겨가며 살았으므로 세칭 회덕인으로 알려져 있다.

8세 때부터 친척인 송준길(宋浚吉)의 집에서 함께 공부하게 되어, 훗날 양송(兩宋)으로 불리는 특별한 교분을 맺게 되었다. 12세 때 아버지로부터 『격몽요결(擊蒙要訣)』·『기묘록(己卯錄)』 등을 배우면서 주자(朱子)·이이(李珥)·조광조(趙光祖) 등을 흠모하도록 가르침을 받았다.

인조 3년(1625) 도사 이덕사(李德泗)의 딸 한산이씨(韓山李氏)와 혼인하였다. 이 무렵부터 연산(連山)의 김장생(金長生)에게 나아가 성리학과 예학을 배웠고, 1631년 김장생이 죽은 뒤에는 그의 아들 김집(金集) 문하에서 학업을 마쳤다.

27세 때 생원시(生員試)에서 「일음일양지위도(一陰一陽之謂道)」를 논술하여 장원으로 합격하였다. 이때부터 그의 학문적 명성이 널리 알려졌고 2년 뒤인 1635년에는 봉림대군(鳳林大君: 후일의 효종)의 사부(師傅)로 임명되었다. 약 1년간의 사부생활은 효종과 깊은 유대를 맺는 계기가 되었다.

그러나 병자호란으로 왕이 치욕을 당하고 소현세자와 봉림대군이 인질로 잡혀가자, 그는 좌절감 속에서 낙향하여 10여 년간 일체의 벼슬을 사양하고 전야에 묻혀 학문에만 몰두하였다.

② 출사

1649년에 효종이 즉위하여 척화파 및 재야학자들을 대거 기용하면서, 그에게도 세자시강원진선(世子侍講院進善)·사헌부장령 등의 관직을 주어 불렀으므로 그는 비로소 벼슬에 나아갔다. 이때 그가 올린 「기축봉사(己丑封事)」는 그의 정치적 소신을 장문으로 진술한 것인데, 그 중에서 특히 존주대의(尊周大義)와 복수설치(復讎雪恥)를 역설한 것이 효종의 북벌의지와 부합하여 장차 북벌계획의 핵심인물로 발탁되는 계기가 되었다.

그러나 다음해 2월 김자점(金自點) 일파가 청나라에 조선의 북벌동향을 밀고함으로써, 송시열을 포함한 산당(山黨) 일파는 모두 조정에서 물러나지 않을 수 없었다.

그 뒤 효종 4년(1653)에 충주목사, 1654년에 사헌부집의·동부승지 등에 임명되었으나 모두 사양하고 취임하지 않았다. 1655년에는 모친상을 당하여 10년 가까이 향리에서 은둔 생활을 보내게 되었다. 1657년 상을 마치자 곧 세자시강원찬선(世子侍講院贊善)이 제수되 었으나 사양하고 대신 「정유봉사(丁酉封事)」를 올려 시무책을 건의하였다.

1658년 7월 효종의 간곡한 부탁으로 다시 찬선에 임명되어 관직에 나아갔고, 9월에는 이조판서에 임명되어 다음해 5월까지 왕의 절대적 신임 속에 북벌계획의 중심인물로 활약 하였다.

그러나 1659년 5월 효종이 급서한 뒤, 조대비(趙大妃)의 복제문제로 예송(禮訟)이 일어 나고, 국구(國舅) 김우명(金佑明) 일가와의 알력이 깊어진 데다, 국왕 현종에 대한 실망 때 문에 그해 12월 벼슬을 버리고 낙향하였다.

이후 현종 15년간 조정에서 융숭한 예우와 부단한 초빙이 있었으나 그는 거의 관직을 단념하였다. 다만 현종 9년(1668) 우의정에, 1673년 좌의정에 임명되었을 때 잠시 조정에 나아갔을 뿐 시종 재야에 머물러 있었다.

③ 유배 생활

그가 재야에 은거하여 있는 동안에도 선왕의 위광과 사림의 중망 때문에 막대한 정치적 영향력을 행사할 수 있었다. 사림의 여론은 그에 의해 좌우되었고 조정의 대신들은 매사를 그에게 물어 결정하는 형편이었다.

그러나 1674년 효종비의 상으로 인한 제2차 예송에서 그의 예론을 추종한 서인들이 패 배하자 그도 예를 그르친 죄로 파직, 삭출되었고, 숙종 1년(1675) 정월 덕원(德源)으로 유 배되었다가 후에 장기(長鬐)·거제 등지로 이배되었다. 유배기간 중에도 남인들의 가중처벌 주장이 일어나, 한때 생명에 위협을 받기도 하였다.

④ 경신환국과 기사환국

1680년 경신환국으로 서인들이 다시 정권을 잡자, 그는 유배에서 풀려나 중앙 정계에 복귀하였다. 그해 10월 영중추부사(領中樞府事) 겸 영경연사(領經筵事)로 임명되었고 또 봉조하(奉朝賀)의 영예를 받았다.

1682년 김석주(金錫胄)·김익훈(金益勳) 등 훈척들이 역모를 조작하여 남인들을 일망타 진하고자 한 '임신삼고변 사건'에서 그는 김장생의 손자였던 김익훈을 두둔하였으므로 서인의 젊은 층으로부터 비난을 받았고, 또 제자 윤증(尹拯)과의 불화로 말미암아 1683년 노소분당이 일어나게 되었다.

1689년 1월 숙의 장씨(張氏)가 아들(후일의 경종)을 낳자 원자(元子 : 세자 예정자)의 호칭을 부여하는 문제로 기사환국이 일어나 서인이 축출되고 남인이 재집권하였는데, 이때 그도 세자책봉에 반대하는 상소를 올렸다가 제주도로 유배되었고, 그해 6월 서울로 압송되어 오던 중 정읍에서 사약을 받고 죽었다.

⑤ 갑술환국

그러나 1694년 갑술환국으로 다시 서인이 정권을 잡자 그의 억울한 죽음이 무죄로 인정되어 관작이 회복되고 제사가 내려졌다. 이해에 수원·정읍·충주 등지에 그를 제향하는 서원이 세워졌고, 다음해에는 시장(諡狀) 없이 문정(文正)이라는 시호가 내려졌다.

이때부터 덕원·화양동을 비롯한 수많은 지역에 서원이 설립되어 전국적으로 약 70여 개소에 이르게 되었고 그중 사액서원만 37개소였다.

그의 행적에 대해서는 당파간에 칭송과 비방이 무성하였으나, 1716년의 병신처분(丙申處分)과 영조 20년(1744)의 문묘배향으로 그의 학문적 권위와 정치적 정당성이 공인되었고, 영조 및 정조대에 노론의 일당전제가 이루어지면서 그의 역사적 지위는 더욱 견고하게 확립되고 존중되었다.

⑥ 학문 연원

송시열의 학문은 전적으로 주자의 학설을 계승한 것으로 자부하였으나, 조광조→이이→김장생으로 이어진 조선 기호학파의 학통을 충실히 계승, 발전시킨 것이기도 하였다. 그는 언필칭 주자의 교의를 신봉하고 실천하는 것으로 평생의 사업을 삼았다.

그러므로 학문에서 가장 힘을 기울였던 것은 『주자대전(朱子大全)』과 『주자어류(朱子語類)』의 연구로서, 일생을 여기에 몰두하여 『주자대전차의(朱子大全箚疑)』, 『주자어류소분(朱子語類小分)』 등의 저술을 남겼다.

따라서, 그의 철학사상도 주자가 구축한 체계와 영역에서 벗어난 것이 아니었으나, 다만 사변적 이론보다는 실천적 수양과 사회적 변용에 더 역점을 둔 것이었다. 여기에는 조광조의 지치주의(至治主義)의 이념, 이이의 변통론(變通論), 김장생의 예학(禮學) 등 기호학파의 학문전통이 큰 작용을 한 것으로 보인다.

그는 이러한 정통 성리학의 입장에서 조선 중기의 지배적인 철학·정치·사회사상을 정립하였고, 이것은 조선 후기의 정치·사회를 규제한 가장 영향력 있는 학문체계가 되었다.

⑦ 정치사상

한편, 그의 정치사상은 조선 중기의 사림정치 이념을 대표하는 것이었다. 다른 사람들과 마찬가지로 그도 정치의 원리를 『대학』에서 구하였는데, 그것은 수기치인(修己治人)으로 표현된다. 즉, 남을 다스리는 일은 자신의 수양에서부터 시작되어야 한다는 것인데, 이 때문에 그는 통치자의 도덕성 확립을 강조하였다.

특히, 임금은 만화(萬化)의 근본이므로 군덕의 함양이 정치의 제일 과제라고 믿어, 맹자의 "한번 임금을 바르게 하면 나라가 바르게 된다(一正君而國正)"는 주장을 자신의 정치활동에 지표로 삼았다.

따라서, 그는 기회 있을 때마다 왕에게 수신·제가·면학을 강조하고 사심과 사은(私恩)을 억제할 것을 권하였다. 실제의 정책면에 있어서는 민생의 안정과 국력회복에 역점을 두었고, 그것을 위한 여러가지 대책을 건의하였다.

즉, 국가의 용도를 절약하여 재정을 충실하게 하고, 궁중의 연악과 토목공사를 억제하며, 공안(貢案)을 바로잡고, 군포를 감하여 양민(良民)의 부담을 줄이며, 사노비의 확대를 억제하여 양민을 확보하며, 안흥에 조창(漕倉)을 설치하자는 것 등이었다. 이러한 일련의 서정쇄신책은 이이의 변통론과 맥을 같이하는 것이었다. 민생안정과 국력양성 문제는 그 자체가 당면한 급선무였기도 하지만, 그는 이것이 북벌(北伐)실현을 위한 선결 과제로 인식하였다.

그의 정치사상에서 또하나 간과될 수 없는 것은 예치(禮治)의 이념이었다. 이는 공자의 통치철학이기도 하였지만 특히 김장생의 예학에 영향을 받은 것으로 보인다.

그는 "예가 다스려지면 정치도 다스려지고, 예가 문란하게 되면 정치도 문란하게 된다"고 강조하였다. 예는 유교정치에 있어서 교화의 수단일 뿐만 아니라 정치의 명분을 밝히는 것이기도 하였다.

때문에 그는 복제예송(服制禮訟)에 깊이 개입하였고, 만년에는 종묘제도의 이정과 문묘배향 문제, 정릉의 복위와 효종의 세실 문제, 만동묘의 설치 등 국가적 전례문제에 정력을 기울이기도 하였다.

⑧ 북벌사상

한편, 그는 효종대 북벌론의 중심인물로 알려져 있는데, 이 문제로 효종과 비밀대담[獨對]을 가지기도 하였고, 왕과 비밀서찰을 교환하기도 하였다.

그러나 그들의 북벌계획은 그렇게 구체적이고 실현 가능한 것은 아니었다.

효종과의 비밀대담이나 서신왕래에서 그가 건의한 것은 극히 이념적이고 원론적인 것이었으며, 실제적 대책은 아니었다. 북벌론은 1659년 봄에 본격적으로 논의되었으나, 그는 당시 형편으로는 즉각적인 북벌의 실현이 불가능한 것으로 보았고 민생의 안정과 국력회복이 더 시급한 과제라고 역설하였다.

따라서 양민의 부담이 컸던 급료병(給料兵 : 직업군인)을 줄이고 민병(民兵 : 농민군)을 활용하자고 주장하였는데, 이것은 효종의 양병정책과 반대되는 것이었다. 그는 북벌의 실제 준비보다 그것이 내포한 이념성을 강조하였다.

명나라를 향한 존주대의와 병자호란의 복수설치문제는 한시도 잊을 수 없는 국가적 과제이며, 그것이 모든 정책의 기조가 되어야 한다는 것이었다.

이는 물론 춘추대의의 관념에서 나온 유교적 명분론의 표현이기도 하였지만, 이러한 강력한 이념이 국내정치에 있어서 부패와 부정을 억제하고 기강의 확립과 행정의 효율을 위한 방편이 되기도 한다는 것이었다.

그러나 이러한 북벌이념은 송시열 자신과 그 일파의 정치적 입지를 공고히 하기 위한 대의명분이 되기도 하였다.

그의 북벌론은 효종의 죽음과 함께 침묵되었다가 숙종 초기에 다시 제창되었는데, 효종대에 있어서 그의 북벌론은 그 이념성과 함께 부국안민의 정책을 내포하고 있었으나, 숙종대에 국가의 전례문제와 결부되어 다시 제창된 존주론(尊周論)에는 오직 당쟁에서 대의명분을 장악하기 위한 이념성만이 강조되었다.

⑨ 예론

그는 또한 김장생을 계승한 예학의 대가로서 중요한 국가전례문제에 깊이 관여하였는데, 이 때문에 예학적 견해차이로 인한 예송을 불러일으키기도 하였다.

1659년 5월 효종이 죽자, 계모인 자의대비(慈懿大妃 : 趙大妃)의 상복을 3년(만 2)으로 할 것인가, 기년(朞年 : 만 1)으로 할 것인가 하는 문제가 제기되었다. 이것은 인조의 차자로서 왕위를 계승한 효종을 적장자로 인정할 것인가 아니면 차자로 간주할 것인가 하는 중요한 문제와 결부되어 있었다.

이때 윤휴(尹鑴)는 『의례(儀禮)』 상복편의 소설(疏說)인 "제일자(第一子)가 죽으면 적처소생의 차장자를 세워 장자로 삼는다"는 근거에 의하여 대비가 3년복을 입어야 할 뿐 아니라, 국왕의 상에는 모든 친속이 참최(斬衰)를 입는다는 설에 의하여 참최를 입을 것을 주장하였다.

그러나 송시열은 『의례』의 소설에 "서자(庶子)가 대통을 계승하면 3년복을 입지 않는다"는 예외규정[四種說]을 들어 이에 반대하였다. 서자는 첩자(妾子)의 칭호이기는 하지만, 적장자 이외의 여러 아들을 지칭하는 용어이기도 하였기 때문이다.

또, 국왕의 상에 친속들이 3년복을 입는 것은 신하로서의 복을 입는 것인데, 어머니인 대비는 아들인 왕의 신하가 될 수 없다고 하여 윤휴의 참최설을 배척하였다.

그러나 문제의 심각성을 깨달은 정태화(鄭太和) 등 대신들은 『의례』에 근거한 두 설을 다 취하지 않고, 『대명률』과 『경국대전』에 장자·차자 구분없이 기년을 입게 한 규정, 즉 국제기년설(國制朞年說)에 따라 1년복으로 결정하였다.

1660년 3월 허목(許穆)이 또 차장자설을 주장하여 3년복으로 개정할 것을 상소하고, 윤선도(尹善道)는 기년설이 "효종의 정통성을 위태롭게 하고 적통과 종통을 두 갈래로 만드는 설"이라고 공격하였다.

그러나 송시열과 송준길은 '참최는 두번 입지 않는다(不貳斬)'는 설과 서자가 첩자를 뜻하지 않는다는 설을 논증하고, 제2·3·4자 등이 계속 죽을 경우에 생기는 차장자설의 모순을 지적하였다. 그리고 제1자가 죽고 차장자를 세워 장자로 간주하는 경우는 제1자가 미성년에 죽었을 때뿐이라고 단정하였다.

이 문제로 조정에서는 여러 차례 논의가 있었으나 기년설은 번복되지 않았고, 윤선도 등 남인들은 유배되거나 조정에서 축출되었다.

그러나 1674년 효종비의 상으로 다시 자의대비의 복제문제가 제기되어 서인들은 송시열의 설에 의하여 대공복(大功服 : 9개월복)을 주장하여 시행되었으나 영남유생 도신징(都愼徵)의 상소로 인하여 기년복으로 번복되고 말았다.

그 결과 송시열은 '예를 그르친 죄'를 입고 파직삭출되었다가 변방으로 유배되고 말았다. 송시열의 예론은 『의례』에 근거를 두고 전개되기는 하였으나, 대체로 "제왕가의 예도 사서인(士庶人)과 다르지 않다"는 성리학적 보편주의 예학의 정신에 입각한 것이었다.

그 때문에 왕위에 즉위하여 종묘를 주관하였던 효종의 제왕적 특수성에 관계없이 차자라는 출생의 차서만이 중시되었던 것이다. 이 때문에 그의 본의와는 달리 왕실을 낮추고 종통과 적통을 두 갈래로 만들었다는 비난을 받아 정치적 위기를 겪게 되었던 것이다.

⑩ 사회사상

송시열의 사회사상을 살펴보면, 그는 매우 보수적인 정통 성리학자라고 할 수 있으나, 당시의 고질적인 사회문제에 대해서는 상당한 관심을 가졌고, 또 여러가지 대안을 제시하기도 하였다.

사회신분문제에 있어서, 그도 양반의 우월성을 인정하고 있었지만 그들의 특권은 제한되어야 할 것으로 보았다. 우선 양민에게만 지워졌던 군역의 부담을 줄이고 양반에게도 군포를 부과하는 호포제(戶布制)의 실시를 주장하였다. 또, 노비종모법(奴婢從母法)의 실시를 통해 양반의 노비증식을 억제하고 되도록 양민이 노비화되는 것을 막고자 하였다.

그는 또 서북지방(평안도·함경도) 인재의 등용과 서얼(庶蘖)의 허통을 주장하고 양반부녀자들의 개가를 허용할 것을 말하기도 하였다.

그가 가장 역점을 두었던 사회정책은 양민의 생활안정이었는데 이를 위하여 공안(貢案)을 개정하고 대동법(大同法)을 확대·시행하며, 양민들의 군비부담을 줄이는 호포제의 실시를 주장하였고, 그 자신이 빈민의 구제를 위한 사창(社倉)을 설치하기도 하였다.

그도 노비제를 인정하기는 하였으나, 노비도 같은 인간임을 인식시켜 부당한 사역이나 가혹한 행위를 억제하도록 역설하였다. 충절이나 선행이 드러난 경우에는 서얼·농민·천민에 이르기까지 전기나 묘문·제문을 지어 표창하였다.

여성문제에 있어서는 효행·정절·순종 등 전통적 미덕을 강조하였으나 동시에 가계의 관리와 재산 증식 등 주부권과 관련된 경제적 구실도 중시하였다.

사회풍속면에서는 중국적·유교적인 것을 숭상하여 토속적·비유교적인 것들을 개혁하고자 하였다. 혼례 등의 예속과 복식, 그리고 일상생활에서 세속과 다른 중국습속들을 행하여 화제가 되기도 하였다.

그러나 사치를 배격하고 근면, 검소한 생활을 실천하여 교화의 모범이 되기도 하였다.

그는 문장과 서체에서도 뛰어났는데, 문장은 한유(韓愈)·구양수(歐陽修)의 문체에 정자(程子)·주자의 의리를 기조로 하였기 때문에 웅장하면서도 유려하고 논리적이면서도 완곡한 면이 있었고, 특히 강건하고 힘이 넘치는 문장으로 평판이 높았다.

시·부(賦)·책(策)·서(序)·발(跋)·소차(疏箚)·묘문 등 모든 글에 능하였으나 특히 비(碑)·갈(碣)·지문(誌文) 등 묘문에 명성이 있어 청탁을 받아 지은 것이 수백 편에 이르렀고, 그중에서도 영릉지문(寧陵誌文: 효종릉의 지문)은 명문으로 손꼽힌다.

서체는 처음 안진경체(顔眞卿體)를 익히다가 뒤에 주자를 모방하게 되어 정체(正體)를 잃었으나 매우 개성적인 경지에 이르러 창고(蒼古)하고 힘에 넘치는 것으로 평판이 나 있었다. 그 글씨를 받아 간 사람들이 무수히 많았고 현재도 많이 전하고 있다.

⑪ 교우와 사승

그는 학문과 정계에서 가졌던 위치와 그 명망 때문에 교우관계가 넓었고 추종한 제자들도 매우 많았다. 교우의 중심은 역시 김장생·김집 문하에서 동문수학한 송준길·이유태(李惟泰)·유계(俞棨)·김경여(金景餘)·윤선거(尹宣擧)·윤문거(尹文擧)·김익희(金益熙) 등으로 이들과 함께 세칭 산당(山黨)으로 불렸고, 한때는 남인 권시(權諰)·윤휴와도 절친한 적이 있었다.

벼슬에 나아간 뒤에는 김상헌(金尙憲)의 손자들인 김수증(金壽增)·김수흥(金壽興)·김수항(金壽恒) 형제들, 민정중(閔鼎重)·민유중(閔維重) 형제, 이후원(李厚源)·이시백(李時伯) 등 서인 권문세가 인사들과 정치를 같이하였고, 소론계인 남구만(南九萬)·박세채(朴世采)·이경석(李景奭)과도 친하였으나 후에 당이 갈려 멀어졌다.

그는 독선적이고 강직한 성품 때문에 교우관계에서 끝까지 화합하지 못한 경우가 많았는데, 특히 이경석·윤휴 및 윤선거·윤증 부자와의 알력은 정치적인 문제를 야기하여 당쟁의 한 요인이 되기도 하였다.

만년에는 사돈인 권시와도 틈이 생기고, 이유태와 분쟁을 일으키는가 하면 평생의 동반자였던 송준길마저도 뜻을 달리하게 되었다.

제자로는 윤증이 가장 촉망되었으나 그 아버지의 묘문문제로 마침내 노소분당을 야기하였고, 그의 학통을 이어받은 권상하(權尙夏) 외에 김창협(金昌協)·이단하(李端夏)·이희조

(李喜朝)·정호(鄭澔)·이선(李選)·최신(崔愼)·송상민(宋尙敏) 등이 고제(高弟)로 일컬어진다.

그밖에 그의 문하에서 수시로 공부한 문인들은 수백 명에 이르렀다. 권상하의 문하에서 송시열의 학통을 계승한 학자로는 한원진(韓元震)·윤봉구(尹鳳九)·이간(李柬) 등 이른바 강문팔학사(江門八學士)들이 대표적이며, 이들의 문인들이 조선 후기 기호학파 성리학의 주류를 형성하였다.

이들을 통하여 송시열의 존주대의 이념이 계승되어 조선 말기의 척사위정론으로 나타나기도 하였다. 송시열에 의하여 재정비된 정통성리학의 체계와 광범한 문인들의 활약 및 그 정치적인 비중 때문에 그의 학문과 사상은 조선 후기의 가장 강력한 지배이념으로서 작용할 수 있었다.

⑫ 저술

그는 방대한 저술을 남겼는데, 그 자신이 찬술하거나 편집하여 간행한 저서들과 사후에 수집되어 간행된 문집으로 대별된다.

저서로는 『주자대전차의』·『주자어류소분』·『이정서분류(二程書分類)』·『논맹문의통고(論孟問義通攷)』·『경례의의(經禮疑義)』·『심경석의(心經釋義)』·『찬정소학언해(纂定小學諺解)』·『주문초선(朱文抄選)』·『계녀서』 등이 있다.

문집은 1717년(숙종 43) 왕명에 의하여 교서관에서 처음으로 편집, 167권을 철활자로 간행하여 『우암집(尤菴集)』이라 하였고, 1787년(정조 11) 다시 빠진 글들을 수집·보완하여 평양감영에서 목판으로 215권 102책을 출간하고 『송자대전(宋子大全)』이라 명명하였다.

그 뒤 9대손 송병선(宋秉璿)·송병기(宋秉夔) 등에 의하여 『송서습유(宋書拾遺)』 9권, 『속습유(續拾遺)』 1권이 간행되었다. 이들은 1971년 사문학회(斯文學會)에서 합본으로 영인, 『송자대전』 7책으로 간행하였고, 1981년부터 한글 발췌 번역본이 민족문화추진회에서 14책으로 출간되고 있다.

[참고문헌]

『仁祖實錄』

『孝宗實錄』

『顯宗實錄』

『肅宗實錄』

『英祖實錄』

『正祖實錄』

『燃藜室記述』

『黨議通略』

『宋子大全』

『明齋遺稿』

『白湖全書』

『寒水齋文集』

『東儒學案』

『우암션·계녀셔』

姜周鎭, 「禮訟과 老少分黨」『亞細亞學報』5, 1968.

姜周鎭, 『李朝黨爭史硏究』, 서울大學校出版部, 1971.

郭信煥, 「宋尤菴의 哲學思想硏究」『國際大論文集』7, 1979.

郭信煥, 「尤庵 直思想의 人間學的 硏究」『思索』7, 1981.

郭信煥, 「宋尤菴의 理氣心性觀」『道源柳承國博士華甲紀念論文集』, 1983.

權五惇, 「北伐大義―尤庵을 中心으로」『斯文論叢』1, 1973.

金吉煥, 『朝鮮儒學思想硏究』, 一志社, 1980.

裵宗鎬, 『韓國儒學史』, 延世大學校出版部, 1985.

三浦國雄, 「十七世紀 朝鮮에 있어서의 正統과 異端―宋時烈과 尹鑴」『民族文化』8, 1982.

成周鐸, 「尤菴 宋時烈과 懷德鄕案」『韓國史論』8, 서울大學校, 1980.

柳南相, 「尤庵宋時烈의 哲學思想」『忠南大論文集』V1-1, 1979.

柳正東, 「禮論의 諸學派와 그 論爭」『韓國哲學硏究』中, 1978.

李丙燾, 『資料韓國儒學史草稿』, 서울大學校國史硏究室, 1959.

李迎春, 「尤庵 宋時烈의 尊周思想」『淸溪史學』2, 1985.

李佑成, 「李朝儒敎政治와 山林의 存在」『東洋學學術會議論文集』, 成均館大學校, 1975.

李離和, 「北伐論의 思想史的 檢討」『創作과 批評』38, 1975.

李昌敎, 「尤庵宋時烈의 春秋思想」『國會圖書館報』9-10, 1973.

張志淵, 『朝鮮儒敎淵源』, 三星文化文庫, 1975.

趙鐘業, 「北伐과 春秋大義」『百濟研究』 10, 1979.

池斗煥, 「朝鮮後期 禮訟研究」『釜大史學』 11, 1987.

錢穆, 「宋尤庵學述」『退溪學報』 11, 1976.

車文燮, 「朝鮮朝 孝宗의 軍備擴充」『檀國大論文集』 1·2, 1967·1968.

蔡茂松, 「尤庵 哲學思想研究」『斯文學報』 1, 1973.

崔昌圭, 「朝鮮朝儒學과 韓民族의 主體性」『斯文論叢』 1, 1973.

崔昌圭, 「尤庵學의 民衆史的 再定立」『百濟研究』 10, 1979.

黃元九, 「所謂 己亥服制問題에 대하여」『延世論叢』 2, 1963.

玄相允, 『朝鮮儒學史』, 民衆書館, 1977.

16) 문경공(文敬公) 김집[37](金集, 1574~1656)

김집은 조선 중기의 유학자이다. 김집의 본관은 광산(光山)이며, 자는 사강(士剛), 호는 신독재(愼獨齋)이다.

김집의 세거지는 충청도 연산(連山)이며, 서울에서 출생하였다. 아버지는 김장생(金長生)이며, 어머니는 창녕조씨(昌寧曺氏) 첨지중추부사(僉知中樞府事) 조대건(曺大乾)의 딸이다. 여덟 살에 송상현(宋象賢)의 문하에서 글을 배웠으나 학통은 가학을 이어받았다. 18세 때 진사에 2등으로 합격하였으나, 문장학을 좋아하지 않고 성현의 학문에 전심하였다.

광해군 2년(1610)에 헌릉참봉(獻陵參奉)에 제수되었으나, 광해군의 문란한 정치로 은퇴하였다. 인조반정 후 부여현감을 거쳐 임피현령(臨陂縣令)을 지내고, 그 뒤 전라도사·선공감첨정 등에 거듭 임명되었으나, 나가지 않거나 곧 사직하였다.

한편, 학업에 전념하여 정홍명(鄭弘溟)과 태극설(太極說)을 논하였으며, 윤선거(尹宣擧) 등과 상례를 논하고, 또 아버지가 찬한 『의례문해(疑禮問解)』 등을 교정하고 편집하는 등, 활발한 학술활동을 폈다. 그 뒤 동부승지·우부승지·공조참판·예조참판·대사헌 등을 역임

---

37) 金容傑, 「金集」『한국역대인물 종합정보 시스템(http://people.aks.ac.kr/index.aks)』, 한국학중앙연구원.

하였다.

그러나 오래 머물지 않고 곧 사임하여, 태학의 유생들이 소를 올려 벼슬에 머물도록 해 달라고 하는 등 안팎으로 그 덕망을 흠모하는 자들이 많았다.

76세 때는 대임(大任)을 맡겨달라는 김상헌의 특청을 임금이 받아들여 이조판서에 임명하였다. 이때 효종과 함께 북벌을 계획하기도 하였다.

80세에 좌참찬을 거쳐 81세에는 판중추부사에 임명되었으나, 임금의 각별한 배려에도 불구하고 늘 초야에 묻혀 도(道)를 즐기고, 아버지의 학문을 이어받으려고 노력하였다. 위로 이이(李珥)의 학문을 받아 예학(禮學)을 일으킨 김장생(金長生)을 이어받아, 그 학문을 송시열(宋時烈)에게 전해주어 기호학파를 형성, 이황(李滉)을 이어받은 영남학파와 더불어 조선 유학계의 쌍벽을 이루었다.

고종 20년(1883)에 영의정에 추증되었으며, 문묘와 효종묘에 배향되었다. 연산의 돈암서원(遯巖書院), 임피의 봉암서원(鳳巖書院), 옥천의 창주서원(滄州書院), 봉산의 문정서원(文井書院), 부여의 부산서원(浮山書院), 광주(光州)의 월봉서원(月峯書院) 등에 향사되었다.

저서로는 『신독재문집』, 『의례문해속(疑禮問解續)』 등이 있다. 시호는 문경(文敬)이다.

[참고문헌]

『仁祖實錄』

『孝宗實錄』

『愼獨齋文集』

17) 문순공(文純公) 박세채[38](朴世采, 1631~1695)

박세채는 조선 중기의 학자이자 문신이다. 박세채의 본관은 반남(潘南)이며, 자는 화숙(和叔), 호는 현석(玄石), 남계(南溪)이다.

① 가계와 수학

홍문관교리 박의(朴猗)의 아들이며, 어머니는 신흠(申欽)의 딸이다. 그의 가계(家系)는 명문세족으로, 증조부 박응복(朴應福)은 대사헌, 할아버지 박동량(朴東亮)은 형조판서, 『사변록(思辨錄)』을 저술한 박세당(朴世堂)과 박태유(朴泰維)·박태보(朴泰輔) 등은 박세채와 당내간의 혈족이다.

또한 송시열(宋時烈)의 손자 송순석(宋淳錫)은 그의 사위이다. 이러한 가계와 척분에 따라 중요 관직에 나아가 정치에 참여하였으며, 정치현실의 부침에 따라 수난을 겪기도 하였다.

7세 때인 1638년(인조 16)아버지로부터 가학(家學)을 전수받고 1649년에 진사가 되어 성균관에 들어갔으나 성균관생활 2년 만에 과거공부마저도 포기하였다. 원래 이이(李珥)의 『격몽요결(擊蒙要訣)』로써 학문을 출발하였으며, 이이를 존경하였다.

② 이이의 문묘배향 주장

그 무렵 이이·성혼(成渾)의 문묘종사문제가 제기되었다. 당시에 영남유생 유직(柳稷)이 이들의 문묘종사를 반대하는 상소를 올렸다. 박세채는 유직의 상소의 부당성을 신랄하게 비판하는 글을 내었는데, 이에 대한 효종의 비답(批答) 속에 선비를 몹시 박대하는 글이 있으므로 이에 분개하여 과시(科試)의 뜻을 버리고 학문에 전념할 것을 결심하게 되었다.

1651년 김상헌(金尙憲)과 김집(金集)에게서 배웠는데, 그의 큰아버지 박호(朴濠), 종부 박미(朴瀰) 그리고 아버지가 일찍이 김장생(金長生)의 문하에서 수학한 연유로 하여 그의 사승관계(師承關係)도 이어진 것으로 보인다.

③ 관직과 유배생활

1659년 봄에 천거로 익위사세마(翊衛司洗馬)가 되었는데, 5월에 마침내 효종이 죽어 자의대비(慈懿大妃)의 복상문제(服喪問題)가 크게 거론되게 되었다. 그는 3년설을 주장한 남인계열의 대비복제설을 반대하고 송시열·송준길(宋浚吉)의 기년설(朞年說)을 지지하여 서인 측의 이론가적 인물이 되었다.

그가 지은 『복제사의(服制私議)』는 남인 윤선도(尹善道)·윤휴(尹鑴)의 3년설의 부당성을

---

38) 金容傑, 「朴世采」『한국역대인물 종합정보 시스템(http://people.aks.ac.kr/index.aks)』, 한국학중앙연구원.

체계적으로 비판한 글이다. 그는 다시 사람을 보내어 윤휴를 경책(警責)한 바 있는데, 이 서한을 계기로 두 사람의 교우관계가 단절되는 원인이 되었다.

1674년 숙종이 즉위하고 남인이 집권하자 기해복제 때에 기년설을 주장한 서인 측의 여러 신하들이 다시 추죄(追罪)를 받게 되었다. 이때 박세채는 관직을 삭탈당하고 양근(楊根)·지평(砥平)·원주·금곡(金谷) 등지로 전전하며 유배생활을 하기도 하였다.

④ 재등용

그러나 그가 다시 등용되던 1680년까지 6년간은 도리어 학구에 전념할 수 있는 기간이기도 하였다.

그는 이 기간에 『소학』·『근사록』·『대학』·『중용』을 중심으로 난해한 구절을 해설한 『독서기(讀書記)』를 비롯하여 『춘추』에 대한 정자(程子)·주자(朱子)의 해설을 토대로, 20여 문헌에서 보충자료를 수집, 추가한 『춘추보편(春秋補編)』과 성리학의 수양론 가운데 가장 핵심개념인 경(敬)에 대한 선유(先儒)의 제설(諸說)을 뽑아 엮은 『심학지결(心學至訣)』 등을 저술로 남겼다.

1680년 이른바 '경신대출척' 이라는 집권층의 변화에 따라 그는 다시 등용되어 사헌부 집의로부터 승정원동부승지·공조참판·대사헌·이조판서 등을 거쳐 우참찬에 이르렀다. 1684년 회이(懷尼)의 분쟁을 계기로 노론과 소론의 대립과정에서 박세채는 『황극탕평론(皇極蕩平論)』을 발표하여 양편의 파당적 대립을 막으려 하였으나, 끝내는 소론의 편에 서게 되었다.

숙종 초기에 귀양에서 돌아와서는 송시열과 정치적 입장을 같이하였으나 노·소 분열 이후에는 윤증(尹拯)을 두둔하고 나아가 소론계 학자들과 학적 교류와 활동을 하였다. 1689년 기사환국 때에는 다시 모든 관직에서 물러나서 야인생활을 하였다. 이때가 그의 생애에 있어서 큰 업적을 남기는 학구적 시기라고 말할 수 있다.

이 기간 중에 윤증·정제두(鄭齊斗)를 비롯하여, 이른바 소론계의 학자들과 서신내왕이 많았으며, 양명학(陽明學)에 대한 비판과 유학의 도통연원(道統淵源)을 밝히려는 저술 경향을 보인다. 『양명학변(陽明學辨)』·『천리양지설(天理良知說)』을 비롯하여 『이학통록보집(理學通錄補集)』·『이락연원속록(伊洛淵源續錄)』·『동유사우록(東儒師友錄)』·『삼선생유서(三先生遺書)』·『신수자경편(新修自敬編)』 등은 이 시기에 저술한 중요한 저서들이다.

1694년 갑술옥사 이후에는 정계의 영수격인 송시열이 죽고, 서인 내부가 노론과 소론으로 양분된 상태였으므로, 박세채는 우의정·좌의정을 두루 거치며 이른바 소론의 영도자가 되었다.

그는 남구만(南九萬)·윤지완(尹趾完) 등과 더불어 이이·성혼에 대한 문묘종사문제를 확정시키는 데 크게 기여하였으며, 대동법의 실시를 적극 주장한 바 있다.

박세채는 위의 생애에서 볼 수 있는 바와 같이 국내외로 다난한 시기에 태어나서 수난을 거듭하는 생활을 보냈다고 할 수 있다. 대내적으로는 당쟁이라는 정치적 대립이 격화된 시기였으며, 대외적으로는 정묘호란에 이어 병자호란을 몸소 겪는 명나라와 청나라의 교체라는 국제적 격동기였다.

다시 말하면 중화적(中華的) 천하가 무너지고 이적(夷狄)의 국가 청나라가 천하를 호령하는 이른바 역천패리(逆天悖理)의 위기의식이 만연된 시기였다. 따라서 그의 공적인 활동이나 사적인 학구생활은 당시의 시대정신과 긴밀한 연관 속에 이룩된 측면을 볼 수 있다.

⑤ 학문과 저술

그의 학문은 이러한 17세기의 국내외의 상황과 관련하여 네가지 특성으로 구별할 수 있는데, 첫째는 정치적으로 존주대의(尊周大義)의 입장과 붕당의 탕평론(蕩平論)이며, 둘째는 학문의 계통을 분명히 하고 수호하는 일, 셋째는 이단(異端)을 비판하고 나아가 배척하는 일, 넷째는 사회규범으로서 예학(禮學)을 일으키는 일이라 할 수 있다.

그는 대외정치면에서 오삼계(吳三桂)의 복명반청(復明反淸)의 거사를 알고 이를 적극 지지하여 존주대의라는 정책과제를 제시하였으며, 대내적으로는 파당적 대립의 폐단을 깊이 깨닫고 "이대로 방치하면 붕당의 화(禍)는 반드시 나라를 패망하게 하는데 이를 것이다"라고 우려하여 그 나름의 탕평 이론을 제시한 것이다.

존주대의의 정책과제는 김상헌과 관련할 때 그의 스승에게서 전수된 대외관(對外觀)이라 할 수 있으며, 중화적 세계가 무너지는 위기의식 속에서 도통수호(道統守護)라는 학적 과제에 대한 간접적인 인과관계성을 유추할 수 있다.

그의 도통수호의식은 그가 이미 『이학통록보집』을 저술하여 중국 유학의 학통을 밝혔고, 그와 아울러 방대한 『동유사우록』을 써서 동방의 도학연원을 밝혔던 것이다. 그의 공적은 수제자 김간(金幹)의 평과 같이 "계개(繼開)의 공과 찬술의 풍부함은 참으로 근대 유현(儒賢)에는 없다"라고 자랑할 만한 업적이다.

또한 그가 이단을 비판하고 배척한 태도는 『양명학변』에 잘 나타나 있는데, 그는 여기에서 『고본대학(古本大學)』·『대학문(大學問)』·『치양지(致良知)』·『주자만년정론(朱子晩年定論)』 등 양명의 이론을 낱낱이 비판하였다.

양명에 대한 비판은 도통수호라는 입장에 근거한 것이나 현실적으로는 그의 제자 정제두가 양명설(陽明說)을 신봉함으로써 사우(師友) 사이에 물의를 일으켰기 때문이기도 하다.

정제두는 이보다 8년 전에 이미 『의고결남계서(擬古訣南溪書)』를 써서 "양명의 심설을 바꿀 수 없다"고 하였고, 그 뒤 여러 사우간에 논변이 있었던 만큼 그들의 스승으로서 논변을 질정(質定)하는 뜻에서 이러한 저술이 불가피하였던 것으로 이해된다.

⑥ 예학사상과 저술

박세채의 많은 저술 가운데 예학에 관한 저술은 학적 업적을 남긴 것으로 '예학의 대가'라고 칭할만 하다. 『남계선생예설(南溪先生禮說)』·『육례의집(六禮疑輯)』 등은 예의 구체적 실천문제를 다룬 서술로서 과거에 보지 못한 구체적이고 실제적인 의식절차까지 문제삼고 있다.

이러한 예학의 변용은 17세기 성리학의 예학적 전개라는 새로운 의미를 가지게 되며 예학의 구현이라는 오륜적 근거를 밝히는 학적 과제가 된다.

여말선초의 사상적 전환기에 제기되었던 불교의 멸륜성(滅倫性)을 극복하고 예에 의한 실천방법으로서 오륜은 매우 중요한 과제의 하나였다.

『가례(家禮)』를 권장하고 『삼강행실도』·『국조의례』 등의 간행은 일종의 범국민적 규범 원리로서 예의식을 광역화하는 결과를 가져왔다. 대비의 복(服)에 대하여 기년복·삼년복을 주장하거나 또는 대공(大功)·기년이어야 한다는 이른바 예송(禮訟)은 파당적 대립의 성격을 띠기도 하였으나 문제는 대립의 성격이 예에 대한 기본문제를 검토하는 데 있다는 점이다.

이러한 관점에서 보면 대립적 성격은 분명히 예학의 구현이라는 유학의 기본과제에 대한 새로운 검토이며 예학적 전개라는 차원이 이해된다.

그의 예학적 전개는 『육례의집』·『변례질문(變禮質問)』 등에서 잘 나타나 있는데, 그의 견해는 역시 문인 김간의 『동방예설(東方禮說)』에 계승되었다고 볼 수 있으며, 정제두의 글에서 고례(古禮)를 존중하고 간례(簡禮)를 강조하면서 이이·성혼과 더불어 박세채의 예설을 자주 인용하고 있는 것을 보면 그의 예설은 위의 학적 계통의 선상에서 정제두에게도 이어진 것으로 보인다.

대표적 저술로는 『범학전편(範學全編)』·『시경요의(詩經要義)』·『춘추보편』·『남계독서기』·『대학보유변(大學補遺辨)』·『심경요해(心經要解)』·『학법총설(學法總說)』·『양명학변』·『남계수필록(南溪隨筆錄)』·『심학지결』·『신수자경편』·『육례의집』·『삼례의(三禮儀)』·『사례변절(四禮變節)』·『가례요해(家禮要解)』·『가례외편(家禮外編)』·『남계예설(南溪禮說)』·『남계시무만언봉사(南溪時務萬言封事)』·『남계연중강계(南溪筵中講啓)』·『남계기문(南溪記聞)』·『동유사우록』·『주자대전습유(朱子大全拾遺)』 등이 있는데, 단행본으로 유포되고 있다.

시호는 문순(文純)이고 문묘(文廟)에 배향되었다.

[참고문헌]

『古鮮册譜』

裵宗鎬, 『韓國儒學史』, 延世大學校出版部, 1974.

李丙燾, 『資料韓國儒學史草稿』, 서울大學校, 1959.

玄相允, 『朝鮮儒學史』, 民衆書館, 1949.

18) 문정공 (文正公) 송준길[39](宋浚吉, 1606~1672)

송준길은 조선 후기의 문신이자 학자이다. 송준길의 본관은 은진(恩津)이며, 자는 명보(明甫), 호는 동춘당(同春堂)이다.

송준길은 영천군수(榮川郡守) 송이창(宋爾昌)의 아들이다. 어려서부터 이이(李珥)를 사숙(私淑)하였고, 20세 때 김장생(金長生)의 문하생이 되었다.

---

39) 李泰鎭, 「宋浚吉」 『한국역대인물 종합정보 시스템(http://people.aks.ac.kr/index.aks)』, 한국학중앙연구원.

인조 2년(1624) 진사가 된 뒤 학행으로 천거받아 1630년 세마(洗馬)에 제수된 이후 효종이 즉위할 때까지 내시교관(內侍敎官)·동몽교관(童蒙敎官)·시직(侍直)·대군사부·예안현감·형조좌랑·지평·한성부판관 등에 임명되었으나 대부분 관직에 나가지 않았고, 단지 1633년에만 잠깐 동몽교관직에 나갔다가 장인 정경세(鄭經世)의 죽음을 이유로 사퇴하였다.

1649년 김장생의 아들로 산당(山堂)의 우두머리인 김집(金集)이 이조판서로 기용되면서 송시열(宋時烈)과 함께 송준길도 발탁되어 부사직(副司直)·진선(進善)·장령 등을 거쳐 집의에 올랐고 통정대부로 품계가 올랐다.

이 해에 인조말부터 권력을 장악한 김자점(金自點)·원두표(元斗杓) 등 반정공신 일파를 탄핵하여 몰락시켰으나, 김자점이 효종의 반청정책을 청나라에 밀고함으로써 그도 벼슬에서 물러났다.

그 뒤 집의·이조참의 겸 찬선 등으로 여러 번 임명되었으나 계속 사퇴하였으며, 효종 9년(1658) 대사헌·이조참판 겸 좨주를 거쳤다.

1659년 병조판서·지중추원사(知中樞院事)·우참찬으로 송시열과 함께 국정에 참여하던 중 효종이 죽고 현종이 즉위, 자의대비(慈懿大妃)의 복상문제로 이른바 예송(禮訟)이 일어나자 송시열이 기년제(朞年祭 : 만 1)를 주장할 때 그를 지지하여 남인(南人)의 윤휴(尹鑴)·허목(許穆)·윤선도(尹善道) 등의 3년설과 논란을 거듭한 끝에 일단 기년제를 관철시켰다.

이 해에 이조판서가 되었으나 곧 사퇴하였고, 이후 우참찬·대사헌·좌참찬 겸 좨주·찬선 등에 여러 차례 임명되었으나 기년제의 잘못을 규탄하는 남인들의 거듭되는 상소로 계속 사퇴하였다.

단지, 1665년(현종 6) 원자의 보양(輔養)에 대한 건의를 하여 첫번째 보양관이 되었으나 이 역시 곧 사퇴하였다.

1673년 1월 영의정에 추증되었으나 1674년 효종의 왕비인 인선대비(仁宣大妃)가 죽자 또 한 차례 자의대비의 복상문제가 일어나게 되고, 이번에는 남인의 기년제설이 서인의 대공설(大功說 : 9개월)을 누르고 남인의 주장을 관철시킴으로써 남인이 정권을 장악, 숙종 1년(1675)에 허적(許積)·윤휴·허목 등의 공격을 받아 관작을 삭탈당하였다. 이어 1680년 경신환국으로 서인이 재집권하면서 관작이 복구되었다.

송시열과 동종(同宗)이면서 학문경향을 같이한 성리학자로 이이의 학설을 지지하였고,

특히 예학(禮學)에 밝아 일찍이 김장생이 예학의 종장(宗匠)이 될 것을 예언하기도 하였다. 문장과 글씨에도 능하였다.

1681년 숭현서원(崇賢書院)에 제향되고 문정(文正)이라는 시호를 받았다.

같은 해 김장생과 함께 문묘(文廟)에 종사(從祀)할 것이 건의된 이래 여러 차례의 상소가 있은 다음 1756년(영조 32) 문묘에 제향되었다. 충현서원(忠賢書院)·봉암서원(鳳巖書院)·돈암서원(遯巖書院)·용강서원(龍岡書院)·창주서원(滄洲書院)·흥암서원(興巖書院)·성천서원(星川書院) 등에도 제향되었다.

저서로는 『어록해(語錄解)』·『동춘당집』이 있으며, 글씨로는 부산의 충렬사비문(忠烈祠碑文), 남양의 윤계순절비문(尹啓殉節碑文)이 있다.

[참고문헌]

『孝宗實錄』

『顯宗實錄』

『同春堂先生年譜』

『黨議通略』

姜周鎭, 『李朝黨爭史研究』, 서울大學校出版部, 1971.

成樂熏, 「韓國黨爭史」 『韓國文化史大系』Ⅱ, 高麗大 民族文化研究所, 1965.

경남의 향교

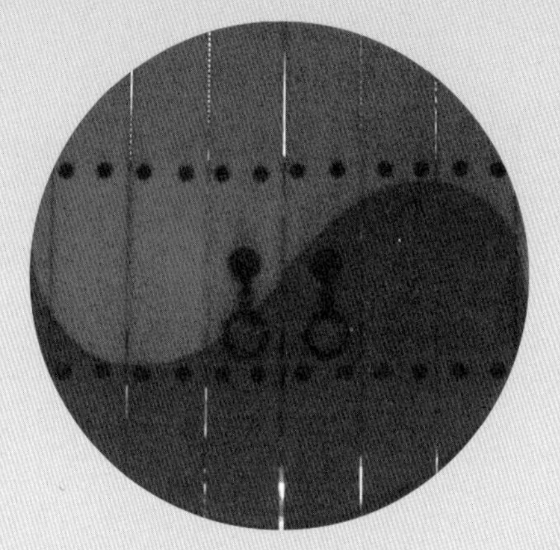

거제시 거제향교(巨濟鄕校)

<사진 1> 거제향교 외삼문

1. 개관

1) 소재지 : 경상남도 거제시 거제읍 서정리 626번지

2) 창건 연대 : 조선 세종 14년(1432)

3) 문화재 지정 : 경상남도 유형문화재 제206호(1982년 8월 2일 지정)

4) 석전제(釋奠祭) 향사일 : 매년 양력 5월 11일 / 양력 9월 28일

5) 제향 인물

① 5성(五聖) – 공자(孔子), 안자(顔子), 증자(曾子), 자사자(子思子), 맹자(孟子)

② 동국18현(東國十八賢) – 최치원(崔致遠), 설총(薛聰), 안유(安裕), 정몽주(鄭夢周), 정여창(鄭汝昌), 김굉필(金宏弼), 이언적(李彦迪), 조광조(趙光祖), 김인후(金

麟厚), 이황(李滉), 성혼(成渾), 이이(李珥), 조헌(趙憲), 김장생(金長生), 송시열(宋時烈), 김집(金集), 박세채(朴世采), 송준길(宋浚吉)

2. 설립과 연혁, 운영 형태

거제향교는 조선 세종(世宗) 14년(1432)에 고현(古縣)의 서문골에 창건되었으며,[40] 『신증동국여지승람(新增東國輿地勝覽)』에는 '향교는 현의 서쪽 1리 지점에 있다'는 기록이 있다.[41] 임진왜란으로 당시 거제현 읍성(邑城)이 함락되면서 향교가 소실되자, 현종(顯宗) 5년(1664)에 현령(縣令) 이동구(李東耈)가 발의하여 읍성을 옮기면서 향교도 서정리로 옮겨지었다.

이후 숙종(肅宗) 41년(1715)에 거제현의 동쪽 기슭인 현재의 도론동(道論洞) 동쪽으로 향교를 이건하였다. 정조(正祖) 14년(1790)에는 향교를 계룡산 아래로 옮겼다가, 그 후 철종(哲宗) 13년(1862)에 윤경연(尹景演)이 다시 옛 터전인 서정리의 현재 위치로 옮겼다.[42] 고종(高宗) 22년(1885)에 작성한 거제향교의 기문을[43] 보면 당시에 풍화루가 있었음을 알 수 있지만, 현재는 소실되고 없으며, 대성전(大成殿) 일곽을 제외하고는 전체적으로 향교 구조에 많은 변형이 있었다.

1832년에 간행된 『경상도읍지(慶尙道邑誌)』에는 '향교는 부의 동쪽 1리에 있다. 옛날에는 부(府)의 서쪽 1리에 있었다. 숙종 을미년(1715)에 이건하였다'고 기록하였다.[44] 1895년에 간행된 『영남읍지(嶺南邑誌)』에는 다시 '향교는 부의 서쪽 1리에 있다. 옛날에는 부의 동쪽 1리에 있었다'고 했다.[45] 이런 여러 기록들을 참조할 때, 1862년에 향교가 현재의 위

---

40) 강영환, 「거제향교」『경상남도의 향교 건축』上, 국립문화재연구소, 2004. 거제향교의 연혁에 관한 서술에서 특별한 전거를 밝히지 않는 경우는 모두 여기에 의거한다.

41) 『新增東國輿地勝覽』권32, 巨濟縣 學校.

42) 釜山産業大學校 鄕土文化硏究所, 「(巨濟)鄕校移建記(1865)」『釜山慶南鄕校記文』, 1986.

43) 釜山産業大學校 鄕土文化硏究所, 「岐城鄕校風化樓重修記(1885)」『釜山慶南鄕校記文』, 1986. 이 기문 속의 기성(岐城)은 거제의 별칭이다. 따라서 기성향교는 거제향교를 말한다.

44) 『慶尙道邑誌』, 巨濟縣 學校 鄕校.(아세아문화사 1982 영인)

45) 『嶺南邑誌』, 巨濟縣 學校.

118

치로 이건된 사실을 알 수 있다.

정조 3년(1779)에 향교를 중건한 기록이 있으며,[46] 순조(純祖) 23년(1823)에도 향교 터가 습하여 이건할 계획을 세웠으나 실행에 옮기지 못하고, 대성전 등을 중수하는 데 그쳤다.[47] 고종(高宗) 21년(1884)에 향교를 중수하였고,[48] 고종 22년(1885)에는 풍화루를 중수하였다.[49]

숙종 41년(1715) 당시에 거제향교의 향교전(鄕校田)은 6결(結) 61부(負) 7속(束)이었고, 향교에 소속된 노비는 없었다.[50] 순조 2년(1802)에 작성된 거제향교의 「유향임신정절목(儒鄕任新定節目)」을 살펴보면, 당시 거제향교의 교임(校任)은 거제현의 12성(十二姓)에 속하는 사족(士族) 중 문학(文學)과 문지(門地)가 있는 것으로 공인된 인물이 선임된다고 했다.[51] 이를 통해, 당시 거제향교의 교임은 지역의 유력 사족 중 유교적 교양과 가문 배경을 갖춘 인물이 선임되었음을 알 수 있다.

조선 세종 14년(1432) : 거제향교 창건

조선 선조 25년(1592) : 임진왜란으로 향교 소실

조선 현종 5년(1664) : 향교 이건

조선 숙종 41년(1715) : 향교 이건

조선 정조 3년(1779) : 대성전, 동·서무 등을 중건

조선 정조 14년(1790) : 향교 이건

조선 순조 23년(1823) : 대성전 중수

조선 철종 13년(1862) : 향교 이건

조선 고종 21년(1884) : 향교 중수

조선 고종 22년(1885) : 풍화루 중수

---

46) 釜山産業大學校 鄕土文化硏究所, 「(巨濟)鄕校重建記(1779)」『釜山慶南鄕校記文』, 1986.
47) 釜山産業大學校 鄕土文化硏究所, 「(巨濟)鄕校重修記(1823)」『釜山慶南鄕校記文』, 1986.
48) 釜山産業大學校 鄕土文化硏究所, 「(巨濟)鄕校重修記(1884)」『釜山慶南鄕校記文』, 1986.
49) 釜山産業大學校 鄕土文化硏究所, 「岐城鄕校風化樓重修記(1885)」『釜山慶南鄕校記文』, 1986.
50) 『慶尙道邑誌』, 巨濟縣 學校 鄕校.
51) 巨濟鄕校, 「儒鄕任新定節目(1802)」. 姜大敏, 「鄕校 職制」『韓國의 鄕校硏究』, 경성대 출판부, 1992, 47쪽에서 재인용.

1991년 : 동 · 서무 보수

1992년 : 동재 보수

1994년 : 서재 보수

3. 입지 및 배치[52]

  거제향교는 넓은 들의 중심부에 있다. 향교의 경역은 이전에는 돌담을 둘러쌓아 매우 넓게 구획하였는데, 현재는 담장을 보수하였고, 돌담은 대성전 일곽에서만 찾아볼 수 있다. 향교의 뒤편 멀리로는 바위산인 용산(龍山)이 있고, 앞쪽으로는 들판 너머 멀리 산 사이로 바다가 보인다. 향교 입구에는 최근에 만든 것으로 보이는 하마비(下馬碑)가 있다.

  향교의 건물 배치는 평지에 조성된 전학후묘(前學後廟)의 직렬형이라 할 수도 있으나, 병렬형의 속성도 가지고 있다. 이는 대성전과 명륜당의 구성 축이 평행을 이루며, 통로도 분리되어 있으면서 정문도 두 영역의 축 사이의 중간적 위치에 세워져 있기 때문이다.

  대성전 일곽은 명륜당 일곽이 감싸고 있는 형상이며, 꽉 짜여진 대성전 영역에 비해 명륜당 영역은 산만한 편이다. 이러한 특징은 평지에 입지한 향교에서 보이는 공통적인 현상이다. 대성전의 규모는 5칸으로 다소 크며, 1990년까지 서재는 명륜당 영역 내에 없었지만, 지금은 동재와 같은 형식으로 복원하였다.

4. 문화재 지정과 관리(유적과 유물)

종목 및 지정일 : 경상남도 유형문화재 제206호 / 지정일(1982년 8월 2일)

소재지 : 경상남도 거제시 거제읍 서정리 626번지

소유자 및 관리자 : 경남향교재단

---

52) 강영환, 「거제향교」『경상남도의 향교 건축』上, 국립문화재연구소, 2004, 114쪽을 바탕으로 글을 다듬고 고쳤다.

5. 건물

대성전/동·서무/내삼문/명륜당/동·서재/외삼문/증반실/관리사

〈사진 2〉 거제향교 동재

〈사진 3〉 거제향교 서재

〈사진 4〉 거제향교 명륜당

〈사진 5〉 거제향교 대성전

6. 참고문헌

『新增東國輿地勝覽』권32, 巨濟縣 學校.

『慶尙道邑誌』, 巨濟縣 學校.

『嶺南邑誌』, 巨濟縣 學校.

巨濟鄕校, 「儒鄕任新定節目(1802)」(姜大敏, 「鄕校 職制」 『韓國의 鄕校研究』, 경성대 출판부, 1992, 재인용).

釜山産業大學校 鄕土文化研究所, 「(巨濟)鄕校重建記(1779)」 『釜山慶南鄕校記文』, 1986.

釜山産業大學校 鄕土文化研究所, 「(巨濟)鄕校重修記(1823)」 『釜山慶南鄕校記文』, 1986.

釜山産業大學校 鄕土文化硏究所, 「(巨濟)鄕校移建記(1865)」『釜山慶南鄕校記文』, 1986.

釜山産業大學校 鄕土文化硏究所, 「(巨濟)鄕校重修記(1884)」『釜山慶南鄕校記文』, 1986.

釜山産業大學校 鄕土文化硏究所, 「岐城鄕校風化樓重修記(1885)」『釜山慶南鄕校記文』,
　　　1986.

姜大敏, 「鄕校 職制」『韓國의 鄕校硏究』, 경성대 출판부, 1992.

강영환, 「거제향교」『경상남도의 향교 건축』上, 국립문화재연구소, 2004.

巨濟市誌編纂委員會, 「거제향교」『巨濟市誌』, 거제시, 2002.

정순우, 「경상남도의 향교」『慶尙南道의 鄕土文化』下, 韓國精神文化硏究院, 1999.

문화재청, 「거제향교」『국가문화유산포털』(http://www.heritage.go.kr)

한국정신문화연구원, 「거제향교」『민족문화대백과사전』(http://www.encykorea.com)

거창군 거창향교(居昌鄕校)

〈사진 6〉 거창향교 춘풍루(春風樓)

1. 개관

1) 소재지 : 경상남도 거창군 거창읍 가지리 348번지

2) 창건 연대 : 조선 태종 15년(1415)

3) 문화재 지정 : 경상남도 유형문화재 제30호(1983년 8월 12일 지정)

4) 석전제(釋奠祭) 향사일 : 매년 양력 5월 11일 / 양력 9월 28일

5) 제향 인물

    ① 5성(五聖) − 공자(孔子), 안자(顔子), 증자(曾子), 자사자(子思子), 맹자(孟子)

    ② 공문10철(孔門十哲) − 민손(閔損), 염경(冉耕), 염옹(冉雍), 재여(宰子), 단목사(端木賜), 염구(冉求), 중유(仲由), 언언(言偃), 복상(卜商), 전손사(顓孫師)

③ 송조6현(宋朝六賢) – 주돈이(周惇頤), 정호(程顥), 정이(程頤), 소옹(邵雍), 장재(張載), 주희(朱熹)

④ 동국18현(東國十八賢) – 최치원(崔致遠), 설총(薛聰), 안유(安裕), 정몽주(鄭夢周), 정여창(鄭汝昌), 김굉필(金宏弼), 이언적(李彦迪), 조광조(趙光祖), 김인후(金麟厚), 이황(李滉), 성혼(成渾), 이이(李珥), 조헌(趙憲), 김장생(金長生), 송시열(宋時烈), 김집(金集), 박세채(朴世采), 송준길(宋浚吉)

2. 설립과 연혁, 운영 형태

거창향교는 조선 태종(太宗) 15년(1415)에 창건되었는데,[53] 중종(中宗) 25년(1530)에 간행된 『신증동국여지승람(新增東國輿地勝覽)』에 의하면, 그 위치는 읍치(邑治)의 북쪽 3리 지점에 있었다.[54] 순조(純祖) 32년(1832)에 간행된 『경상도읍지(慶尙道邑誌)』[55]와, 고종(高宗) 32년(1895)에 간행된 『영남읍지(嶺南邑誌)』[56]에도 같은 내용이 기록되었다.

선조(宣祖) 5년(1572)에 현감(縣監) 서의(徐誼)가 대성전(大成殿)을 중수하였고, 2년 후에는 현감 장문한(張文翰)이 명륜당을 중수하였다. 거창향교는 선조 25년(1592) 임진왜란 때에 소실되었는데, 인조(仁祖) 원년(1623)에 대성전과 명륜당(明倫堂), 부속 시설을 중건하였다. 숙종(肅宗) 42년(1716)에는 현감 김시빈(金始鑌)이 춘풍루(春風樓)를 건립하였고, 영조(英祖) 24년(1748)에는 군수(郡守) 민심(閔諗)과 성조도감(成造都監) 전천분(全天賁)이 대성전, 명륜당, 춘풍루를 현재의 위치로 옮겨 지었다.

영조 42년(1766)에 군수 홍용진(洪龍鎭)과 도유사(都有司) 한석(韓錫)이 전사청(典祀廳)과 춘풍루를 중수하고, 남은 자산으로 장학전(獎學田)을 매입하였으며, 향교 내에 별보소(別補所)를 설치하여 고을의 선비들이 학업을 계속할 수 있도록 하였다.[57] 이 별보소는 순

---

53) 居昌鄕校, 「居昌鄕校 沿革」『居昌鄕校誌』, 2002. 거창향교의 연혁에 관한 서술에서 특별한 전거를 밝히지 않는 경우는 모두 여기에 의거한다.

54) 『新增東國輿地勝覽』 권31, 居昌郡 學校.

55) 『慶尙道邑誌』, 居昌郡 學校.

56) 『嶺南邑誌』, 居昌郡 學校.

조 26년(1826)에 훼철되었다. 이때에 별보소가 훼철된 이유는 처음에 고을의 유림들이 재물을 거두어 별도의 소를 두고 재사(齋舍)를 만들고 재답(齋畓)을 두어 춘추에 강회(講會)하여 학예를 크게 떨쳤는데, 세월이 지나면서 기강이 해이해져서 별보소는 학업의 충실도가 떨어지고 교생 출입의 수단으로 변해 향교 재산이 소모됨으로써 그 폐단만 높아지고 있기 때문이었다. 이후 고을의 유림들이 별보소를 재정비하여 흥학당과 연계시켜 학업을 장려하였다.

정조 23년(1799)에 부사(府使) 이성중(李性重)이 동서재(東西齋)를 새로이 지었으며, 순조(純祖) 9년(1809)에는 부사 김인순(金麟淳)이 춘풍루를 중건하였다. 순조 16년(1816)에 부사 윤식(尹植)과 재임(齋任) 이지삼(李之森)이 서재, 신문(神門)을 중수했으며, 23년(1823)에는 부사 홍용묵(洪容默)과 도유사 이석규(李錫奎)가 대성전을 중수하고, 24년(1824)에 부사 이노준(李魯俊)이 동서무를 추건(追建)하였다. 헌종(憲宗) 6년(1840)에는 부사 홍세영(洪世泳)이 동서재를 중수하였으며,[58] 철종(哲宗) 14년(1863)에 부사 김기수(金基洙)가 동서무, 명륜당, 춘풍루 등을 중수하였다.[59] 고종(高宗) 7년(1870)에 부사 윤직의(尹稷儀)가 대성전을 중수하고,[60] 1925년에는 군수 김성한(金星漢)과 직원(直員) 이우형(李愚亨)이 고을의 의연금으로 교궁(校宮)을 중수하였다. 거창향교는 이후에도 여러 차례 보수되었다.

조선 태종 15년(1415) : 거창향교 창건
조선 선조 5년(1572) : 대성전 중수

---

57) 「(居昌)鄕校別補所記」「(居昌鄕校)別補所完議」(姜大敏, 「鄕校의 敎育的 機能」『韓國의 鄕校硏究』, 경성대 출판부, 1992, 182~183쪽에서 재인용). 姜大敏은 「鄕校別補所記」「別補所完議」에 의거하여 별보소가 완공된 시기를 1765년으로 파악하였으나, 이 두 기문을 엄밀히 살펴보면, 별보소가 완공된 시기는 1766년이다.
58) 居昌鄕校, 「居昌鄕校 沿革」『居昌鄕校誌』, 2002에는 부사 이재가(李在稼)로 되어 있으나, 기문이 수록되지 않아 이를 정확하게 확인할 수 없다. 釜山産業大學校 鄕土文化硏究所, 「(居昌鄕校)東齋重修記(1840)」『釜山慶南鄕校記文』, 1986에 의하면, 당시 거창군의 부사는 홍세영(洪世泳)으로 나타난다. 여기에 의거하여 이 글에서는 당시 부사를 홍세영으로 서술한다.
59) 居昌鄕校, 「大成殿重修記(1863)」『居昌鄕校誌』, 2002.
60) 居昌鄕校, 「大成殿重修記(1870)」『居昌鄕校誌』, 2002에는 기문의 작성 시기를 1870년으로 파악했다. 한편 釜山産業大學校 鄕土文化硏究所, 「(居昌鄕校)大成殿重修記(1810)」『釜山慶南鄕校記文』, 1986에서는 기문의 작성 시기를 1810년으로 파악했다. 하지만 이 기문의 정확한 작성 연대는 1870년이다.

조선 선조 7년(1574) : 명륜당 중수

조선 선조 25년(1592) : 임진왜란으로 향교 소실

조선 인조 원년(1623) : 대성전 명륜당과 부속 건물 등을 중건

조선 숙종 42년(1716) : 춘풍루 건립

조선 영조 24년(1748) : 대성전, 명륜당, 춘풍루를 현재의 위치로 이건

조선 영조 42년(1766) : 전사청 및 춘풍루 중수

조선 정조 23년(1799) : 동서재 중건

조선 순조 9년(1809) : 춘풍루 중건

조선 순조 16년(1816) : 서재 및 내삼문 중수

조선 순조 23년(1823) : 대성전 중수

조선 순조 24년(1824) : 동·서무 건립

조선 헌종 6년(1840) : 동·서재 중수

조선 고종 7년(1870) : 대성전 중수

1926년 : 향교 중수

1935년 : 명륜당 중수

1978년 : 대성전, 명륜당, 동서재, 춘풍루 등을 보수

1981년 : 춘풍루 마루 공사

1985년 : 대성전 중수

1986년 : 명륜당 중수

1987년 : 춘풍루 및 서재 번와 보수

1988년 : 담장 완공, 홍살문 복원

1990년 : 제기고 건립

1993년 : 대성전, 내삼문, 동·서재 및 담장 보수

1994년 : 명륜당 보수, 변소 개축

1996년 : 관리사 보수

2000년 : 대성전 전면 개축

3. 입지 및 배치[61]

　거창향교의 앞에는 넓은 운동장이 있고, 이를 거창중앙고등학교와 공유하고 있다. 서쪽에 초등학교가 있는 점에서 보듯이, 향교 주변에는 넓은 대지가 조성되어 있는데, 이는 아마도 조선시대에 모두 향교 소속의 토지였던 것으로 여겨진다.

　거창향교의 건물 배치 형식은 제향 영역이 강학 영역의 우측에 있는 좌묘우학(左廟右學)형으로서 밀양향교와 유사하다. 강학 영역은 명륜당, 동·서재, 춘풍루 등으로 구성되어 있으며, 제향 영역은 동·서무 없이 내삼문과 대성전만으로 이루어졌다.

　강학 영역은 명륜당과 춘풍루가 남북으로 정확한 일직선을 이루지 못하고 북동쪽으로 기울어져 있으며, 동·서재도 남쪽으로 갈수록 벌어져 있다. 이러한 비대칭적 구조는 동·서재의 서로 다른 기둥 사이의 거리에서도 잘 나타난다.

　제향 영역은 명륜당의 서쪽에 마련되어 있는데, 내삼문과 대성전만으로 이루어져 있다. 내삼문은 외삼문과 형식이 동일한 뿐만 아니라 축도 거의 일직선상에 있어 외삼문으로부터 별도의 동선축을 구성한 것으로 생각된다. 동·서무가 소실되고 내삼문이 대성전 마당보다 1단 아래에 구성되어 대성전 일곽이 외부에서 잘 드러나므로, 제향 영역으로서의 짜임새 있는 공간 구성이라고 보기는 힘들다.

4. 문화재 지정과 관리(유적과 유물)

종목 및 지정일 : 경상남도 유형문화재 제30호 / 지정일(1983년 8월 12일)
소재지 : 경상남도 거창군 거창읍 가지리 348번지
소유자 및 관리자 : 경남향교재단

---

61) 강영환, 「거창향교」『경상남도의 향교 건축』上, 국립문화재연구소, 2004, 288~289쪽을 바탕으로 글을 다듬고 고쳤다.

姜大敏, 「鄕校의 敎育的 機能」『韓國의 鄕校研究』, 경성대 출판부, 1992.

강영환, 「거창향교」『경상남도의 향교 건축』上, 국립문화재연구소, 2004.

居昌鄕校, 「居昌鄕校 沿革」『居昌鄕校誌』, 2002.

정순우, 「경상남도의 향교」『慶尙南道의 鄕土文化』下, 韓國精神文化研究院, 1999.

문화재청, 「거창향교」『국가문화유산포털』(http://www.heritage.go.kr)

한국정신문화연구원, 「거창향교」『민족문화대백과사전』(http://www.encykorea.com)

고성군 고성향교(固城鄕校)

〈사진 11〉 고성향교 풍화루

1. 개관

1) 소재지 : 경상남도 고성군 고성읍 교사리 270-1번지

2) 창건 연대 : 조선 태종대(1400~1418) 추정

3) 문화재 지정 : 경상남도 유형문화재 219호(1983년 8월 12일 지정)

4) 석전제(釋奠祭) 향사일 : 매년 음력 2월 상정일 / 음력 8월 상정일

5) 제향 인물

　① 5성(五聖) - 공자(孔子), 안자(顔子), 증자(曾子), 자사자(子思子), 맹자(孟子)

　② 송조2현(宋朝二賢) - 정호(程顥), 주희(朱熹)

　③ 동국18현(東國十八賢) - 최치원(崔致遠), 설총(薛聰), 안유(安裕), 정몽주(鄭夢

周), 정여창(鄭汝昌), 김굉필(金宏弼), 이언적(李彦迪), 조광조(趙光祖), 김인후(金
麟厚), 이황(李滉), 성혼(成渾), 이이(李珥), 조헌(趙憲), 김장생(金長生), 송시열
(宋時烈), 김집(金集), 박세채(朴世采), 송준길(宋浚吉)

2. 설립과 연혁,[62] 운영 형태

　고성향교의 창건 연대는 명확하지 않으나, 조선 중종(中宗) 30년(1530) 이전에 이미 건
립되었다. 이는 조선 중종 30년(1530)에 간행된 『신증동국여지승람(新增東國輿地勝覽)』에
서 '향교는 현의 서쪽 5리 지점에 있다' 는 기록에 의해서 알 수 있다.[63]

　처음 건립된 향교는 선조(宣祖) 25년(1592)에 임진왜란이 일어나서 소실되었고, 이후 선
조 40년(1607)에 현령(縣令) 정여린(鄭如麟)과 도감(都監) 이현(李顯) 등에 의해 대성전(大
成殿), 동ㆍ서무(東ㆍ西廡), 명륜당(明倫堂), 제기고(祭器庫), 전사청(典祀廳), 동ㆍ서재(東
ㆍ西齋), 전직사(殿直舍), 내삼문(內三門), 풍화루(風化樓) 등이 새로이 만들어졌다. 그 후
영조(英祖) 2년(1726)에 향교가 이건된 기록이 있다.[64]

　1832년에 간행된 『경상도읍지(慶尙道邑誌)』에는 '문묘는 현의 북쪽 5리에 있다. 이건하
였다' 고 기록하고 있어 향교가 이건되었음을 알 수 있다.[65] 고성향교는 그 뒤에도 다시 옮
겨졌다. 이는 1895년에 간행된 『영남읍지(嶺南邑誌)』에서 '향교는 부의 서쪽에 있다. 무인
년(戊寅年 : 1878)에 이건하였다. 재임(齋任) 3인, 유사(有司) 2인을 두었다'[66]는 기록에서
알 수 있다.

　영조 13년(1737), 17년(1741), 20년(1744), 21년(1745)에 최규(崔珪), 최성(崔晟)이 주도
하여 향교를 수축했고,[67] 50년(1774)에는 유생(儒生) 최광의(崔光嶷)가 발의하여 풍화루가

---

62) 강영환, 「고성향교」『경상남도의 향교 건축』上, 국립문화재연구소, 2004. 고성향교의 연혁에 관한 서
　술에서 특별한 전거를 밝히지 않는 경우는 모두 여기에 의거한다.
63) 『新增東國輿地勝覽』 권32, 固城縣 學校.
64) 釜山産業大學校 鄕土文化硏究所, 「(固城鄕校)明倫堂修建記實(1779)」『釜山慶南鄕校記文』, 1986.
65) 『慶尙道邑誌』, 固城縣 學校.
66) 『嶺南邑誌』, 固城縣 學校.
67) 釜山産業大學校 鄕土文化硏究所, 「(固城鄕校)明倫堂修建記實(1779)」『釜山慶南鄕校記文』, 1986.

중건되었다.[68] 정조(正祖) 3년(1779)에도 수령(守令) 유광명(柳光明), 교임(校任) 이광호(李光昊), 노사국(盧思國), 허일(許馹)이 주도하여 명륜당을 중수하였다.[69] 순조(純祖) 4년(1804)과 17년(1817)에 명륜당이 중수되었고,[70] 22년(1822)에 다시 명륜당을 중수하였으며,[71] 24년(1824)에는 풍화루가 중건되었다.[72] 헌종(憲宗) 4년(1838)에 대성전을 개축하였고,[73] 헌종 10년(1844)과 철종 13년(1862)에는 대성전의 기와를 새로이 올렸다.[74] 헌종 14년(1848)에는 명륜당 및 풍화루 등을 중수하였다.[75]

그 후 고성향교는 행정구역 개편에 따른 변동이 있었다. 철종(哲宗) 11년(1860)에 고성군과 통영군이 통합되고 읍의 치소(治所)가 통영으로 옮겨감에 따라, 고성향교를 통영군 선도면 죽림리로 이건했다.[76] 고종(高宗) 12년(1875)에 고성군이 다시 복군되었고, 이에 따라 그 이듬해에 향교를 현재의 위치로 다시 옮겼다. 고성향교가 원래 위치로 되돌아감에 따라, 통영군 죽림리에는 통영향교가 다시 세워졌다.

고종 13년(1876)에 향교를 이건하고,[77] 21년(1884)에 대성전을 비롯한 건물들의 기와를 새로이 갈았다. 조선 후기에는 성현을 추모하고 유학을 중흥시키려는 지방관의 의지에 의해 향교는 관(官)으로부터 전곡(錢穀)을 보조받기도 하였다. 관은 향교의 이건·중건·중수 등 큰 공역(工役)이 있을 때, 그 지방 유림들의 청원으로 필요한 경비를 지급하였는데, 고성향교의 「(固城鄕校)校宮翻瓦錄(1884)」에서 그러한 사례를 구체적으로 살펴볼 수 있다. 이 기문에서 전현감(前縣監) 김상진(金尙鎭)이 평소 성현을 추모하는 마음이 다른 사람과 달라서 스스로 700여 금을 내어서 성묘, 명륜당, 동서무, 문과 담장들을 수리했음을 알 수

---

68) 釜山産業大學校 鄕土文化研究所, 「鐵城鄕校風化樓重建記(1774)」『釜山慶南鄕校記文』, 1986. 여기서 鐵城은 고성의 별칭이므로, 鐵城鄕校는 고성향교를 말한다.

69) 釜山産業大學校 鄕土文化研究所, 「(固城鄕校)明倫堂修建記實(1779)」『釜山慶南鄕校記文』, 1986.

70) 釜山産業大學校 鄕土文化研究所, 「(固城鄕校)嘉慶二十二年丁丑云云(1817)」『釜山慶南鄕校記文』, 1986.

71) 釜山産業大學校 鄕土文化研究所, 「(固城鄕校)道光二年壬午三月日 明倫堂重修錄(1822)」『釜山慶南鄕校記文』, 1986. 이 책에는 道光二年을 1821년으로 파악했으나, 道光二年은 1822년이다.

72) 釜山産業大學校 鄕土文化研究所, 「(固城鄕校)風化樓重建記(1824)」『釜山慶南鄕校記文』, 1986.

73) 釜山産業大學校 鄕土文化研究所, 「(固城鄕校)大成殿改建錄(1838)」『釜山慶南鄕校記文』, 1986.

74) 釜山産業大學校 鄕土文化研究所, 「(固城鄕校)大成殿翻瓦錄(1862)」『釜山慶南鄕校記文』, 1986.

75) 釜山産業大學校 鄕土文化研究所, 「(固城鄕校)重修錄(1848)」『釜山慶南鄕校記文』, 1986.

76) 固城郡誌編纂委員會, 「鄕校와 書院」『固城郡誌』, 1995.

77) 釜山産業大學校 鄕土文化研究所, 「(固城)鄕校移建實記(1876)」『釜山慶南鄕校記文』, 1986.

있다.[78] 광무(光武) 8년(1904)에는 대성전을 비롯한 향교의 여러 건물들을 수리하였다.[79]

1920년에 풍화루가 중수되었으며,[80] 1921년에는 성묘가 중수되었다.[81] 1930년에 대성전, 동·서무 등을 중수하고,[82] 1937년,[83] 1942년,[84] 1946년,[85] 1956년,[86] 1958년에도 대성전이 중수되었다.[87] 1962년에는 풍화루를 중수하였고,[88] 1968년 향교 전체의 수리가 있었다.[89]

조선초기 : 고성향교 창건

조선 선조 25년(1592) : 임진왜란으로 향교 소실

조선 선조 40년(1607) : 대성전, 동·서무, 명륜당, 제기고, 진사청, 동·서재, 전직사, 내삼문, 풍화루 등을 중건

조선 영조 2년(1726) : 향교 이건

조선 영조 13년(1737) : 향교 개수

조선 영조 17년(1741) : 향교 개수

조선 영조 20년(1744) : 향교 개수

조선 영조 21년(1745) : 향교 개수

조선 영조 50년(1774) : 풍화루 중건

조선 정조 3년(1779) : 명륜당 중수

조선 순조 4년(1804) : 명륜당 중수

78) 釜山産業大學校 鄕土文化硏究所, 「(固城鄕校)校宮翻瓦錄(1884)」『釜山慶南鄕校記文』, 1986. 姜大敏, 「鄕校의 財政的 基盤」『韓國의 鄕校硏究』, 경성대 출판부, 1992, 126~127쪽.
79) 釜山産業大學校 鄕土文化硏究所, 「(固城鄕校)校宮修葺(1904)」『釜山慶南鄕校記文』, 1986.
80) 固城鄕校誌編纂委員會, 「風化樓重修記(1920)」『固城鄕校誌』, 2002.
81) 固城鄕校誌編纂委員會, 「聖廟重修記(1921)」『固城鄕校誌』, 2002.
82) 固城鄕校誌編纂委員會, 「鄕校重修記(1930)」『固城鄕校誌』, 2002.
83) 固城鄕校誌編纂委員會, 「文廟重修記(1937)」『固城鄕校誌』, 2002.
84) 固城鄕校誌編纂委員會, 「聖廟重修記(1942)」『固城鄕校誌』, 2002.
85) 固城鄕校誌編纂委員會, 「文廟重修記(1946)」『固城鄕校誌』, 2002.
86) 固城鄕校誌編纂委員會, 「文廟重修記(1956)」『固城鄕校誌』, 2002.
87) 固城鄕校誌編纂委員會, 「校宮重修記(1958)」『固城鄕校誌』, 2002.
88) 固城鄕校誌編纂委員會, 「風化樓重修記(1962)」『固城鄕校誌』, 2002.
89) 固城鄕校誌編纂委員會, 「固城鄕校修理記(1968)」『固城鄕校誌』, 2002.

조선 순조 17년(1817) : 명륜당 중수

조선 순조 22년(1822) : 명륜당 중수

조선 순조 24년(1824) : 풍화루 중건

조선 헌종 4년(1838) : 대성전 개건

조선 헌종 10년(1844) : 대성전에 기와를 새로 올림

조선 헌종 14년(1848) : 명륜당 및 풍화루, 공수청 등을 중수

조선 철종 11년(1860) : 향교 이건

조선 철종 13년(1862) : 대성전에 기와를 새로 올림

조선 고종 13년(1876) : 향교 이건

조선 고종 21년(1884) : 대성전 등에 기와를 새로 올림

대한제국 광무 8년(1904) : 대성전, 전무와 다른 건물 수리

1920년 : 풍화루 중수

1921년 : 성묘 중수

1930년 : 대성전, 동·서무 등을 중수

1937년 : 문묘 중수

1942년 : 문묘 중수

1946년 : 문묘 중수

1956년 : 문묘 중수

1958년 : 문묘 중수

1962년 : 풍화루 중수

1968년 : 향교 보수

1986년 : 풍화루 보수, 내삼문 단청

1988년 : 관리사 보수

1990년 : 담장 보수

1997년 : 담장 보수

3. 입지 및 배치[90]

고성향교는 야산 구릉에 있다. 향교 앞에는 넓은 전답이 펼쳐져 있고, 뒤쪽은 약한 경사를 이루고 있다. 고성읍의 도심은 약한 구릉이 이어지는 능선 위에 자리잡고 있다. 따라서 향교 뒤편으로는 민가와 도심이 있으며, 도심의 아래로 향교가 있다.

고성향교는 통영과의 행정 통합 과정에서 이건된 적이 있었다. 통영과 행정구역이 통합되면서 고성향교가 죽림으로 옮겨갔다가, 고성군이 다시 복군되자 현재의 위치로 옮겨졌다.

고성향교의 건물 배치는 전학후묘(前學後廟) 형식으로 제향 영역이 강학 영역의 뒤쪽에 있지만 구릉의 경사가 완만하여 제향 영역이 강학 영역에 비해 그리 높지는 않다.

강학 영역을 구성하는 건물은 명륜당, 경신재(敬愼齋 : 동재), 서재, 풍화루 등이 있다. 풍화루는 명륜당 전면에 있고, 명륜당을 중심으로 좌·우에 서재와 경신재가 각각 있지만, 대칭적으로 배치되지는 않았다. 동재에 해당하는 경신재는 명륜당의 동북으로 치우쳐 있고, 서재는 대성전의 서쪽에서 남쪽으로 조금 내려와 있다.

제향 영역은 강학 영역에 비해 훨씬 폐쇄적이다. 이는 동·서무가 대성전의 전측면에 있고 내삼문과 담장이 이들 건물에 가까이 다가서 있기 때문이다. 또한 대성전의 기단도 그리 높지 않기 때문에, 마당과 각 건물의 괴리감이 적고 일체감이 강하다.

부속 공간인 관리 영역은 관리사, 전교실, 고사(제기고) 등으로 이루어져 있으며, 전교실은 서재의 북쪽에 있다.

고성향교 대지는 전체적으로 2단으로 이루어져 있고, 단차는 풍화루, 내삼문을 기점으로 구성된다. 풍화루 전면 70m 지점에 홍살문이 있다.

4. 문화재 지정과 관리(유적과 유물)

종목 및 지정일 : 경상남도 유형문화재 제219호 / 지정일(1983년 8월 12일)
소재지 : 경상남도 고성군 고성읍 교사리 270-1번지

---

90) 강영환, 「고성향교」 『경상남도의 향교 건축』上, 국립문화재연구소, 2004, 309쪽을 바탕으로 글을 다듬고 고쳤다.

소유자 및 관리자 : 경남향교재단

5. 건물

대성전/동·서무/내삼문/명륜당/동·서재/풍화루/전교실/관리사

〈사진 12〉 고성향교 동재

〈사진 13〉 고성향교 서재

〈사진 14〉 고성향교 명륜당

〈사진 15〉 고성향교 대성전

6. 참고문헌

『新增東國輿地勝覽』권32, 固城縣 學校.

『慶尙道邑誌』, 固城縣 學校.

『嶺南邑誌』, 固城縣 學校.

固城鄕校誌編纂委員會, 「風化樓重修記(1920)」『固城鄕校誌』, 固城鄕校, 2002.

固城鄕校誌編纂委員會, 「聖廟重修記(1921)」『固城鄕校誌』, 固城鄕校, 2002.

固城鄕校誌編纂委員會, 「鄕校重修記(1930)」『固城鄕校誌』, 固城鄕校, 2002.

固城鄕校誌編纂委員會, 「文廟重修記(1937)」『固城鄕校誌』, 固城鄕校, 2002.

固城鄕校誌編纂委員會, 「聖廟重修記(1942)」『固城鄕校誌』, 固城鄕校, 2002.

固城鄉校誌編纂委員會,「文廟重修記(1946)」『固城鄉校誌』, 固城鄉校, 2002.
固城鄉校誌編纂委員會,「文廟重修記(1956)」『固城鄉校誌』, 固城鄉校, 2002.
固城鄉校誌編纂委員會,「校宮重修記(1958)」『固城鄉校誌』, 固城鄉校, 2002.
固城鄉校誌編纂委員會,「風化樓重修記(1962)」『固城鄉校誌』, 固城鄉校, 2002.
固城鄉校誌編纂委員會,「固城鄉校修理記(1968)」『固城鄉校誌』, 固城鄉校, 2002.
釜山産業大學校 鄉土文化研究所,「鐵城鄉校風化樓重建記(1774)」『釜山慶南鄉校記文』,
     1986.
釜山産業大學校 鄉土文化研究所,「(固城鄉校)明倫堂修建記實(1779)」『釜山慶南鄉校記文』,
     1986.
釜山産業大學校 鄉土文化研究所,「(固城鄉校)嘉慶二十二年丁丑云云(1817)」『釜山慶南鄉
     校記文』, 1986.
釜山産業大學校 鄉土文化研究所,「(固城鄉校)道光二年壬午三月日　明倫堂重修錄(1822)」
     『釜山慶南鄉校記文』, 1986.
釜山産業大學校 鄉土文化研究所,「(固城鄉校)風化樓重建記(1824)」『釜山慶南鄉校記文』,
     1986.
釜山産業大學校 鄉土文化研究所,「(固城鄉校)大成殿改建錄(1838)」『釜山慶南鄉校記文』,
     1986.
釜山産業大學校 鄉土文化研究所,「(固城鄉校)重修錄(1848)」『釜山慶南鄉校記文』, 1986.
釜山産業大學校 鄉土文化研究所,「(固城鄉校)大成殿翻瓦錄(1862)」『釜山慶南鄉校記文』,
     1986.
釜山産業大學校 鄉土文化研究所,「(固城)鄉校移建實記(1876)」『釜山慶南鄉校記文』, 1986.
釜山産業大學校 鄉土文化研究所,「(固城鄉校)校宮重建資助實蹟記(1876)」『釜山慶南鄉校
     記文』, 1986.
釜山産業大學校 鄉土文化研究所,「(固城鄉校)校宮翻瓦錄(1884)」『釜山慶南鄉校記文』,
     1986.
釜山産業大學校 鄉土文化研究所,「(固城鄉校)校宮修葺(1904)」『釜山慶南鄉校記文』, 1986.

姜大敏,「鄉校의 財政的 基盤」『韓國의 鄉校研究』, 경성대 출판부, 1992.

강영환, 「고성향교」『경상남도의 향교 건축』上, 국립문화재연구소, 2004.

경남건축가협회, 「고성향교」『경남의 전통건축』, 창원대 경남학연구센터, 2010.

固城郡誌編纂委員會, 「鄕校와 書院」『固城郡誌』, 1995.

정순우, 「경상남도의 향교」『慶尙南道의 鄕土文化』下, 韓國精神文化研究院, 1999.

문화재청, 「고성향교」『국가문화유산포털』(http://www.heritage.go.kr)

한국정신문화연구원, 「고성향교」『민족문화대백과사전』(http://www.encykorea.com)

김해시 김해향교(金海鄕校)

<사진 16> 김해향교 풍화루

1. 개관

1) 소재지 : 경상남도 김해시 대성동 224번지

2) 창건 연대 : 고려 충숙왕 복위 3년(1334) 전후 추정

3) 문화재 지정 : 경상남도 유형문화재 제217호(1983년 8월 12일 지정)

4) 석전제(釋奠祭) 향사일 : 매년 음력 2월 상정일 / 음력 8월 상정일

**5) 제향 인물

① 5성(五聖) - 공자(孔子), 안자(顔子), 증자(曾子), 자사자(子思子), 맹자(孟子)

② 송조2현(宋朝二賢) - 정호(程顥), 주희(朱熹)

③ 동국18현(東國十八賢) - 최치원(崔致遠), 설총(薛聰), 안유(安裕), 정몽주(鄭夢

周), 정여창(鄭汝昌), 김굉필(金宏弼), 이언적(李彦迪), 조광조(趙光祖), 김인후(金
麟厚), 이황(李滉), 성혼(成渾), 이이(李珥), 조헌(趙憲), 김장생(金長生), 송시열
(宋時烈), 김집(金集), 박세채(朴世采), 송준길(宋浚吉)

2. 설립과 연혁, 운영 형태

김해향교의 창건 연대에 대해서 알 수 있는 자료로는 이곡(李穀 : 1298~1351)이 쓴 「김
해부향교수헌기(金海府鄕校水軒記)」를 들 수 있다.[91] 당시 양산(梁山)과 김해(金海)의 수령
(守令)으로 있던 이국향(李國香)이 향리들에게 명령을 내려 고을 주민들을 동원하여 향교
의 동쪽에 작은 정자(亭子)를 새로이 넓게 지었는데, 공사가 끝나자 이국향과 향교 교생들
이 이를 기념하기 위해 이곡에게 기문(記文)을 부탁하였던 것이다.

이 자료를 근거로 김해향교의 창건 연대를 고려 인종(仁宗) 5년(1127)으로 보는 견해가
있으나,[92] 이는 받아들이기 어렵다. 최근 고려시대 향교에 관한 연구성과에 의하면 김해향
교의 창건 연대를 충숙왕(忠肅王) 복위 3년(1334) 전후로 보는 것이 옳다.[93]

조선시대에 들어와서도 김해향교는 계속 운영되었다. 그리고 김해향교의 위치에 대해서
는 다음 기록들이 참조된다. 『신증동국여지승람(新增東國輿地勝覽)』에는 '향교는 부의 북
쪽 3리 지점에 있다' 라는 기록이 있다.[94] 1832년에 간행된 『경상도읍지(慶尙道邑誌)』에는
'문묘는 옛날에는 부의 동쪽 2리 다전동에 있었는데 주산이 무너져 경인년 겨울에 북쪽의
성곽 밖 송악산 밑으로 이건하였다' 고 기록하고 있다.[95] 1895년에 간행된 『영남읍지(嶺南

---

91) 李穀, 「金海府鄕校水軒記」 『稼亭集』 권2.

92) 金海鄕校, 「金海府鄕校水軒記」 『金海鄕校誌』, 2007, 441쪽.

93) 朴贊洙, 「고려시대 鄕校의 성립과 발전」 『高麗時代 敎育制度史 硏究』, 景仁文化社, 2001, 210쪽. 박찬
   수는 김해향교의 창건 연대를 충숙왕(忠肅王) 복위(復位) 3년(1334) 전후로 파악하였는데 그 근거는 다
   음과 같다. 이곡의 연보(年譜)에 의하면 이곡이 충숙왕 복위 원년(1332)에 정동성(征東省) 향시(鄕試)
   에 합격하고 이듬해에 원(元) 제과(制科)에 급제하였다. 그가 원통(元統) 2년(1334)에 2년 전(1332)에
   내린 흥학조서(興學詔書)를 받들고 귀국하여 지방 교육 실태를 돌아보기 위해 전국을 순찰했다고 했으
   므로, 그가 김해향교를 방문한 시기는 1334년 전후일 것이라고 파악하였다.

94) 『新增東國輿地勝覽』권32, 金海都護府 學校.

95) 『慶尙道邑誌』, 金海都護府 學校.

邑誌)』에도 같은 내용이 기록되어 있다.[96] 이처럼 김해향교가 송악산으로 이건한 시기에 대해서는 기록마다 내용이 서로 다르다.

태종(太宗) 8년(1408)에 김해향교는 고정(苽亭 : 지금의 東上洞)에 있다가 다전동(茶田洞 : 지금의 동상동)으로 옮겼다.[97] 임진왜란으로 교궁(校宮)이 소실되었는데, 선조(宣祖) 35년(1602)~36년(1603)에 부사(府使) 정기룡(鄭起龍)이 대성전(大成殿)을 세웠다. 광해군(光海君) 원년(1609)에 태풍으로 훼손된 대성전을 보수하였고, 인조(仁祖) 4년(1626)에는 부사 황경중(黃敬仲)이 동·서무(東·西廡)를 중건하기 시작하여 인조 5년(1627)에 부사 조즙(趙濈)이 역사를 마무리하였다. 인조 20년(1642)에는 부사 허동립(許東岦)이 대성전을 중건하여 향교의 모습을 더 잘 갖추었으나, 숙종(肅宗) 9년(1683)에 향교의 뒷산이 붕괴되어 향교를 다시 이건해야 했다.

숙종 9년(1683)~14년(1688)에 고을의 사족인 김준수(金俊修)가 발의하고 고을 주민의 협력을 얻어 현재의 송악산(松岳山) 아래로 향교를 옮겨 짓는 사업이 시작되었는데, 이행익(李行益), 한익세(韓翼世), 이하정(李夏禎) 등 3명의 부사가 대성전과 동·서무를 이건하고, 부사 한익세가 위패를 이안(移安)하였다. 숙종 19년(1693)에는 부사 이하정이 명륜당과 남루(南樓)를 건립하였고, 숙종 30년(1704)에는 부사 황호(黃鎬)가 명륜당(明倫堂) 현판을 만들어 걸었다.

조선 후기 유생들의 강학을 위한 거접은 향교에서 행해진 경우도 있었지만 대체로 별도의 기구가 설립되어 이루어졌다. 이 교육기구의 이름은 지방에 따라 양사재(養士齋), 흥학재(興學齋), 여택재(麗澤齋), 육영재(育英齋), 득영재(得英齋), 교학재(敎學齋), 흥학당(興學堂), 양사당(養士堂), 향숙(鄕塾) 등으로 다양하다. 김해향교의 경우에는 순조(純祖) 원년(1800)에 심능필(沈能弼)이 읍성 안의 함허정(涵虛亭)의 옛터에 양사재를 지었으며, 부사 이진(李鎭)이 이를 흥학재로 명칭을 고치고, 부사 유태좌(柳台佐)가 이를 문묘 아래로 이건하면서 다시 양사재로 개칭하였다.[98] 이처럼 새로 부임한 지방관들이 양사재 등에 관한 기

---

96) 『嶺南邑誌』, 金海都護府 學校.

97) 金海鄕校, 「金海鄕校의 沿革」『金海鄕校誌』, 2007. 김해향교의 연혁에 관한 서술에서 특별한 전거를 밝히지 않는 경우는 모두 여기에 의거한다.

98) 『慶尙道邑誌』, 金海府邑誌 學校 養士齋(아세아문화사 1982 영인). 姜大敏, 「鄕校의 敎育的 機能」『韓國의 鄕校硏究』, 경성대 출판부, 1992, 185~186쪽.

존의 이름을 개칭한 것은 흥학의 분위기를 쇄신시켜 보겠다는 의지의 표출로 볼 수 있다. 김해부의 양사재는 순조 21년(1821)에 읍치의 북쪽으로 이건하였다.[99]

순조(純祖) 10년(1810)에 풍화루가 중수되었으며, 고종(高宗) 9년(1872)에는 부사 정현석(鄭顯奭)이 교궁을 중수하였다.[100] 17년(1880)에는 부사 김익성의 주도로 교궁을 중수하였으며,[101] 22년(1885)에 향교 전체의 보수가 있었다. 향교의 중수나 이건 등의 공역(功役)이 있을 때에 고을 유림들의 출연금을 거두어 경비를 충당하는 경우를 김해향교의 「(金海鄕校)鄕校重修記(1885)」에서 찾아볼 수 있다.[102] 고종 24년(1887)에 부사 유지영(柳芝榮)이 대성전을 보수하였고,[103] 광무(光武) 8년(1904)에 군수(郡守) 이근홍(李根洪)이 교궁을 중수하였다.[104]

광복 이후 참봉(參奉) 허돈(許燉), 최창준(崔昌俊)이 고을과 각 지역에 있는 사람들에게서 의연금을 모아 1957년에 향교의 보수 공사를 시작하여 수년에 걸쳐 전각(殿閣), 전무(殿廡), 문과 담을 수리했으며, 1964년 봄에는 조규갑(曺奎甲)이 명륜당의 기와를 새로이 갈았다.[105] 그리고 같은 해에 대성전의 수리가 있었다.[106] 이후에도 향교의 보수가 이루어졌다.

고려 인종 5년(1127) : 김해향교 창건

조선 태종 8년(1408) : 향교 이건

조선 선조 25년(1592) : 임진왜란으로 향교 소실

조선 선조 36년(1603) : 대성전 건립

조선 광해군 원년(1609) : 대성전 보수

조선 인조 5년(1627) : 동·서무 중건

조선 인조 20년(1642) : 대성전 중건

---

99) 『慶尙道邑誌』, 金海府邑誌 學校 養士齋 (아세아문화사 1982 영인).
100) 金海鄕校, 「風化樓上梁文(1810)」『金海鄕校誌』, 2007.
101) 釜山産業大學校 鄕土文化硏究所, 「(金海鄕校)校宮重修記(1880)」『釜山慶南鄕校記文』, 1986.
102) 釜山産業大學校 鄕土文化硏究所, 「(金海)鄕校重修記(1885)」『釜山慶南鄕校記文』, 1986. 姜大敏, 「鄕校의 財政的 基盤」『韓國의 鄕校硏究』, 경성대 출판부, 1992, 122쪽.
103) 釜山産業大學校 鄕土文化硏究所, 「金海鄕校重修記(1887)」『釜山慶南鄕校記文』, 1986.
104) 釜山産業大學校 鄕土文化硏究所, 「(金海鄕校)校宮重修記(1904)」『釜山慶南鄕校記文』, 1986.
105) 金海鄕校, 「金海鄕校重修記(1966)」『金海鄕校誌』, 2007.
106) 金海鄕校, 「金海鄕校大成殿修理記(1966)」『金海鄕校誌』, 2007.

조선 숙종 14년(1689) : 대성전, 동·서무를 현재의 위치로 이건

조선 숙종 19년(1693) : 명륜당과 남루 건립

조선 순조 10년(1810) : 풍화루 중수

조선 고종 9년(1872) : 교궁 중수

조선 고종 17년(1880) : 교궁 중수

조선 고종 22년(1885) : 향교 전체 보수

조선 고종 24년(1887) : 대성전 보수

대한제국 광무 8년(1904) : 교궁 중수

1957년 이후 : 전각, 전무, 문과 담 보수

1964년 : 명륜당 기와 보수, 대성전 수리

3. 입지 및 배치[107]

김해향교는 송악산 자락에 있다. 김해향교의 앞쪽으로는 김해 시가지가 내려다 보이고, 뒤쪽으로는 택지 조성을 위해 산사면을 절개하였다. 김해향교는 구릉에 있지만, 각 영역간 단차가 심하지 않고, 영역 내에서도 별도의 단을 구성하지 않아 경사지형 향교에 비해 평평하게 구성되었다.

김해향교의 건물 배치는 전학후묘(前學後廟)형으로서 강학 영역이 전면에 있다. 강학 영역을 구성하는 건물은 명륜당, 동재, 서재, 풍화루가 있고, 전사청이 동재 남측에 있다. 명륜당과 풍화루의 주축을 기점으로 동·서재가 완전히 대칭적으로 배치되었다. 풍화루 전면에는 진입 공간이 담장으로 둘러싸여 마당을 형성하고 있고, 홍살문이 있어서 향교 일곽의 시작을 알려준다.

제향 영역은 명륜당 뒤의 내삼문을 시작으로 동무, 서무, 대성전 등으로 구성되어 있다. 전체적으로 김해향교는 건물의 기단이나 축대 등이 낮게 구성되어 평지형 향교라고

---

107) 강영환, 「김해향교」『경상남도의 향교 건축』上, 국립문화재연구소, 2004, 133쪽을 바탕으로 글을 다듬고 고쳤다.

볼 수 있다.

4. 문화재 지정과 관리(유적과 유물)

종목 및 지정일 : 경상남도 유형문화재 제217호 / 지정일(1983년 8월 12일)

소재지 : 경상남도 김해시 대성동 224번지

소유자 및 관리자 : 경남향교재단

5. 건물

대성전/동 · 서무/명륜당/동 · 서재/풍화루/전사청/관리사/홍살문

〈사진 17〉 김해향교 동재   〈사진 18〉 김해향교 서재

〈사진 19〉 김해향교 명륜당

〈사진 20〉 김해향교 대성전

148

6. 참고문헌

李穀, 「金海府鄕校水軒記」『稼亭集』권2.

『新增東國輿地勝覽』 권32, 金海都護府 學校.

『慶尙道邑誌』, 金海府邑誌 學校 養士齋(아세아문화사 1982 영인)

『嶺南邑誌』, 金海都護府 學校.

金海鄕校, 「風化樓上梁文(1810)」『金海鄕校誌』, 2007.

金海鄕校, 「金海鄕校重修記(1966)」『金海鄕校誌』, 2007.

金海鄕校, 「金海鄕校大成殿修理記(1966)」『金海鄕校誌』, 2007.

釜山産業大學校 鄕土文化硏究所, 「(金海鄕校)校宮重修記(1880)」『釜山慶南鄕校記文』,
　　　　1986.

釜山産業大學校 鄕土文化硏究所, 「(金海)鄕校重修記(1885)」『釜山慶南鄕校記文』, 1986.

釜山産業大學校 鄕土文化硏究所, 「金海鄕校重修記(1887)」『釜山慶南鄕校記文』, 1986.

釜山産業大學校 鄕土文化硏究所, 「(金海鄕校)校宮重修記(1904)」『釜山慶南鄕校記文』,
　　　　1986.

姜大敏, 『韓國의 鄕校硏究』, 경성대 출판부, 1992.

강영환, 「김해향교」『경상남도의 향교 건축』上, 국립문화재연구소, 2004.

경남건축가협회, 「김해향교」『경남의 전통건축』, 창원대 경남학연구센터, 2010.

金海鄕校, 「金海鄕校의 沿革」『金海鄕校誌』, 2007.

朴贊洙, 「고려시대 鄕校의 성립과 발전」『高麗時代 敎育制度史 硏究』, 景仁文化社, 2001.

정순우, 「경상남도의 향교」『慶尙南道의 鄕土文化』下, 韓國精神文化硏究院, 1999.

문화재청, 「김해향교」『국가문화유산포털』(http://www.heritage.go.kr)

한국정신문화연구원, 「김해향교」『민족문화대백과사전』(http://www.encykorea.com)

남해군 남해향교(南海鄕校)

〈사진 21〉 남해향교 외삼문

1. 개관

1) **소재지** : 경상남도 남해군 남해읍 북변리 586번지

2) **창건 연대** : 조선 세종 32년(1450)

3) **문화재 지정** : 경상남도 유형문화재 제222호(1983년 8월 12일 지정)

4) **석전제(釋奠祭) 향사일** : 매년 양력 5월 11일 / 양력 9월 28일

5) **제향 인물**

 ① 5성(五聖) - 공자(孔子), 안자(顔子), 증자(曾子), 자사자(子思子), 맹자(孟子)

 ② 송조2현(宋朝二賢) - 정호(程顥), 주희(朱熹)

 ③ 동국18현(東國十八賢) - 최치원(崔致遠), 설총(薛聰), 안유(安裕), 정몽주(鄭夢

周), 정여창(鄭汝昌), 김굉필(金宏弼), 이언적(李彦迪), 조광조(趙光祖), 김인후(金麟厚), 이황(李滉), 성혼(成渾), 이이(李珥), 조헌(趙憲), 김장생(金長生), 송시열(宋時烈), 김집(金集), 박세채(朴世采), 송준길(宋浚吉)

2. 설립과 연혁, 운영 형태

남해향교는 조선 세종(世宗) 32년(1450)에 현령(縣令) 하신(河紳)에 의해 설립되었으나,[108] 임진왜란(壬辰倭亂)과 정유재란(丁酉再亂)을 거치면서 소실된 것을 현종(顯宗) 10년(1669)에 재건하였다.

남해향교의 위치에 대해서는 다음 기록이 참조된다. 『신증동국여지승람(新增東國輿地勝覽)』에는 '현의 북쪽 1리 지점에 있다'고 기록되어 있다.[109] 『경상도읍지(慶尙都邑地)』[110]와 『영남읍지(嶺南邑誌)』에 '현의 북쪽 2리 지점에 있다' 라는 기록이 있다.[111] 이를 참조하면, 남해향교는 남해현의 읍치 북쪽에 있었음을 알 수 있다.

현재 남아있는 기록을 참조하면, 남해향교는 영조대(英祖代, 1724~1776) 이후부터 중건된 사실들을 확인할 수 있다. 영조 5년(1729)에 대성전(大成殿)을 중수하고, 14년(1738)에는 명륜당(明倫堂)을 중수하였다.[112] 영조 34년(1758)에도 다시 한번 명륜당이 중수되었으며,[113] 순조(純祖) 7년(1807)에 명륜당을 새로 세웠다.[114] 헌종(憲宗) 8년(1842)에 현령 김증(金增)과 성조도감(成造都監) 이인령(李仁齡)이 명륜당의 중수를 시작하여 9년(1843)에 현령 정재천(鄭在天)이 이를 완료하였다.[115]

고종(高宗) 29년(1892)에 대성전을 향교 내에서 왼쪽으로 옮겼고, 1917년에는 명륜당을

---

108) 南海鄕校, 「沿革」『南海鄕校誌』, 1998. 남해향교의 연혁에 관한 서술에서 특별한 전거를 밝히지 않는 경우는 모두 여기에 의거한다.
109) 『新增東國輿地勝覽』권31, 南海縣 學校.
110) 『慶尙道邑誌』, 南海縣 學校.
111) 『嶺南邑誌』, 南海縣 學校.
112) 南海鄕校, 「乾隆三年戊午十月二十一日立柱上樑文(1738)」『南海鄕校誌』, 1998.
113) 南海鄕校, 「崇禎紀元後三戊寅年七月二四日立柱上樑文(1758)」『南海鄕校誌』, 1998.
114) 南海鄕校, 「崇禎紀元後三丁卯年十一月初六日立柱上樑文(1807)」『南海鄕校誌』, 1998.
115) 南海鄕校, 「崇禎紀元後四癸卯正月二十九日上樑文(1843)」『南海鄕校誌』, 1998.

대성전의 아래쪽으로 옮겼다.[116] 1933년에 대성전을 개수(改修)하고, 명륜당을 개축했으며,[117] 1949년에 신문(神門)과 서고사(西庫舍)를 보수하고 기와를 새로 올렸다.[118] 1953년에 명륜학교(明倫學校)를 만들어 개교하였고,[119] 1975년에는 대성전과 명륜당에 단청을 새로 입혔으며,[120] 남해향교는 이후에도 여러 차례 보수되었다.

조선 세종 32년(1450) : 남해향교 창건

조선 선조 25년(1592) : 임진왜란으로 소실

조선 현종 10년(1669) : 향교 중창

조선 영조 5년(1729) : 대성전 중수

조선 영조 14년(1738) : 명륜당 중수

조선 영조 34년(1758) : 명륜당 중수

조선 순조 7년(1807) : 명륜당 중창

조선 헌종 9년(1843) : 명륜당 중수

조선 고종 29년(1892) : 대성전 이건

1917년 : 명륜당 이건

1949년 : 신문, 서고사(西庫舍) 보수, 기와를 새로 올림

1953년 : 명륜학교 개교

1989년 : 대성전 보수

1990년 : 동 · 서무 보수

1991년 : 동재 보수

1992년 : 내 · 외삼문 보수

1994년 : 서재를 다시 지음

1996년 : 대성전 벽체 등을 보수

2003년 : 대성전 중수

---

116) 南海鄕校,「明倫堂記(1917)」『南海鄕校誌』, 1998, 南海鄕校,「明倫堂重建實記(1917)」『南海鄕校誌』, 1998, 釜山産業大學校 鄕土文化硏究所,「(南海鄕校)明倫堂記(1917)」『釜山慶南鄕校記文』, 1986.
117) 南海鄕校,「明倫堂重修上樑文(1933)」『南海鄕校誌』, 1998.
118) 南海鄕校,「補修飜瓦記(1949)」『南海鄕校誌』, 1998.
119) 南海鄕校,「南海鄕校明倫學校建築事蹟記(1953)」『南海鄕校誌』, 1998.
120) 南海鄕校,「南海鄕校丹臒記(1975)」『南海鄕校誌』, 1998.

3. 입지 및 배치[121]

　　남해향교는 봉강산 아래에 있다. 향교가 있는 곳은 시가지 배면 봉강산 말단으로 경사가 거의 없는 평지이다. 전체적인 배치 형식은 제향 영역이 강학 영역의 배면에 있는 전학후묘(前學後廟)형이다.

　　강학 영역을 이루는 건물은 명륜당, 동·서재, 외삼문이 있으나, 외삼문은 별도로 빠져나와 있어 공간 구성에 큰 영향을 미치지 못한다. 또한 1990년대 초반까지는 외삼문 밖에 담장을 둘러 별도의 공간을 구성하였는데, 이를 통해 본래 외삼문은 강학 영역의 건물이었다기보다는 별도의 건물이었음을 알 수 있다.

　　동·서재는 서로 거리가 멀고 명륜당의 주축에 병행하여 놓이지 않았기 때문에, 강학 영역의 구성은 다소 산만하다. 강학 영역의 뒤쪽 축대 위에는 제향 영역이 대성전, 동·서무, 내삼문 등으로 구성되어 있다. 강학 영역이 너무 넓어 산만한 데 비해, 제향 영역은 턱없이 좁아 공간감을 갖기 어렵게 되었다.

　　또한 대성전과 내삼문은 규모에 비해 동·서무가 작고 공간의 배치가 적절하지 못해, 제향 영역이 갖는 정연함을 찾기 어렵다. 1990년대 초반까지도 동무의 남쪽으로 동쪽칸에 협문을 두었는데, 현재는 담장을 별도로 처리하여 막고, 동무는 독립적으로 구성하였다. 이는 현재 동무의 우측칸 남쪽으로 난 판문이 변형되기 이전의 형식을 짐작하게 한다.

　　서재의 남쪽에 축대를 쌓아 성생단(省牲壇)을 두었는데, 성생단이 강학 영역에 설치된 것은 매우 이례적인 것이며, 이는 남해향교 특유의 의례 때문으로 여겨진다. 또한 명륜당의 서쪽 뒤에 도덕동산을 꾸민 것도 특이한 형태이다.

4. 문화재 지정과 관리(유적과 유물)

　　종목 및 지정일 : 경상남도 유형문화재 제222호 / 지정일(1983년 8월 12일)

---

121) 강영환, 「남해향교」『경상남도의 향교 건축』下, 국립문화재연구소, 2004, 18쪽을 바탕으로 글을 다듬고 고쳤다.

소재지 : 경상남도 남해군 남해읍 북변리 586번지

소유자 및 관리자 : 경남향교재단

5. 건물

대성전/동·서무/내삼문/명륜당/동·서재/외삼문/홍살문

〈사진 22〉 남해향교 동재

〈사진 23〉 남해향교 서재

〈사진 24〉 남해향교 명륜당

〈사진 25〉 남해향교 대성전

6. 참고문헌

『新增東國輿地勝覽』 권31, 南海縣 學校.

『慶尙道邑誌』, 南海縣 學校.

『嶺南邑誌』, 南海縣 學校.

南海鄕校, 「乾隆三年戊午十月二十一日立柱上樑文(1738)」『南海鄕校誌』, 1998.

南海鄕校, 「崇禎紀元後三戊寅年七月二四日立柱上樑文(1758)」『南海鄕校誌』, 1998.

南海鄕校, 「崇禎紀元後三丁卯年十一月初六日立柱上樑文(1807)」『南海鄕校誌』, 1998.

南海鄕校, 「崇禎紀元後四癸卯正月二十九日上樑文(1843)」『南海鄕校誌』, 1998.

南海鄕校, 「明倫堂記(1917)」『南海鄕校誌』, 1998.

南海鄕校, 「明倫堂重建實記(1917)」『南海鄕校誌』, 1998.

南海鄕校, 「明倫堂重修上樑文(1933)」『南海鄕校誌』, 1998.

南海鄕校, 「補修飜瓦記(1949)」『南海鄕校誌』, 1998.

南海鄕校, 「南海鄕校明倫學校建築事蹟記(1953)」『南海鄕校誌』, 1998.

南海鄕校, 「南海鄕校丹艧記(1975)」『南海鄕校誌』, 1998.

釜山産業大學校 鄕土文化硏究所, 「(南海鄕校)明倫堂記(1917)」『釜山慶南鄕校記文』, 1986.

姜大敏, 『韓國의 鄕校硏究』, 경성대 출판부, 1992.

강영환, 「남해향교」『경상남도의 향교 건축』下, 국립문화재연구소, 2004.

南海鄕校, 「沿革」『南海鄕校誌』, 1998.

정순우, 「경상남도의 향교」『慶尙南道의 鄕土文化』下, 韓國精神文化硏究院, 1999.

문화재청, 「남해향교」『국가문화유산포털』(http://www.heritage.go.kr)

한국정신문화연구원, 「남해향교」『민족문화대백과사전』(http://www.encykorea.com)

밀양시 밀양향교(密陽鄕校)

〈사진 26〉 밀양향교 풍화루

1. 개관

1) 소재지 : 경상남도 밀양시 교동 733번지

2) 창건 연대 : 고려 인종대(1122~1146) 추정

3) 문화재 지정 : 경상남도 유형문화재 제214호(1983년 8월 12일 지정)

4) 석전제(釋奠祭) 향사일 : 매년 음력 2월 상정일 / 음력 8월 상정일

5) 제향 인물

① 5성(五聖) - 공자(孔子), 안자(顔子), 증자(曾子), 자사자(子思子), 맹자(孟子)

② 송조2현(宋朝二賢) - 정호(程顥), 주희(朱熹)

③ 동국18현(東國十八賢) - 최치원(崔致遠), 설총(薛聰), 안유(安裕), 정몽주(鄭夢

周), 정여창(鄭汝昌), 김굉필(金宏弼), 이언적(李彦迪), 조광조(趙光祖), 김인후(金麟厚), 이황(李滉), 성혼(成渾), 이이(李珥), 조헌(趙憲), 김장생(金長生), 송시열(宋時烈), 김집(金集), 박세채(朴世采), 송준길(宋浚吉)

2. 설립과 연혁, 운영 형태

밀양향교의 정확한 창건 연대는 알 수 없으나, 고려 중기인 인종대(仁宗代, 1122~1146) 이전에 이미 설치되었음을 알 수 있다. 이는 이 시기의 문인인 임춘(林椿)의 저서 『서하집(西河集)』에 실린 「향교 학생들의 초대를 받아 여럿이 술을 마신 후 시를 지어 사례하다(鄕校諸生見招飲作詩謝之)」라는 제목의 시에서 유추된다.[122] 고려 인종 이전에는 3경인 동경(東京 : 지금의 慶州), 개경(開京 : 지금의 開城), 서경(西京 : 지금의 平壤)과 12목(牧)이 있는 광주(廣州), 양주(楊州), 충주(忠州), 청주(淸州), 공주(公州), 진주(晋州), 상주(尙州), 전주(全州), 승주(昇州 : 지금의 順天), 황주(黃州), 해주(海州)에만 향교가 있었고, 그 이외의 군현(郡縣)에는 없었으며, 임춘이 1175년에서 1185년 사이에 밀양에 들렀을 때에는 이미 향교가 있었던 것으로 보아, 밀양향교는 고려 인종대에 설치되었다고 할 수 있다.[123] 밀양향교처럼 고려 중기에 향교가 건립된 경우는 전국적으로 매우 드문 사례에 속한다.

조선시대 이후 밀양향교의 위치와 이동 상황에 대해서는 다음 기록들이 참조된다. 1530년에 간행된 『신증동국여지승람(新增東國輿地勝覽)』에는 '밀양부의 북쪽 6리에 위치하고 있다'고 기록하고 있다.[124] 또한 1832년에 발간된 『경상도읍지(慶尙道邑誌)』의 「밀양부읍지(密陽府邑誌)」에 '향교는 밀양부의 북쪽 5리에 있고 임진왜란으로 불탄 것을 부사 최기(崔沂)에 의해 중창되었으며, 부사 이현시(李玄始)에 의하여 문묘가 이건되었다'는 기록이 있다.[125]

---

122) 林椿, 「鄕校諸生見招飲作詩謝之」『西河集』 권2, 密陽鄕校誌編纂委員會, 「밀양향교의 역사」『密陽鄕校誌』, 2004. 朴贊洙, 「고려시대 鄕校의 성립과 발전」『高麗時代 敎育制度史 硏究』, 景仁文化社, 2001, 196쪽. 임춘의 기문에는 밀양향교라는 사실이 기록되어 있지 않지만, 이 기문의 전후에 수록된 시가 밀양과 관련되는 것으로 보아, 이 향교는 밀양향교일 가능성이 크다.

123) 密陽誌編纂委員會, 「密陽鄕校와 儒敎」『密陽誌』, 密陽文化院, 1987.

124) 『新增東國輿地勝覽』, 권26, 密陽都護府 學校 鄕校.

125) 『慶尙道邑誌』, 密陽府邑誌 學校 鄕校.(아세아문화사 1982 영인)

이처럼 밀양향교는 임진왜란 때 문묘(文廟)가 소실되었으며, 조선 선조(宣祖) 35년(1602)에 부사인 최기가 3칸의 문묘(文廟)를 건립하였다.[126] 광해군(光海君) 6년(1614)에 부사 성진선(成晉善)은 동서무(東西廡)를 건립하였고, 향교의 문묘 향사와 교육을 위해 기본 재산을 늘이고 지방 선비들로 하여금 능동적인 운영을 할 수 있도록 행정적인 뒷받침을 해주었다. 광해군 8년(1616)에 대성전 건물 중앙의 들보가 부서져, 성진선의 후임으로 부임한 이홍사(李弘嗣)가 이듬해 가을에 대성전을 복원하였다. 국고의 지원을 받아 광해군 10년(1618)에 명륜당도 중건하였으며, 명륜당을 중심으로 좌우에 동재 5칸과 서재 5칸을 증축하였다. 이와 더불어 재실(齋室)과 독서루(讀書樓)를 중건하였으며, 향교로서의 기능을 다시 발휘한 것도 이때부터였다. 인조(仁祖) 18년(1640)에 부사 이현시가 문묘를 이건했다.[127]

밀양부에서는 인조대(仁祖代, 1623~1649)에 사마재(司馬齋)의 기능을 담당한 연계소(蓮桂所)가 창건되었음이 확인된다.[128] 사마재는 주로 지방 사림들에 의해서 창건되었는데, 지방 사림들이 적극적으로 주도한 이유는 서원의 기능 변화와 관련이 있다.[129] 건립 초기에 서원은 향촌 사회에서 교육적 기능과 선현을 봉사하는 기능을 담당했으나, 18세기 후반에 이르러 서원이 남설되면서 서원은 교육적 기능보다는 선현을 봉사하는 기능이 강하게 나타나게 되어 몇몇 가문의 이해를 대변하는 사적 기구로 변했다. 따라서 서원의 교육 기능을 대신할 새로운 기구로서 사마재의 필요성이 강하게 요구되었다. 이로 인해 지방에 거주하는 진사나 생원들은 그들의 교육장소로서 사마재의 중건에 적극적인 관심을 나타내게 되었고, 지방관들이 이에 호응하여 재력을 지원함으로써 사마재가 활성화되었다.

일반적으로 유생들은 생원(生員)·진사(進士)에 합격하면 성균관(成均館)에 입학하여 과거 준비를 하는데, 여러 가지 사정으로 인하여 성균관에서 수업할 수 없는 지방의 생원·진사들의 교육기구로 사마재가 운영되기도 하였다.[130] 사마재는 성균관과 같은 방법으로 운영되었으며, 사마재에 적을 둔 생원·진사들의 명단을 기록한 것이 사마안(司馬案 : 司馬

---

126) 密陽鄕校誌編纂委員會, 「밀양향교의 역사」『密陽鄕校誌』, 2004. 밀양향교의 연혁에 관한 서술에서 특별한 전거를 밝히지 않는 경우는 모두 여기에 의거한다.
127) 『慶尙道邑誌』, 密陽府邑誌 學校 鄕校.
128) 『嶺南資料集成』
129) 姜大敏, 「鄕校의 敎育的 機能」『韓國의 鄕校硏究』, 경성대 출판부, 1992, 200~202쪽.
130) 尹熙勉, 「慶州司馬所에 대한 一考察」『歷史敎育』37·38, 歷史敎育硏究會, 1985, 189~191쪽.

錄)이다. 따라서 사마재는 지방의 교육기관이라 할 수 있으며, 향교와도 밀접한 관계를 맺고 있었다.

순조(純祖) 3년(1803) 8월에는 부사 박종우(朴宗羽)에 의해서 명륜당이 중수되었고, 20년(1820)에는 부사 이현시(李玄始)에 의해서 대성전을 현재의 위치로 이건·중수하였다.[131] 향교에 소속된 향교전(鄕校田)을 소작한 계층은 일반민, 양반층, 노비 등 향교에 따라 다양하다. 이 가운데 일반민이 향교답(鄕校畓)을 경작한 사례를 밀양향교의 「교궁영사록(校宮永思錄)」에서 볼 수 있다. 여기서는 향교전을 경작하는 천한 백성들이 이익을 노리고 농간을 부려 세수의 손실이 너무도 많았다고 했다.[132]

고종(高宗) 18년(1881)에는 부사 오장묵(吳章默)이 자신의 봉급으로 풍화루(風化樓)를 보수하였으며, 잇달아 대성전과 동·서무를 부분적으로 수리하였다. 이때 풍화루의 편액(扁額)과 중수기(重修記)의 글씨는 조선조 초기의 명필 이태(李迨)의 후손인 이장오(李章五)가 썼다.

광무(光武) 8년(1904)에는 군수(郡守) 조종서(趙鍾緖)가 명륜당을 중건하였으며, 1958년에는 풍화루, 명륜당, 동재의 건물 수리와 함께 경역내의 전면적인 담장 공사를 실시하였다. 특히 명륜당은 일제 강점기 이 지역의 신식학교였던 진성학교(進成學校)와 집성학교(集成學校)에 이어 해방 후에도 명륜학원(明倫學院)의 교사로 사용했기 때문에, 건물이 상당 부분 개조가 되어 본래의 모습을 잃었으며, 오랫동안 보수를 하지 않아 훼손이 심하였다. 이후 1961년에 전우(殿宇)와 당루(堂樓)가 보수되었고, 1971년에는 교궁이 중수되었으며, 1982년에 명륜당과 풍화루의 일부를 번와하였고 대성전의 신문(神門)을 크게 보수하였다.

고려 인종대(1122~1146) 이전 : 밀양향교 창건

조선 선조 25년(1592) : 임진왜란으로 향교 소실

조선 선조 35년(1602) : 대성전 건립

조선 광해군 6년(1614) : 동·서무 건립

---

131) 釜山産業大學校 鄕土文化硏究所, 「(密陽鄕校)校宮移建記(1820)」『釜山慶南鄕校記文』, 1986.

132) 釜山産業大學校 鄕土文化硏究所, 「(密陽鄕校)校宮永思錄(1876)」『釜山慶南鄕校記文』, 1986. 姜大敏, 「鄕校의 財政的 基盤」『韓國의 鄕校硏究』, 경성대 출판부, 1992, 113쪽.

조선 광해군 9년(1617) : 대성전 중수

조선 광해군 10년(1618) : 명륜당, 동 · 서재 중건

조선 순조 3년(1803) : 명륜당 중수

조선 순조 20년(1820) : 대성전 이건 및 중수

조선 고종 18년(1881년) : 풍화루, 대성전 동·서무 수리

대한제국 광무 8년(1904) : 명륜당 중건

1958년 : 풍화루, 명륜당, 동재 수리 및 담장 공사

1961년 : 전우, 당루 보수

1982년 : 명륜당, 풍화루 번와, 대성전 신문 보수

1988년 : 대성전, 서무, 내삼문 보수

1990년 : 풍화루 보수

1997년 : 대성전, 명륜당, 내삼문 보수

3. 입지 및 배치[133]

   밀양향교는 밀양시 교동에 있는 밀성손씨(密城孫氏)의 집성촌이 있는 마을 뒤편에 있다. 전체적으로 마을과 향교가 잘 어우러져 고풍스런 분위기를 자아내는데, 최근 향교 앞에 주차장과 공터를 만들고 아스팔트로 포장하였다. 향교는 산 중턱에 있지만, 좌우 병렬로 배치했으므로 지형이 그리 급하게 느껴지지는 않는다.

   밀양향교는 제향 영역이 강학 영역의 북서쪽으로 약간 뒤로 밀려나 있지만, 두 영역이 거의 나란히 있는 형태의 병렬식으로 배치되었으며, 강학 영역이 우측에 있으므로 좌묘우학(左廟右學)형으로 볼 수 있다.

   강학 영역의 구성 건물은 명륜당, 동재, 서재, 풍화루 등이 있으며, 동 · 서재가 명륜당에 거의 인접하여 공간의 긴밀도가 높다. 그러나 풍화루와 동 · 서재는 비교적 떨어져 있다.

---

133) 강영환, 「밀양향교」『경상남도의 향교 건축』上, 국립문화재연구소, 2004, 152~153쪽을 바탕으로 글을 다듬고 고쳤다.

제향 영역은 대성전, 동무, 서무, 내삼문 등으로 이루어져 있으며, 특히 내삼문은 전면이 총 9칸으로서 제향 영역의 마당을 구획하고 있다. 이외에 강학 영역의 동쪽에 관리사 영역이 있는데, 별도의 대문을 통해 출입이 가능하게 만들었다.

밀양향교의 대지단 구성은 전체적으로 2단으로 이루어져 있고, 단차는 풍화루, 내삼문을 기점으로 구성된다.

4. 문화재 지정과 관리(유적과 유물)

1) 밀양향교

종목 및 지정일 : 경상남도 유형문화재 제214호 / 지정일(1983년 8월 12일)

소재지 : 경상남도 밀양시 교동 733번지

소유자 및 관리자 : 경남향교재단

2) 고서[134]

① 『궐리지(闕里誌)』: 목활자본(木活字本), 1책(전 10책, 발문은 1838년에 작성)

② 『밀양향교중수록(密陽鄕校重修錄)』: 석판본(石版本), 1책

③ 『중수송명신언행록(重修宋名臣言行錄)』: 중국목판본(中國木版本), 10책

3) 고문서[135]

① 향안(鄕案)

② 밀양향안(密陽鄕案)

③ 석전제홀기(釋奠祭笏記)

---

134) 부산대학교 한국민족문화연구소, 『2005년 경상남도 일반동산문화재 다량소장처 실태조사 보고서』Ⅰ, 문화재청, 2005, 146쪽.
135) 부산대학교 한국민족문화연구소, 『2005년 경상남도 일반동산문화재 다량소장처 실태조사 보고서』Ⅰ, 문화재청, 2005, 146쪽.

5. 건물

대성전/동·서무/내신문(동측 2칸은 전교실로 사용)/명륜당/동·서재/풍화루/관리사/
홍살문

〈사진 27〉 밀양향교 동재

〈사진 28〉 밀양향교 서재

〈사진 29〉 밀양향교 명륜당

〈사진 30〉 밀양향교 대성전

6. 참고문헌

林椿,「鄕校諸生見招飮作詩謝之」『西河集』권2.

『新增東國輿地勝覽』권26, 密陽都護府 學校.

『慶尙道邑誌』, 密陽府邑誌 學校 鄕校.(아세아문화사 1982 영인)

釜山産業大學校 鄕土文化硏究所,「(密陽鄕校)校宮永思錄(1876)」『釜山慶南鄕校記文』,
      1986.

姜大敏,『韓國의 鄕校硏究』, 경성대 출판부, 1992.

강영환,「밀양향교」『경상남도의 향교 건축』上, 국립문화재연구소, 2004.

密陽誌編纂委員會,「鄕校」『密陽誌』, 密陽文化院, 1887.

密陽鄕校誌編纂委員會,「밀양향교의 역사」『密陽鄕校誌』, 2004.

朴贊洙,「고려시대 鄕校의 성립과 발전」『高麗時代 敎育制度史 硏究』, 景仁文化社, 2001.

부산대학교 한국민족문화연구소,『2005년 경상남도 일반동산문화재 다량소장처 실태조
　　　사 보고서』Ⅰ, 문화재청, 2005.

尹熙勉,「慶州司馬所에 대한 一考察」『歷史敎育』37·38, 歷史敎育硏究會, 1985.

정순우,「경상남도의 향교」『慶尙南道의 鄕土文化』下, 韓國精神文化硏究院, 1999.

문화재청,「밀양향교」『국가문화유산포털』(http://www.heritage.go.kr)

한국정신문화연구원,「밀양향교」『민족문화대백과사전』(http://www.encykorea.com)

사천시 곤양향교(昆陽鄕校)

〈사진 31〉 곤양향교 풍화루

1. 개관

1) 소재지 : 경상남도 사천시 곤양면 송전리 355번지

2) 창건 연대 : 조선 세종 원년(1419) 추정

3) 문화재 지정 : 경상남도 유형문화재 제221호(1983년 8월 12일 지정)

4) 석전제(釋奠祭) 향사일 : 매년 양력 5월 11일 / 양력 9월 28일

5) 제향 인물

    ① 5성(五聖) – 공자(孔子), 안자(顔子), 증자(曾子), 자사자(子思子), 맹자(孟子)

    ② 송조2현(宋朝二賢) – 정호(程顥), 주희(朱熹)

    ③ 동국18현(東國十八賢) – 최치원(崔致遠), 설총(薛聰), 안유(安裕), 정몽주(鄭夢

周), 정여창(鄭汝昌), 김굉필(金宏弼), 이언적(李彦迪), 조광조(趙光祖), 김인후(金麟厚), 이황(李滉), 성혼(成渾), 이이(李珥), 조헌(趙憲), 김장생(金長生), 송시열(宋時烈), 김집(金集), 박세채(朴世采), 송준길(宋浚吉)

2. 설립과 연혁, 운영 형태

곤양향교의 정확한 창건 연대는 알 수 없지만, 조선 세종(世宗) 원년(1419)에 곤명현(昆明縣)이 곤남군(昆南郡)으로 승격되어 세종 초에 향교가 설치되었다고 전해진다.[136]

이후 곤양향교의 위치와 이동에 대해서는 다음 기록들이 참조된다. 『신증동국여지승람(新增東國輿地勝覽)』에는 곤양향교가 '군의 동쪽 1리 지점에 있다'고 기록하고 있다.[137] 1832년에 만든 『경상도읍지(慶尙道邑誌)』에는 같은 내용을 기록하고 있으나[138] 1895년에 만든 『영남읍지(嶺南邑誌)』에는 '군의 북쪽 1리 지점에 있다'고 기록하고 있으므로,[139] 곤양향교가 이건된 사실을 짐작할 수 있으나, 그 시기에 대해서는 명확히 알 수 없다.

중종(中宗) 25년(1530)에 군수(郡守) 어득강(魚得江)이 유학을 권장하여 선비들을 많이 배출했으나, 학생수(學生數)와 학당명(學堂名)에 대한 기록은 없다. 명종(明宗) 원년(1546)에 군수 노진(盧禛)이 정동(鼎洞)에 문묘(文廟)를 창건하였으며,[140] 현종(顯宗) 4년(1663)에 박영계(朴永繼) 군수가 범동(凡洞)으로 향교를 옮겨 지었고, 순조(純祖) 7년(1807)에 군수 신오(申晤)와 고을 유림인 강필대(姜必大)가 노력하여 현재의 위치로 향교를 이건했다. 순조 23년(1823)에 군수 권사규(權思奎)가 대성전(大成殿), 명륜당(明倫堂), 동·서무(東·西廡), 풍화루(風化樓) 등의 건물을 중창하였다.

---

136) 泗川郡誌編纂委員會, 「昆陽鄕校」『泗川郡誌』, 泗川郡, 1990. 곤양향교의 연혁에 관한 서술에서 특별한 전거를 밝히지 않는 경우는 모두 여기에 의거한다.
137) 新增東國輿地勝覽』 권31, 昆陽郡 學校.
138) 『慶尙道邑誌』, 昆陽郡 學校.
139) 『嶺南邑誌』, 昆陽郡 學校.
140) 釜山産業大學校 鄕土文化硏究所, 「昆陽鄕校殿內修繕屬村除役節目 並序(1819)」『釜山慶南鄕校記文』, 1986 에는 노진(盧禛)으로 표기되어 있다. 그러나 泗川郡誌編纂委員會, 「昆陽鄕校」『泗川郡誌』, 泗川郡, 1990에는 노정(盧禎)으로 표기되어 있는데, 노진이 맞는 것으로 확인된다.

철종 14년(1863)에는 서무(西廡)를 중수했으나 실물은 현존하지 않으며,[141] 현재는 그 터만 남아 있다. 고종(高宗) 4년(1867)에 풍화루가 화재를 입게 되어 이듬해에 이를 중수하였다.[142]

1934년에 대성전, 명륜당, 동재(東齋), 풍화루 등의 보수가 있었고, 1961년에 명륜당, 대성전을 보수하였으며, 풍화루를 개수(改修)하였다.[143] 이후에도 여러 차례의 보수가 있었다.

우리 연구진이 2011년 10월 7일에 곤양향교를 방문하여 조사할 당시에, 향교 입구에 전의관(前議官) 주재헌(朱在憲)과 전사과(前司果) 박필종(朴弼鍾)의 기념비가 세워져 있었다. 이 두 사람은 곤양향교의 중수에 크게 기여한 인물로 보이지만, 관련 기록을 찾을 수 없었다. 이 두 사람의 기념비 사진을 건물 부분의 사진에 수록하였다.

조선말 곤양향교의 향교전(鄕校田)에 대해서는 다음 기록을 참조할 수 있다. 철종(哲宗) 5년(1854)에 작성된 『곤양향교교둔장책(昆陽鄕校校屯帳冊)』을 보면, 곤양향교의 토지는 거의 곤양군 전체에 걸쳐 분포하고 있으며, 이는 당시 곤양향교의 경제력을 잘 보여준다.[144] 일반적으로 향교전(鄕校田)은 일반민, 양반층, 노비 등이 소작하였으며, 곤양향교의 경우에는 교촌민(校村民)이 경작하였음을 곤양향교의 「절목(節目)」에서 확인할 수 있다. 여기에서는 교촌에 거주하는 민은 제반 잡역이 많으므로 봄가을의 조(租)를 반으로 감한다고 되어 있으며, 봄가을에 조를 향교에 바치는 것은 이들이 향교답을 경작했기 때문이다.[145]

조선 세종 초기 : 곤양향교 창건

조선 명종 1년(1546) : 향교 이건

조선 현종 4년(1663) : 향교 이건

---

141) 釜山産業大學校 鄕土文化硏究所, 「(昆陽鄕校)西廡重修記(1863)」『釜山慶南鄕校記文』, 1986.

142) 釜山産業大學校 鄕土文化硏究所, 「(昆陽鄕校)風化樓重修記(1869)」『釜山慶南鄕校記文』, 1986.

143) 泗川郡誌編纂委員會, 「昆陽鄕校」『泗川郡誌』, 泗川郡, 1990.

144) 「昆陽鄕校校屯帳冊」, 姜大敏, 「鄕校의 財政的 基盤」『韓國의 鄕校硏究』, 경성대 출판부, 1992, 114~117쪽, 재인용.

145) 釜山産業大學校 鄕土文化硏究所, 「(昆陽鄕校)節目(1869)」『釜山慶南鄕校記文』, 1986. 姜大敏, 「鄕校의 財政的 基盤」『韓國의 鄕校硏究』, 경성대 출판부, 1992, 113쪽.

조선 순조 7년(1807) : 향교 이건

조선 순조 23년(1823) : 대성전, 명륜당, 동·서무, 풍화루 등을 중창

조선 철종 14년(1863) : 서무 중수

조선 고종 5년(1868) : 풍화루 중수

1934년 : 대성전, 명륜당, 동재, 풍화루 등을 보수

1961년 : 명륜당, 대성전 보수, 풍화루 개수

1965년 : 대성전 보수 및 번와

1975년 : 명륜당 수축

1984년 : 대성전 보수 및 번와

1985년 : 명륜당 보수

1986년 : 제기고 및 측간(厠間) 중창, 담장 개축

1987년 : 동재 보수

1988년 : 서재 중창 및 풍화루 번와

3. 입지 및 배치[146]

곤양향교는 야산 구릉에 있다. 곤양향교는 남해고속도로의 곤양 인터체인지 부근에서 쉽게 눈에 띄며, 입지는 분지형의 형국으로 향교의 앞쪽에 넓은 들이 펼쳐진다. 큰 길가에 마을이 있고, 마을 가운데 길을 지나 산길을 약간 올라가면 향교가 있다. 큰 길과 진입로의 교차 지점에 하마비가 1개 있다.

향교 건물은 경사지에 있으며, 우묘좌학(右廟左學)의 병렬형이다. 강학 영역과 제향 영역은 완전히 분리되고, 주출입구 또한 분리되어 있다. 외삼문과 내삼문 사이에는 의례용의 마당이 형성되었고, 명륜당에서는 협문을 통해 출입이 가능하다. 이 마당에는 원형의 성생단(省牲壇)이 설치되어 있다. 두 영역 모두 적절한 크기의 짜임새 있는 구성을 보이며, 좁

---

146) 강영환, 「곤양향교」『경상남도의 향교 건축』上, 국립문화재연구소, 2004, 172~173쪽을 바탕으로
　　　글을 다듬고 고쳤다.

은 대지를 효율적으로 안배한 노력이 엿보인다.

강학 영역은 제향 영역의 서남쪽 아래에 있으며, 명륜당과 동·서재, 풍화루 등으로 이루어져 있다. 명륜당은 비교적 높은 2단의 축대 위에 놓여 있고, 풍화루는 명륜당 마당보다 1단 아래에 있으므로, 좁은 공간임에도 불구하고 공간의 개방도는 비교적 높다.

제향 영역은 대성전과 전직사, 내삼문 등으로 이루어져 있다. 동·서무는 현재 소실되어 없고 다만 대성전 좌·우측으로 터만 남아 있는데, 건물이 구성되었다고 하더라도 사당이 특이하게 1열로 배치되었을 것이다.

4. 문화재 지정과 관리(유적과 유물)

종목 및 지정일 : 경상남도 유형문화재 제221호 / 지정일(1983년 8월 12일)
소재지 : 경상남도 사천시 곤양면 송전리 355번지
소유자 및 관리자 : 경남향교재단

5. 건물

대성전/전직사/내삼문/명륜당/동·서재/외삼문/풍화루

〈사진 32〉 곤양향교 동재

〈사진 33〉 곤양향교 서재

〈사진 34〉 곤양향교 명륜당

〈사진 35〉 곤양향교 대성전

〈사진 36〉 곤양향교중수비
(昆陽鄉校重修碑)

〈사진 37〉 전의관(前議官) 주재헌
(朱在憲) 기념비

〈사진 38〉 전사과(前司果) 박필종
(朴弼鍾) 기념비

6. 참고문헌

『新增東國輿地勝覽』 권31, 昆陽郡 學校.

『慶尙道邑誌』, 昆陽郡 學校.

『嶺南邑誌』, 昆陽郡 學校.

昆陽鄉校, 『昆陽鄉校校屯帳册(1854)』(姜大敏, 「鄉校의 財政的 基盤」 『韓國의 鄉校研究』, 경성대 출판부, 1992, 재인용).

釜山産業大學校 鄉土文化研究所, 「昆陽鄉校殿內修繕屬村除役節目 並序(1819)」 『釜山慶南鄉校記文』, 1986.

釜山産業大學校 鄉土文化研究所, 「(昆陽鄉校)西廡重修記(1863)」 『釜山慶南鄉校記文』, 1986.

釜山産業大學校 鄕土文化硏究所, 「(昆陽鄕校)節目(1869)」『釜山慶南鄕校記文』, 1986.

釜山産業大學校 鄕土文化硏究所, 「(昆陽鄕校)風化樓重修記(1869)」『釜山慶南鄕校記文』,
　　　1986.

姜大敏, 「鄕校의 財政的 基盤」『韓國의 鄕校硏究』, 경성대 출판부, 1992.

강영환, 「곤양향교」『경상남도의 향교 건축』上, 국립문화재연구소, 2004.

泗川郡誌編纂委員會, 「昆陽鄕校」『泗川郡誌』, 泗川郡, 1990.

정순우, 「경상남도의 향교」『慶尙南道의 鄕土文化』下, 韓國精神文化硏究院, 1999.

문화재청, 「곤양향교」『국가문화유산포털』(http://www.heritage.go.kr)

한국정신문화연구원, 「곤양향교」『민족문화대백과사전』(http://www.encykorea.com)

사천시 사천향교(泗川鄕校)

〈사진 39〉 사천향교 풍화루

1. 개관

1) **소재지 :** 경상남도 사천시 사천읍 선인리 119번지

2) **창건 연대 :** 조선 초기 추정

3) **문화재 지정 :** 경상남도 유형문화재 제220호(1983년 8월 12일 지정)

4) **석전제(釋奠祭) 향사일 :** 매년 양력 5월 11일 / 양력 9월 28일

5) **제향 인물**

　　① 5성(五聖) – 공자(孔子), 안자(顔子), 증자(曾子), 자사자(子思子), 맹자(孟子)

　　② 송조2현(宋朝二賢) – 정호(程顥), 주희(朱熹)

　　③ 동국18현(東國十八賢) – 최치원(崔致遠), 설총(薛聰), 안유(安裕), 정몽주(鄭夢

周), 정여창(鄭汝昌), 김굉필(金宏弼), 이언적(李彦迪), 조광조(趙光祖), 김인후(金
麟厚), 이황(李滉), 성혼(成渾), 이이(李珥), 조헌(趙憲), 김장생(金長生), 송시열
(宋時烈), 김집(金集), 박세채(朴世采), 송준길(宋浚吉)

2. 설립과 연혁, 운영 형태

　사천향교의 정확한 창건 연대는 알 수 없으나, 조선 세종(世宗) 3년(1421)에 창건되어 공
립학당(公立學堂)으로서 경학(經學)을 수강한 것이 효시라고 보는 견해가 있다.[147] 하지만
이를 증명할 문헌 자료는 찾아볼 수 없다. 1530년에 간행된 『신증동국여지승람(新增東國
興地勝覽)』에 '향교는 현의 동쪽 2리 지점에 있다'고 기록되어 있으므로, 조선 초기부터
운영된 것을 알 수 있다.[148]

　사천향교의 위치에 대한 기록들은 다음과 같다. 앞서 든 『신증동국여지승람(新增東國興
地勝覽)』에 '향교는 현의 동쪽 2리 지점에 있다'고 기록되어 있으며, 1832년에 간행된 『경
상도읍지(慶尙道邑誌)』에는 '향교는 현의 동쪽 3리에 있다'고 기록되어 있다.[149] 1895년
에 간행된 『영남읍지(嶺南邑誌)』에는 다시 『신증동국여지승람』과 같은 내용이 기록되어
있다.[150] 이를 통해서 사천향교의 위치는 사천현 읍치의 동쪽에 있음을 알 수 있다.[151]

　조선후기에 사천향교는 제기(祭器)와 제복(祭服), 서책(書册)을 모두 갖추고 있었고, 교
생이 30명이었다.[152]

---

147) 泗川郡誌編纂委員會, 「泗川鄕校」『泗川郡誌』, 泗川郡, 1990, 600쪽. 사천향교의 연혁과 관한 서술에
　　서 특별한 전거를 밝히지 않는 경우는 모두 여기에 의거한다.

148) 『新增東國輿地勝覽』 권31, 泗川縣 學校.

149) 『慶尙道邑誌』, 泗川縣 學校.

150) 『嶺南邑誌』, 泗川縣 學校 鄕校.

151) 조선 전기에서 조선 후기로 시간 변화 과정에서 사천향교의 위치 변동에 대해서는 다음의 견해가 있
　　다. 세종 22년(1440)에 치성재(致誠齋), 동·서재(東·西齋), 명륜당(明倫堂)을 건립하고 수학원 학사
　　서재(修學院學舍書齋)로 개칭하였으며, 세종 32년(1450)에 풍화루(風化樓)를 현재의 위치에 건립하
　　였다. 그 후 임진왜란 때 소실되었다가 인조(仁祖) 23년(1645)에 현재의 위치로 향교를 옮겨서 중건
　　하였다고 한다. 泗川郡誌編纂委員會, 「泗川鄕校」『泗川郡誌』, 泗川郡, 1990, 600쪽. 여기서는 이 주
　　장을 확신할만한 근거 자료를 인용하지 않았다.

152) 『慶尙道邑誌』, 泗川縣 學校 鄕校.(아세아문화사 1982 영인)

1914년에 향교 전체를 중수하였다. 그리고 향교 교임의 선임이 형식적으로는 관장의 결정을 기다려 인정되는 천거의 형식을 취하고 있으나, 실질적으로 향교 자체 또는 향교·서원·향청의 공의에 의한 지방 유림의 자치적 활동에 의하여 이루어진 점을 1914년 당시에 사천향교에서 만든 「사천향교중수기(泗川鄕校重修記)」에서 확인할 수 있다.[153] 이 기문에서는 예로부터 향교는 관이 주관하여 운영하는 것이 아니라, 선비들에 의해 운영되었기 때문에 향교 교임의 선정에 있어서 고을 유림의 자율적 선택이 기본 원칙이었음을 강조하고 있다.

1936년에 동·서재, 풍화루를 중수하였고, 1938년에는 대성전, 명륜당, 동·서재, 풍화루, 흘묘당(訖廟堂), 전사청(典祀廳) 등을 중수하였으며, 1942년에는 대성전을 수리하고, 익건당(益虔堂), 공반당(供飯堂)[154]을 중건하였다. 1955년에는 대성전의 전주(前柱) 6주(柱)를 석주(石柱)로 바꾸고 대성문(大成門)을 중수하였다. 1966년에 익건당, 공반당, 홍살문을 보수하였으며, 이후에도 여러 차례의 보수가 있었다.

조선 세종 3년(1421) : 사천향교 창건

조선 세종 22년(1440) : 치성재, 동·서재, 명륜당 등을 건립

조선 선조 25년(1592) : 임진왜란으로 소실

조선 인조 23년(1645) : 향교 이건 및 중건

1914년 : 향교 중수

1936년 : 동·서재, 풍화루 중수

1938년 : 대성전, 명륜당, 동·서재, 풍화루, 흘묘당, 전사청 등을 중수

1942년 : 대성전 보수 및 익건당, 공반당 중건

1955년 : 대성전 중수

1966년 : 익건당, 공반당, 홍살문 보수

153) 釜山産業大學校 鄕土文化硏究所, 「泗川鄕校重修記(1914)」『釜山慶南鄕校記文』, 1986. 姜大敏, 「鄕校職制」『韓國의 鄕校硏究』, 경성대 출판부, 1992, 51~52쪽에서는 이 기문의 작성 시기를 1814년으로 파악하였으나, 이 기문의 정확한 작성 시기는 1914년이다.
154) 2011년 11월 7일 우리 연구진이 사천향교를 방문했을 당시에 공반실(供飯室)로 이름이 바뀌어 건물이 남아 있었다. 〈사진 46〉 참조.

1970년 : 향교 중수

1978년 : 전사실 신축, 대성전 보수

1982년 : 명륜당, 풍화루 중수

1984년 : 홍살문 중창

1985년 : 담장 및 계단 개축

1986년 : 기와 번와 및 대문 개수

1990년 : 대성전 보수

1991년 : 담장 및 석축 보수

1994년 : 전사실 이건

1995년 : 동재 건립

3. 입지 및 배치[155]

사천향교는 사천읍 내 동쪽 능선을 넘어 펼쳐진 분지에 있다. 향교 초입에는 홍살문이 있고, '이산지하(尼山之下) 사수지상(泗水之上)'의 위치에 있는 독립봉인 성전봉 중턱에 대성전을 세웠다. 서쪽 능선 끝에 사천읍성의 일부가 남아 있고, 현재 공원으로 활용되고 있다.

사천향교의 배치 구성은 원래 우묘좌학(右廟左學)의 병렬형이었다. 명륜당은 풍화루 밑을 통해 대성전 일곽은 외삼문을 통해 출입하도록 분리되었으나, 현재는 풍화루로 들어가는 진입로를 폐쇄하고 동재를 옮겨 치성재 앞에 두었고, 외삼문을 두 영역의 출입구로 삼았다. 따라서 현재의 사천향교는 전학후묘(前學後廟)의 직렬형으로 변형된 상태이다.

명륜당 동쪽에는 치성재를 두고 향교 관계자들의 거처로 삼고 있다. 전체적으로 경사지를 크게 3단으로 나누어 건물을 앉혔다. 대성전은 전체 향교의 규모에 비해 지나치게 크며, 대성전 축이 전체 축의 중심축이 된다. 축선상으로 내삼문 앞에 정교한 성생단(省牲壇)

---

155) 강영환, 「사천향교」『경상남도의 향교 건축』上, 국립문화재연구소, 2004, 192쪽을 바탕으로 글을 다듬고 고쳤다.

이 있는 것도 특징이다. 이와 같은 세부적인 특징을 볼 때, 사천향교는 제향 위주의 향교임을 잘 알 수 있다.

4. 문화재 지정과 관리(유적과 유물)

종목 및 지정일 : 경상남도 유형문화재 제220호 / 지정일(1983년 8월 12일)

소재지 : 경상남도 사천시 사천읍 선인리 119번지

소유자 및 관리자 : 경남향교재단

5. 건물

대성전/제관실/공반실/대성문/명륜당/동·서재/외삼문/치성재/풍화루/관리사/홍살문

〈사진 40〉 사천향교 동재

〈사진 41〉 사천향교 서재

178

〈사진 42〉 사천향교 명륜당

〈사진 43〉 사천향교 대성전

〈사진 44〉 사천향교 치성재(致誠齋)

〈사진 45〉 사천향교 제관실(祭官室)

〈사진 46〉 사천향교 공반실(供飯室)

6. 참고문헌

『新增東國輿地勝覽』 권31, 泗川縣 學校.

『慶尙道邑誌』, 泗川縣 學校 鄕校.(아세아문화사 1982 영인)

『嶺南邑誌』, 泗川縣 學校.

釜山産業大學校 鄕土文化硏究所, 「泗川鄕校重修記(1914)」『釜山慶南鄕校記文』, 1986.

姜大敏, 「鄕校 職制」『韓國의 鄕校硏究』, 경성대 출판부, 1992.

강영환, 「사천향교」『경상남도의 향교 건축』上, 국립문화재연구소, 2004.

泗川郡誌編纂委員會, 「泗川鄕校」『泗川郡誌』, 泗川郡, 1990.

정순우, 「경상남도의 향교」『慶尙南道의 鄕土文化』下, 韓國精神文化硏究院, 1999.

문화재청, 「사천향교」『국가문화유산포털』(http://www.heritage.go.kr)

한국정신문화연구원, 「사천향교」『민족문화대백과사전』(http://www.encykorea.com)

산청군 단성향교(丹城鄕校)

〈사진 47〉 단성향교 관선문(觀善門)

1. 개관

1) 소재지 : 경상남도 산청군 단성면 강루리 595-1번지

2) 창건 연대 : 고려 충선왕대(忠宣王代, 1308~1313) 추정

3) 문화재 지정 :

경상남도 유형문화재 제88호(단성향교, 1974년 2월 16일 지정)

경상남도 유형문화재 제139호(단성호적장적丹城戶籍帳籍, 1976년 4월 15일 지정)

4) 석전제(釋奠祭) 향사일 : 매년 양력 5월 11일 / 양력 9월 28일

5) 제향 인물

① 5성(五聖) - 공자(孔子), 안자(顔子), 증자(曾子), 자사자(子思子), 맹자(孟子)

② 송조4현(宋朝四賢) - 주돈이(周惇頤), 정호(程顥), 정이(程頤), 주희(朱熹)

③ 동국18현(東國十八賢) - 최치원(崔致遠), 설총(薛聰), 안유(安裕), 정몽주(鄭夢周), 정여창(鄭汝昌), 김굉필(金宏弼), 이언적(李彦迪), 조광조(趙光祖), 김인후(金麟厚), 이황(李滉), 성혼(成渾), 이이(李珥), 조헌(趙憲), 김장생(金長生), 송시열(宋時烈), 김집(金集), 박세채(朴世采), 송준길(宋浚吉)

2. 설립과 연혁, 운영 형태

최근에 간행된 『산청군지(山淸郡誌)』에서는 단성향교(丹城鄕校)의 창건 연대를 고려 인종(仁宗) 5년(1127)으로 보았다.[156] 이에 따르면 지금의 강루리(江樓里) 구인동(九印洞)에 창건되었으며, 조선 세종(世宗) 때 문가학(文可學)의 변란이 있은 후에 서쪽 산기슭으로 옮겼다고 한다. 그러나 이 주장에 대한 명확한 근거 자료를 제시하지 않았으므로, 이는 믿을 수 없다. 최근 고려시대 향교에 대한 정치한 연구에 따르면, 단성향교의 창건 연대를 충선왕대(忠宣王代, 1308~1313)로 파악하였다.[157] 이 책에서는 이 연구성과를 받아들여, 단성향교가 고려 충선왕대에 창건된 것으로 추정하고자 한다.

중종(中宗) 25년(1530)에 간행된 『신증동국여지승람(新增東國輿地勝覽)』에는 '향교는 현의 북쪽 5리 지점에 있다'[158]는 기록이 있으므로 조선 초기에도 향교가 경영된 사실을 짐작할 수 있으며, 임진왜란 시기였던 선조 32년(1599)에도 성묘는 보존되었다는 기록이 전해진다.[159]

숙종(肅宗) 4년(1680)에 현령(縣令) 윤식(尹烒)이 작성한 「성묘중수기(聖廟重修記)」를 살펴보면, 영락 연간(永樂年間 : 1403~1424)에 구인동에 있던 향교를 교동(校洞)으로 이건했으며, 윤식이 부임한 숙종 2년(1678)에 성묘(聖廟)를 중수하기 시작하여 숙종 4년(1680)에 공사를 마친 사실을 알 수 있다.[160]

---

156) 山淸郡誌編纂委員會, 「단성향교」 『山淸郡誌』, 山淸郡·山淸文化院, 2006.

157) 朴贊洙, 「고려시대 鄕校의 성립과 발전」 『高麗時代 敎育制度史 硏究』, 景仁文化社, 2001, 209쪽.

158) 『新增東國輿地勝覽』 권31, 丹城縣 學校.

159) 丹城鄕校, 「丹城鄕校沿革」 『丹城鄕校誌』, 2008.

160) 丹城鄕校, 「聖廟重修記(1680)」 『丹城鄕校誌』, 2008. 釜山産業大學校 鄕土文化硏究所, 「(丹城鄕校)聖廟重修記(1740)」 『釜山慶南鄕校記文』, 1986에는 이 기문의 작성 시기를 1740년으로 파악하였으나, 이 기문은 1680년에 작성되었다.

영조(英祖) 4년(1728)에 송징현(宋徵賢)이 작성한 단성향교의 「명륜당기(明倫堂記)」에 의하면, 단성향교는 그 무렵 오랜 기간 명륜당이 없었는데, 영조 1년(1725)에 교장(校長) 권대익(權大益), 재임(齋任) 유응명(柳應明), 김영찬(金泳贊) 등이 주도하여 공사를 시작해서 영조 4년에 완공하였음을 확인할 수 있다.[161] 이로써 단성향교는 교육기관으로서의 구색을 완전히 갖출 수가 있었다.

숙종 4년(1678)에 작성된 『단성호적(丹城戶籍)』에는 당시 단성현의 교생(校生) 신분에 대해서 다음과 같이 기록되어 있다.[162] 여기서 당시 단성향교 교생의 신분 가운데 양반은 17명(36.2%), 평민은 16명(34%), 서얼(庶孽)과 서족(庶族)은 14명(29.8%)으로 나타나는데, 교생의 신분을 양반과 비양반으로 나누면, 양반은 17명(36.2%), 비양반은 30명(63.8%)을 차지하므로, 당시 단성향교 교생은 비양반의 수가 압도적임을 알 수 있다.

읍지류(邑誌類)나 향교 기문 등에 종종 향교복호결(鄕校復戶結)에 대한 기록이 보이는데, 복호는 요역(徭役)을 면제받는 호를 말한다. 영조 29년(1753)에 만든 단성향교의 「향교복호이폐기(鄕校卜戶釐弊記)」[163]에는 국가로부터 복호(復戶) 5결을 받아서, 그 일부는 교지기가 경작하고 나머지는 복호결을 팔아서 춘추의 석전(釋奠)과 삭망분향(朔望焚香)의 자본으로 삼았는데, 지금은 향교의 재정이 어려워 3년 전에 미리 복호를 예매하고 있다고 기록했다. 이는 당시 향교가 국가로부터 복호의 혜택을 받았으며, 복호가 향교 재정에 매우 도움이 되었음을 잘 말해준다.[164]

단성향교의 위치에 대해서 살펴보기로 한다. 단성향교가 단성현 읍치(邑治)의 북쪽에 있었던 사실은 앞서 든 『신증동국여지승람』의 기록과 함께 다음의 기록이 참조된다. 1832년에 간행된 『경상도읍지(慶尙道邑誌)』에 '향교는 현의 북쪽 5리에 있다'고 기록했으며,[165] 1895년경 간행된 『영남읍지(嶺南邑誌)』에도 같은 내용이 기록되어 있다.[166] 이상의 기록을 통해 단성향교는 단성현 읍치의 북쪽에 있었음을 알 수 있다.

---

161) 丹城鄕校, 「明倫堂記(1728)」『丹城鄕校誌』, 2008.
162) 尹熙勉, 「朝鮮後期 校生身分의 變化」『朝鮮後期 鄕校硏究』, 一潮閣, 1990, 67쪽.
163) 「(丹城鄕校)鄕校卜戶釐弊記(1753)」. 姜大敏, 「鄕校의 財政的 基盤」『韓國의 鄕校硏究』, 경성대 출판부, 1992, 159~161쪽에서 재인용.
164) 姜大敏, 「鄕校의 財政的 基盤」『韓國의 鄕校硏究』, 경성대 출판부, 1992, 159~161쪽.
165) 『慶尙道邑誌』, 丹城縣 學校.
166) 『嶺南邑誌』, 丹城縣 學校.

조선 후기 단성향교의 교임(校任)을 역임한 문중의 분석을 통해, 단성 지역의 유력 가문의 동향을 살펴보면 다음과 같다.[167] 단성향교의 교임에는 도유사(都有司) 1인과 장의(掌議) 2인이 있었는데, 도유사를 역임한 인물들은 오랫동안 단성 지역에 영향력을 행사해 왔던 가문 출신이었다. 이 중 안동권씨(安東權氏), 성주이씨(星州李氏), 합천이씨(陜川李氏), 밀양박씨(密陽朴氏), 상산김씨(商山金氏), 성주도씨(星州都氏)는 단성의 8대 사족 가문에 속하는 유력 성씨였고, 전의이씨(全義李氏), 청송심씨(靑松沈氏)도 이에는 못 미치지만 유력 가문이었다. 이들 유력 성씨 가운데 안동권씨, 성주이씨가 도유사를 역임한 인물의 반 이상을 차지하고 있고, 이외에 합천이씨, 밀양박씨, 상산김씨가 주요 가문으로 부각된다. 그리고 19세기에 오면 소수이긴 하지만, 신입 성씨가 가끔 등장하는데, 이들도 신흥 계층은 아니고 사족 가문이었다고 할 수 있다.

장의 부문에서도 앞에서 언급한 유력 사족 가문들의 독점 현상이 확연하게 나타나지만, 19세기에 가면 도유사의 경우보다 많은 성씨들이 진입한 현상이 두드러진다. 이 중 안악이씨(安岳李氏), 경주정씨(慶州鄭氏), 진주하씨(晋州河氏)는 단성에 일찍이 정착한 기존 사족 가문으로서, 이 무렵에 와서는 가세(家勢)가 상당히 침체되어 있었지만 그래도 주위에서 인정받는 가문이었다. 이 분석 결과 사회가 변화해 가고 있었지만, 도유사와 장의 등 향교의 직임은 아직도 향촌사회의 기존 지배층인 사족층이 그대로 장악하고 있었음을 확인할 수 있다.

헌종(憲宗) 7년(1841)에 현령 채신영(蔡臣永)이 성묘(聖廟)를 중수하였고,[168] 고종(高宗) 2년(1865)[169]과 32년(1895)에도 향교가 중수되었다. 고종 32년에 작성된 단성향교의 「현학중수기(縣學重修記)」를 보면, 수령의 노력으로 일부의 전지를 향교전(鄕校田)으로 편입시킨 경우를 볼 수 있다.[170] 대한제국 광무 1년(1897)에 나라 안의 향교재산을 모두 관청에 편입시키고 그 출입회계는 고을 수령이 관장하도록 하였는데, 이에 향교의 직원(直員) 권

---

167) 조선후기 단성향교의 교임에 대한 분석은 金俊亨, 「조선후기 丹城鄕校의 地位와 機能」『韓國中世史論叢』, 李樹健敎授停年紀念論叢刊行委員會, 2000 참조.
168) 丹城鄕校, 「聖廟重修記(1841)」『丹城鄕校誌』, 2008.
169) 丹城鄕校, 「鄕校重修記(1865)」『丹城鄕校誌』, 2008.
170) 丹城鄕校, 「縣學重修記(1895)」『丹城鄕校誌』, 2008. 姜大敏, 「鄕校의 財政的 基盤」『韓國의 鄕校硏究』, 경성대 출판부, 1992, 110~111쪽.

재기(權載祺)와 고을의 유림 네 사람이 건의하여 묘우(廟宇)와 제구(祭具)들도 새롭게 구비하였다.[171] 순종(純宗) 3년(1909)과[172] 1914년에도 향교가 중수되었다.[173]

고려 충선왕대(1308~1313) : 단성향교 창건

조선 세종 시기 : 향교 이건

조선 태종 3년(1403)~세종 6년(1424) : 교동으로 향교 이건

조선 숙종 4년(1680) : 성묘 중수

조선 영조 4년(1728) : 명륜당 창건

조선 헌종 7년(1841) : 성묘 중수

조선 고종 2년(1865) : 향교 중수

조선 고종 32년(1895) : 향교 중수

대한제국 융희 3년(1909) : 향교 중수

1914년 : 향교 중수

1937년 : 묘우 보수, 제구 갖춤

1962년 : 향교 중수

1988년 : 동·서무 보수

2007년 : 성묘 중수

---

171) 釜山産業大學校 鄕土文化硏究所, 「丹城鄕校重修記(1897)」『釜山慶南鄕校記文』, 1986. 한편, 이 기문을 단성향교에서 펴낸 『丹城鄕校誌』에 따르면 1937년에 만든 자료로 파악했다. 丹城鄕校, 「丹城鄕校重修記」『丹城鄕校誌』, 2008, 437~439쪽. 이는 오류이다.

172) 丹城鄕校, 「鄕校重修記(1909)」『丹城鄕校誌』, 2008.

173) 丹城鄕校, 「聖廟重修記(1914)」『丹城鄕校誌』, 2008, 釜山産業大學校 鄕土文化硏究所, 「丹城鄕校重修記(1794)」『釜山慶南鄕校記文』, 1986에는 이 기문의 작성 시기를 1794년으로 파악하였다.

174) 강영환, 「단성향교」『경상남도의 향교 건축』下, 국립문화재연구소, 2004, 34~35쪽을 바탕으로 글을 다듬고 고쳤다.

3. 입지 및 배치[174]

단성향교는 배면 구릉에 있다. 향교 마을에는 3호의 부농 주택을 포함한 민가들이 있다. 향교는 급경사의 막다른 곳에 있고, 대나무 숲에 쌓여진 작은 국(局)을 이루며, 초입에 커다란 홍살문이 서 있다. 향교의 정문은 사대부가의 대문채와 닮아 있다. 급경사지를 3단의 평지로 조성해 향교 건물을 배열하였다.

단성향교에서 보이는 전학후묘(前學後廟)의 직렬형 배치는 경남지역 향교의 일반적인 묘학(廟學) 관계와 유사하지만, 동·서재가 명륜당의 뒤쪽에 있는 전당후재(前堂後齋) 형식이다. 이러한 형식은 전라도의 향교에서는 흔하게 나타나지만, 단성향교가 경상남도에서는 유일하다.

특히 명륜당을 누각형으로 구성하여 누하(樓下)로 진입하도록 설계하였고 평대문을 정문으로 만들었다. 또 명륜당의 지붕을 공(工)자형으로 구성하여 변화를 주었으며, 관선문의 구성과 내삼문의 형태 역시 명륜당과 조화되도록 구성했다.

4. 문화재 지정과 관리(유적과 유물)

1) 단성향교
종목 및 지정일 : 경상남도 유형문화재 제88호 / 지정일(1974년 2월 16일)
소재지 : 경상남도 산청군 단성면 강루리 595-1번지
소유자 및 관리자 : 경남향교재단

2) 단성호적장적(丹城戶籍帳籍)
종목 및 지정일 : 경상남도 유형문화재 제139호 / 지정일(1976년 4월 15일)
소재지 : 경상남도 산청군 단성면 강루리 595-1번지
소유자 및 관리자 : 단성향교

5. 건물

대성전/내삼문/명륜당/동·서재/향안실/전사청/제기고/관선문/홍살문

<〈사진 48〉 단성향교 동재

〈사진 49〉 단성향교 서재

〈사진 50〉 단성향교 명륜당

〈사진 51〉 단성향교 대성전

〈사진 52〉 단성향교 향안실(鄕案室)

〈사진 53〉 단성향교 전사청(典祀廳)

〈사진 54〉 단성향교 제기고

6. 참고문헌

『新增東國輿地勝覽』 권31, 丹城縣 學校.

『慶尙道邑誌』, 丹城縣 學校.

『嶺南邑誌』, 丹城縣 學校.

丹城鄕校, 「丹城鄕校沿革」 『丹城鄕校誌』, 2008.

丹城鄕校, 「聖廟重修記(1680)」 『丹城鄕校誌』, 2008.

丹城鄕校, 「明倫堂記(1728)」 『丹城鄕校誌』, 2008.

丹城鄕校, 「聖廟重修記(1841)」 『丹城鄕校誌』, 2008.

丹城鄕校, 「鄕校重修記(1865)」 『丹城鄕校誌』, 2008.

丹城鄕校, 「縣學重修記(1895)」 『丹城鄕校誌』, 2008.

丹城鄕校, 「鄕校重修記(1909)」 『丹城鄕校誌』, 2008.

丹城鄕校, 「聖廟重修記(1914)」 『丹城鄕校誌』, 2008.

丹城鄕校, 「丹城鄕校重修記(1937)」 『丹城鄕校誌』, 2008.

「(丹城鄕校)鄕校卜戶釐弊記(1753)」(姜大敏, 「鄕校의 財政的 基盤」 『韓國의 鄕校硏究』, 경
　　　성대 출판부, 1992 재인용).

釜山産業大學校 鄕土文化硏究所, 「(丹城鄕校)聖廟重修記(1740)」 『釜山慶南鄕校記文』,

1986.

釜山産業大學校 鄕土文化硏究所,「丹城鄕校重修記(1794)」『釜山慶南鄕校記文』, 1986.

釜山産業大學校 鄕土文化硏究所,「丹城鄕校重修記(1897)」『釜山慶南鄕校記文』, 1986.

姜大敏,『韓國의 鄕校硏究』, 경성대 출판부, 1992.

강영환,「단성향교」『경상남도의 향교 건축』下, 국립문화재연구소, 2004.

金俊亨,「조선후기 丹城鄕校의 地位와 機能」『韓國中世史論叢』, 李樹健敎授停年紀念論叢
    刊行委員會, 2000.

朴贊洙,「고려시대 鄕校의 성립과 발전」『高麗時代 敎育制度史 硏究』, 景仁文化社, 2001.

山淸郡誌編纂委員會,「단성향교」『山淸郡誌』, 山淸郡·山淸文化院, 2006.

尹熙勉,「朝鮮後期 校生身分의 變化」『朝鮮後期 鄕校硏究』, 一潮閣, 1990,

정순우,「경상남도의 향교」『慶尙南道의 鄕土文化』下, 韓國精神文化硏究院, 1999.

문화재청,「단성향교」『국가문화유산포털』(http://www.heritage.go.kr)

한국정신문화연구원,「단성향교」『민족문화대백과사전』(http://www.encykorea.com)

 산청향교(山淸鄕校)

〈사진 55〉 산청향교 욕기루(浴沂樓)

1. 개관

1) 소재지 : 경상남도 산청군 산청읍 지리 369-1번지

2) 창건 연대 : 조선 초기 추정

3) 문화재 지정 : 경상남도 유형문화재 제224호(1983년 8월 12일 지정)

4) 석전제(釋奠祭) 향사일 : 매년 양력 5월 11일 / 양력 9월 28일

5) 제향 인물

① 5성(五聖) - 공자(孔子), 안자(顔子), 증자(曾子), 자사자(子思子), 맹자(孟子)

② 송조2현(宋朝二賢) - 정호(程顥), 주희(朱熹)

③ 동국18현(東國十八賢) - 최치원(崔致遠), 설총(薛聰), 안유(安裕), 정몽주(鄭夢

周), 정여창(鄭汝昌), 김굉필(金宏弼), 이언적(李彦迪), 조광조(趙光祖), 김인후(金麟厚), 이황(李滉), 성혼(成渾), 이이(李珥), 조헌(趙憲), 김장생(金長生), 송시열(宋時烈), 김집(金集), 박세채(朴世采), 송준길(宋浚吉)

2. 설립과 연혁, 운영 형태

산청향교는 조선 세종(世宗) 22년(1440)에 현재의 산청읍(山淸邑) 차탄리(車灘里)에 창건되었다고[175] 하지만 이를 증명할 문헌 자료는 없다. 중종(中宗) 25년(1530)에 간행된 『신증동국여지승람(新增東國輿地勝覽)』에 '향교는 현 동쪽 1리 지점에 있다' 는 기록이 있으므로, 산청향교는 조선 초기부터 운영되었음을 알 수 있다.[176]

산청향교는 선조(宣祖) 25년(1592) 임진왜란으로 소실 되었는데, 선조 37년(1604)에 이를 중건하였다.[177] 영조(英祖) 31년(1755)에 현재의 위치인 지리(池里)로 산청향교를 이건하였으며,[178] 순조(純祖) 7년(1807)에는 현령(縣令) 정유순(鄭有淳)의 주도하에 장의(掌議)인 박효백(朴孝百), 우석구(禹錫龜), 재유사(齋有司) 최견룡(崔見龍), 민백효(閔百孝)등이 참가하고, 도감(都監)인 오홍운(吳鴻運), 민도주(閔道周) 등이 참여하여 대성전을 중수하였다.[179]

산청향교가 지리로 옮겨진 이후, 산청향교의 위치에 대해서는 다음 기록이 참조된다. 순조 32년(1832)에 간행된 『경상도읍지(慶尙道邑誌)』에는 '향교는 현의 동쪽 2리에 있다' 고 기록하고 있다.[180] 고종(高宗) 32년(1895)에 간행된 『영남읍지(嶺南邑誌)』에도 같은 내용이 남아 있다.[181]

---

175) 山淸鄕校, 「山淸鄕校現況」『山淸鄕校誌』, 2010. 연혁에 관한 서술에서 특별한 전거를 밝히지 않는 경우는 모두 여기에 의거한다.
176) 『新增東國輿地勝覽』 권31, 山陰縣 學校.
177) 山淸鄕校, 「山淸鄕校現況」『山淸鄕校誌』, 2010.
178) 山淸鄕校, 「山淸鄕校現況」『山淸鄕校誌』, 2010.
179) 山淸鄕校, 「山淸鄕校 大成殿重修記(1807)」『山淸鄕校誌』, 2010.
180) 『慶尙道邑誌』, 山陰縣 學校.
181) 『嶺南邑誌』, 山陰縣 學校.

조선 후기에는 지방관이 성현을 추모하거나 유학을 중흥시키려는 뜻있는 개인에 의해 향교가 관으로부터 전곡(錢穀)을 보조받기도 했는데, 관이 향교전(鄕校田)의 매득을 위해 그 경비를 부담한 경우를 헌종(憲宗) 4년(1838)에 작성된 산청향교의 「찬양문(贊襄文)」을 통해서 알 수 있다.[182] 이 기문에서는 이전에 이미 판 교답(校畓) 13마지기를 350여 금의 늠곡으로 다시 매입함으로써, 향교의 향사를 보조했다고 했다.

철종(哲宗) 11년(1860)에는 현감(縣監) 김우근(金友根)이 대성전이 황폐한 것을 보고 유사 민백묵(閔百默), 강희철(姜熙哲)과 더불어 이를 수리하였으며,[183] 다음해에는 전군수(前郡守) 김한식(金翰植)이 명륜당의 대들보가 기울어져서 기둥을 받치지 못하게 된 것을 보고, 고을의 선비들과 함께 재정을 조달하여 명륜당을 중수하였다.[184]

고종 7년(1870)에 현령 이만시(李萬蓍)가 명륜당을 중수하고,[185] 아울러 흥학당(興學堂)을 세웠다.[186] 흥학당은 양사재(養士齋)의 하나이다. 양사재는 향교와는 별개인 교육 시설로서 양반 유생들이 과거 공부를 하기 위한 곳인데,[187] 이 교육기구의 이름은 지방에 따라 양사재, 흥학재(興學齋), 여택재(麗澤齋), 육영재(育英齋), 득영재(得英齋), 교학재(敎學齋), 흥학당(興學堂), 양사당(養士堂), 향숙(鄕塾) 등으로 다양하다.

고종 18년(1881)에 수령 임덕준(任悳準)이 역사를 주도하고 진사(進士) 황경탁(黃景鐸)이 그에 필요한 경비를 출연하여 명륜당을 중수하였고,[188] 33년(1896)에는 향교의 담장을 보수하였다.[189]

1921년에 명륜당을 중수하였고,[190] 1946년에는 대성전의 중건이 있었다.[191] 이후 1950년 한국전쟁으로 부분적 손실을 입은 것을 차츰 수리하여 현재에 이른다.

---

182) 釜山産業大學校 鄕土文化硏究所, 「(山淸鄕校)贊襄文(1838)」『釜山慶南鄕校記文』, 1986. 姜大敏, 「鄕校의 財政的 基盤」『韓國의 鄕校硏究』, 경성대 출판부, 1992, 126~128쪽.
183) 山淸鄕校, 「山淸鄕校 庚申三月大成殿重修記(1860)」『山淸鄕校誌』, 2010.
184) 山淸鄕校, 「山淸鄕校 明倫堂重建記(1861)」『山淸鄕校誌』, 2010.
185) 山淸鄕校, 「山淸鄕校 明倫堂重修記(1870)」『山淸鄕校誌』, 2010.
186) 『慶尙道邑誌』, 山淸 學校 興學堂.
187) 尹熙勉, 「朝鮮後期의 養士齋」『李元淳敎授華甲紀念私學論叢』, 1986. 尹熙勉, 「鄕校와 兩班儒生의 鄕村活動」『朝鮮後期 鄕校 硏究』, 一潮閣, 1990, 197쪽.
188) 山淸鄕校, 「山淸鄕校 明倫堂重修記(1881)」『山淸鄕校誌』, 2010.
189) 山淸鄕校, 「山淸鄕校 校宮垣墻修補記(1896)」『山淸鄕校誌』, 2010.
190) 山淸鄕校, 「山淸鄕校 明倫堂重建記(1921)」『山淸鄕校誌』, 2010.
191) 山淸鄕校, 「山淸鄕校 沿革」『山淸鄕校誌』, 2010.

조선 세종 22년(1440) : 산청향교 창건

조선 선조 25년(1592) : 임진왜란으로 향교 소실

조선 선조 37년(1604) : 향교 중건

조선 영조 31년(1754) : 향교를 지리(池里)로 이건

조선 순조 7년(1807) : 대성전 중수

조선 철종 11년(1860) : 대성전 보수

조선 철종 12년(1861) : 명륜당 보수

조선 고종 7년(1870) : 명륜당 중수

조선 고종 18년(1881) : 명륜당 중수

조선 고종 33년(1896) : 담장 보수

1921년 : 명륜당 중수

1946년 : 대성전 중수

1950년 : 한국전쟁으로 부분 손실

1972년 : 동재 중건, 문루의 기와를 새로 올림, 담장 개축

1973년 : 대성전 보수

1974년 : 명륜당 보수, 홍살문 중건

1976년 : 담장 수리

1983년 : 욕기루 중수, 고사 수리

3. 입지 및 배치[192]

산청향교는 산청읍 내 변두리 동쪽 산비탈에 있으며, 버스 주차장에서 걸어서 5분 거리
에 있다. 앞에는 지리마을의 민가들이 많이 있으며, 좁은 진입로 초입에 홍살문이 있다. 강
학 영역은 평지에, 제향 영역은 경사지에 각각 조성되었다. 산청향교의 앞쪽에는 마을과

---

192) 강영환, 「산청향교」『경상남도의 향교 건축』下, 국립문화재연구소, 2004, 52~53쪽을 바탕으로 글
을 다듬고 고쳤다.

여러 겹의 산들이 펼쳐져 있다.

산청향교 건물의 배치는 전학후묘(前學後廟)형의 직렬형이지만, 명륜당과 대성전 사이의 연결성은 약하다. 축 자체가 어긋나 있으며, 내삼문의 계단도 꺾여져 있다. 대성전을 엉성한 팔작지붕의 건물로 만들어 향교의 중량감도 다소 약화되었고, 전체 건물의 격이 떨어져 고졸한 맛을 찾아보기도 어렵다. 단 중심축 사이에 있는 모든 건물이 팔작지붕이어서 외형적인 통일감은 이루었다.

제향 영역을 이루는 건물은 대성전과 내삼문뿐이며 동·서무가 없다. 또한 대성당 마당과 대성전 기단의 높이차도 비교적 심하여 대성전이 부각되어 보인다.

강학 영역은 명륜당 동·서재, 욕기루(浴沂樓) 등 4동의 건물로 이루어져 있고 문루와 동·서재로 둘러싸인 공간이 아래로 내려앉은 형식이며, 이에 반해 명륜당은 높이 올라간 형식이다. 제향 영역과 강학 영역의 구성을 비교해 볼 때, 이 향교는 강학이 중심을 이루고 있음을 알 수 있다.

4. 문화재 지정과 관리(유적과 유물)

종목 및 지정일 : 경상남도 유형문화재 제224호 / 지정일(1983년 8월 12일)
소재지 : 경상남도 산청군 산청읍 지리 369-1번지
소유자 및 관리자 : 경남향교재단

5. 건물

대성전/내삼문/명륜당/동·서재/욕기루/관리사/홍살문

〈사진 56〉 산청향교 동재

〈사진 57〉 산청향교 서재

〈사진 58〉 산청향교 명륜당

〈사진 59〉 산청향교 대성전

6. 참고문헌

『新增東國輿地勝覽』 권31, 山陰縣 學校.

『慶尙道邑誌』, 山陰縣 學校.

『嶺南邑誌』, 山陰縣 學校.

山淸鄕校, 「山淸鄕校現況」『山淸鄕校誌』, 2010.

山淸鄕校, 「山淸鄕校 大成殿重修記(1807)」『山淸鄕校誌』, 2010.

山淸鄕校, 「山淸鄕校 庚申三月大成殿重修記(1860)」『山淸鄕校誌』, 2010.

山淸鄕校, 「山淸鄕校 明倫堂重建記(1861)」『山淸鄕校誌』, 2010.

山淸鄕校, 「山淸鄕校 明倫堂重修記(1870)」『山淸鄕校誌』, 2010.

山淸鄕校,「山淸鄕校 明倫堂重修記(1881)」『山淸鄕校誌』, 2010.

山淸鄕校,「山淸鄕校 校宮垣墻修補記(1896)」『山淸鄕校誌』, 2010.

山淸鄕校,「山淸鄕校 明倫堂重建記(1921)」『山淸鄕校誌』, 2010.

釜山産業大學校 鄕土文化研究所,「(山淸鄕校)贊襄文(1838)」『釜山慶南鄕校記文』, 1986.

姜大敏,「鄕校의 財政的 基盤」『韓國의 鄕校研究』, 경성대 출판부, 1992.

강영환,「산청향교」『경상남도의 향교 건축』下, 국립문화재연구소, 2004.

山淸鄕校,「山淸鄕校 沿革」『山淸鄕校誌』, 2010.

尹熙勉,「朝鮮後期의 養士齋」『李元淳敎授華甲紀念私學論叢』, 1986.

尹熙勉,「鄕校와 兩班儒生의 鄕村活動」『朝鮮後期 鄕校 研究』, 一潮閣, 1990.

정순우,「경상남도의 향교」『慶尙南道의 鄕土文化』下, 韓國精神文化研究院, 1999.

문화재청,「산청향교」『국가문화유산포털』(http://www.heritage.go.kr)

한국정신문화연구원,「산청향교」『민족문화대백과사전』(http://www.encykorea.com)

양산시 양산향교(梁山鄕校)

<사진 60> 양산향교 풍영루(風詠樓)

1. 개관

1) 소재지 : 경상남도 양산시 강서동 198번지

2) 창건 연대 : 조선 초기 추정

3) 문화재 지정 : 경상남도 유형문화재 제205호(1982년 8월 2일 지정)

4) 석전제(釋奠祭) 향사일 : 매년 음력 2월 상정일 / 음력 8월 상정일

**5) 제향 인물

① 5성(五聖) – 공자(孔子), 안자(顔子), 증자(曾子), 자사자(子思子), 맹자(孟子)

② 송조2현(宋朝二賢) – 정호(程顥), 주희(朱熹)

③ 동국18현(東國十八賢) – 최치원(崔致遠), 설총(薛聰), 안유(安裕), 정몽주(鄭夢

周), 정여창(鄭汝昌), 김굉필(金宏弼), 이언적(李彦迪), 조광조(趙光祖), 김인후(金麟厚), 이황(李滉), 성혼(成渾), 이이(李珥), 조헌(趙憲), 김장생(金長生), 송시열(宋時烈), 김집(金集), 박세채(朴世采), 송준길(宋浚吉)

2. 설립과 연혁, 운영 형태

양산향교는 조선 태조(太祖) 6년(1397)에 창건되었다고 전해지지만,[193] 자료상으로 확인되지는 않는다. 따라서 양산향교의 정확한 창건 연대는 알 수 없고, 조선 초기에 창건된 것으로 추정된다.

창건 당시와 그 이후, 양산향교의 위치에 대해서는 다음 기록이 참조된다. 1530년에 간행된 『신증동국여지승람(新增東國輿地勝覽)』에는 양산향교가 '군(郡)의 동쪽 2리 지점에 있다'고 기록하고 있다.[194] 선조(宣祖) 25년(1592)에 임진왜란으로 인해 양산향교가 소실되었지만, 위패(位牌)만은 당시 교임(校任) 정호인(鄭好仁)이 현재 물금읍(勿禁邑) 신주동(神主洞) 근처의 송림(松林) 속에 묻어둠으로써 그대로 보존될 수 있었다.[195] 조선후기에도 양산향교는 여러 차례의 중수가 있었다.

선조 36년(1603)에 군수(郡守) 문홍도(文弘道)가 대성전(大成殿)을 중창하였고, 광해군(光海君) 4년(1612)에 군수 조익(趙翊)이 동·서무(東·西廡)와 정문(正門) 3칸을 건립하였으며, 인조(仁祖) 4년(1626)에 군수 박곤원(朴坤元)이 대성전을 중수했다.[196] 군수 조신준(曺臣俊)이 10년(1632)에 대성전과 명륜당(明倫堂)을 보수했으며, 11년(1633)에 동·서재(東·西齋)를 건립했고, 인조 12년(1634)에 강당(講堂), 재방(齋房), 협문(俠門), 대문(大門), 전사고(典祀庫), 담장을 신축하였다.[197] 숙종(肅宗) 9년(1683)에 군수 김이만(金履萬)이 군의

---

193) 梁山鄕校, 「梁山鄕校 沿革」『梁山鄕校誌』, 1999. 양산향교의 연혁에 관한 서술에서 특별한 전거를 밝히지 않는 경우는 모두 여기에 의거한다.
194) 『新增東國輿地勝覽』권22, 梁山郡 學校.
195) 梁山鄕校, 「梁山鄕校 沿革」『梁山鄕校誌』, 1999.
196) 梁山鄕校, 「鄕校重修記文(1636)」『梁山鄕校誌』, 1999.
197) 梁山鄕校, 「鄕校重修記文(1636)」『梁山鄕校誌』, 1999.

동쪽 옛터에 대성전과 명륜당, 동·서재, 문루(門樓)를 건립하여 이건하였고,[198] 순조(純祖) 28년(1828)에 군수 황찬희(黃贊熙)가 교궁(校宮)을 읍치의 서쪽 5리인 물금면 교리(校里)로 이건하여 현재에 이르고 있다.[199]

조선시대에는 향교의 교생(校生)은 성묘(聖廟)를 수호할 책무가 있었는데, 17세기에 작성한 「양산향교중건기(梁山鄕校重建記)」에 의하면 향교를 지키기 위해 입번(入番)하는 교생들이 스스로 양식을 가져왔으며, 이러한 형편을 알고 군수가 늠봉을 내려 재단을 만들어 그 이자로써 교생들의 양식으로 삼게 하였다.[200] 이를 통해 향교 교생은 입번에 필요한 경비를 스스로 부담하는 것이 원칙이었으며, 때로는 지방관이 이를 지원해주는 경우가 있었음을 알 수 있다.

철종(哲宗) 14년(1863)에 고을 사람 안경록(安景祿)이 주도하여 대성전, 명륜당, 동서무, 동서재를 중수하였다.[201] 고종(高宗) 25년(1878)에 군수 이능하(李能夏)가 풍영루(風詠樓)를 중수하였고, 고종 광무(光武) 2년(1898)에는 군수 임철재(任喆宰)가 화재를 입은 대성전을 보수하였다.

1931년에 군수 이민하(李玟河)가 풍영루를 중건하였고, 1936년에는 군수 박근수(朴根壽)가 청원재(淸源齋)를 중건하였다. 1940년에는 군수 한봉섭(韓奉燮)이 궁장(宮墻)을 수축하였으며,[202] 1955년에 교궁 및 담장의 보수가 있었다.[203]

1963년에 대성전, 1970~1971년에 대성전, 명륜당을 수리하였으며, 풍영루를 옮겨 짓고, 부속 건물을 보수하였다.[204] 1977년에는 대성전과 궁장을 개축하였고, 1979년에 대성전에 새로 기와를 올렸으며, 1981년에 명륜당을 개축하였다.[205] 1985년에 군수 이두연(李斗淵)이 대성전, 신문(神門), 명륜당, 풍영루를 중건하고, 담장을 수축하였다.[206] 향교는 이후에도 여러 차례 보수되었다.

---

198) 梁山鄕校, 「鄕校移建記文(1684)」『梁山鄕校誌』, 1999.

199) 『慶尙道邑誌』梁山郡 學校 鄕校.(아세아문화사 1982 영인)

200) 釜山産業大學校 鄕土文化硏究所, 「梁山鄕校重建記(1626)」『釜山慶南鄕校記文』, 1986. 姜大敏, 「鄕校校生」『韓國의 鄕校硏究』, 경성대 출판부, 1992, 101~103쪽.

201) 梁山鄕校, 「鄕校重修記文(1863)」『梁山鄕校誌』, 1999.

202) 梁山鄕校, 「舊誌」『梁山鄕校誌』, 1999.

203) 梁山鄕校, 「鄕校重修記文(1955)」『梁山鄕校誌』, 1999.

204) 梁山鄕校, 「舊誌」『梁山鄕校誌』, 1999.

205) 梁山鄕校, 「舊誌」『梁山鄕校誌』, 1999.

206) 梁山鄕校, 「明倫堂重建上樑文幷銘(1985)」『梁山鄕校誌』, 1999.

조선 초기 : 양산향교 창건

조선 선조 25년(1592) : 임진왜란으로 향교 소실

조선 선조 36년(1603) : 대성전 중창

조선 광해군 4년(1612) : 동 · 서무, 정문 건립

조선 인조 4년(1626) : 대성전 중수

조선 인조 10년(1632) : 대성전 및 명륜당 보수

조선 인조 11년(1633) : 동 · 서재 건립

조선 인조 12년(1634) : 강당, 재방, 협문, 대문, 전사고, 담장 신축

조선 숙종 9년(1683) : 대성전, 명륜당, 동 · 서재 및 문루를 건립하여 이건

조선 순조 28년(1828) : 향교 이건

조선 철종 14년(1863) : 대성전, 명륜당, 동·서무, 동·서재 중수

조선 고종 25년(1878) : 풍영루 중수

대한제국 광무 2년(1898) : 대성전 중수

1931년 : 풍영루 중건

1936년 : 청원재 중건

1955년 : 교궁 및 담장 보수

1963년 : 대성전 보수

1970~1971년 : 대성전 및 명륜당 수리, 풍영루 이건, 부속 건물 보수

1977년 : 대성전, 궁장 개축

1979년 : 대성전 기와 새로 바꿈

1985년 : 대성전, 신문, 명륜당, 풍영루 중건, 담장 수축

3. 입지 및 배치[207]

양산향교는 양산시내와 물금읍 소재지 사이의 새로 개발된 주거 지역 뒤에 있다. 향교는

---

207) 강영환, 「양산향교」『경상남도의 향교 건축』上, 국립문화재연구소, 2004, 212쪽을 바탕으로 글을
  다듬고 고쳤다.

가파른 뒷산 바로 밑에 있으므로 명륜당 일곽은 평지에, 대성전 일곽은 급경사지에 조성하였다. 근래에 세워진 홍살문을 들어서면, 정문에 이르기까지 담장으로 둘러싸인 공간이 있고, 양쪽으로 33개의 공덕비군이 세워져 있다.

　향교의 배치는 단일 축에 의한 전학후묘(前學後廟)형이지만, 『양산향교지(梁山鄕校誌)』의 향교도(鄕校圖)에 따르면, 원래는 좌학우묘(左學右廟)의 병렬형 구성이었다. 명륜당 뒤로 넓고 가파른 계단을 만들었고, 내삼문은 계단 중간의 폭을 넓게 만들었으며, 내삼문 뒤로 다시 대성전 마당으로 오르는 계단을 둔 독특한 형식이다. 또한 대성전 마당을 약한 경사를 두어 구성한 것도 주목된다.

4. 문화재 지정과 관리(유적과 유물)

종목 및 지정일 : 경상남도 유형문화재 제205호 / 지정일(1982년 8월 2일)
소재지 : 경상남도 양산시 강서동 198번지
소유자 및 관리자 : 경남향교재단

5. 건물

대성전/동 · 서무/내삼문/명륜당/동 · 서재/풍영루/청로당

〈사진 61〉 양산향교 동재

〈사진 62〉 양산향교 서재

〈사진 63〉 양산향교 명륜당

〈사진 64〉 양산향교 대성전

6. 참고문헌

『新增東國輿地勝覽』권22, 梁山郡 學校.

梁山鄕校, 「鄕校重修記文(1636)」『梁山鄕校誌』, 1999.

梁山鄕校, 「鄕校移建記文(1684)」『梁山鄕校誌』, 1999.

梁山鄕校, 「鄕校重修記文(1863)」『梁山鄕校誌』, 1999.

梁山鄕校, 「舊誌」『梁山鄕校誌』, 1999.

梁山鄕校, 「鄕校重修記文(1955)」『梁山鄕校誌』, 1999.

梁山鄕校, 「明倫堂重建上樑文并銘(1985)」『梁山鄕校誌』, 1999.

釜山産業大學校 鄕土文化硏究所, 「梁山鄕校重建記(1626)」『釜山慶南鄕校記文』, 1986.

姜大敏, 「鄕校 校生」『韓國의 鄕校硏究』, 경성대 출판부, 1992

강영환, 「양산향교」『경상남도의 향교 건축』上, 국립문화재연구소, 2004.

梁山鄕校, 「梁山鄕校 沿革」『梁山鄕校誌』, 1999.

정순우, 「경상남도의 향교」『慶尙南道의 鄕土文化』下, 韓國精神文化硏究院, 1999.

문화재청, 「양산향교」『국가문화유산포털』(http://www.heritage.go.kr)

한국정신문화연구원, 「양산향교」『민족문화대백과사전』(http://www.encykorea.com)

의령군 의령향교(宜寧鄕校)

<사진 65> 의령향교 수인루(數仞樓)

1. 개관

1) **소재지 :** 경상남도 의령군 의령읍 서리 393번지

2) **창건 연대 :** 조선 초기 추정

3) **문화재 지정 :** 경상남도 유형문화재 제201호(1982년 8월 2일 지정)

4) **석전제(釋奠祭) 향사일 :** 매년 음력 2월 상정일 / 음력 8월 상정일

5) **제향 인물**

　① 5성(五聖) − 공자(孔子), 안자(顔子), 증자(曾子), 자사자(子思子), 맹자(孟子)

　② 송조4현(宋朝四賢) − 주돈이(周惇頤), 정호(程顥), 정이(程頤), 주희(朱熹)

　③ 동국18현(東國十八賢) − 최치원(崔致遠), 설총(薛聰), 안유(安裕), 정몽주(鄭夢

周), 정여창(鄭汝昌), 김굉필(金宏弼), 이언적(李彦迪), 조광조(趙光祖), 김인후(金麟厚), 이황(李滉), 성혼(成渾), 이이(李珥), 조헌(趙憲), 김장생(金長生), 송시열(宋時烈), 김집(金集), 박세채(朴世采), 송준길(宋浚吉)

2. 설립과 연혁,[208] 운영 형태

　　의령향교의 창건 연대는 불분명하지만, 『신증동국여지승람(新增東國輿地勝覽)』에 '향교가 현의 북쪽 1리 지점에 있다'[209]는 기록으로 보아, 16세기 이전에 건립되었던 것으로 보인다.

　　조선 선조(宣祖) 15년(1582)에 현감(縣監) 이함(李涵)이 의령읍 동동리에서 현재의 위치로 이건하였다는 기록이 있으나, 1832년에 간행된 『경상도읍지(慶尙道邑誌)』에는 '향교는 옛날에는 성의 동쪽 바깥에 있었는데, 광해군(光海君) 10년(1618)에 현감 이함이 성의 서쪽 바깥으로 이건하였다' 고 기록하고 있으므로,[210] 앞서 언급한 향교의 이건 연도와 차이가 있다.

　　광해군 10년(1618) 당시에 의령향교의 교임(校任)으로는 도유사(都有司) 1명, 장의(掌議) 2명, 교생(校生) 2명, 전곡(典穀) 1명이며, 향교에 소속된 노비가 59명이었다.[211] 조선후기 읍지에는 당시 의령향교의 교임이 3명으로 나타난다.[212]

　　한편 흥학당이 의령 읍치 서쪽 2리에 있었는데, 지현(知縣) 홍수시(洪綏時)가 창건하여 고을 인사들이 매년 1번씩 모여서 부시(賦詩)를 강학하였다.[213] 흥학당은 조선 후기 유생

---

208) 강영환, 「의령향교」 『경상남도의 향교 건축』 下, 국립문화재연구소, 2004. 의령향교의 연혁에 관한 서술에서 특별한 전거를 밝히지 않는 경우는 모두 여기에 의거한다.
209) 『新增東國輿地勝覽』 권32, 宜寧縣 學校.
210) 『慶尙道邑誌』, 宜寧縣 學校.
211) 『宜春誌』권1, 學校 鄕校. (『韓國近代邑誌』, 한국인문과학원 1991 영인) 이 기록에 의하면, 이 당시 의령향교의 교생(校生)이 2명으로 기록되어 있으나, 여기서 교생은 향교의 학생이 아니라 향교 교임의 어떤 직임에 대한 오기로 판단된다. 『宜春誌』는 영조대(英祖代)에 처음 간행되어 이후 일제시대까지 몇 차례 속간된 의령현의 읍지(邑誌)이다. 본고에서 이용한 『宜春誌』는 1930년에 간행된 것이다.
212) 『慶尙道邑誌』, 宜寧縣 學校 鄕校.(아세아문화사 1982 영인)
213) 『宜春誌』 권1, 學校 興學堂.

들의 강학을 위한 거접이 이루어진 별도의 교육 기구였다.[214] 조선 후기 유생들의 강학을 위한 별도의 교육 기구의 이름은 지역에 따라 흥학당 뿐만 아니라 양사재(養士齋), 흥학재(興學齋), 여택재(麗澤齋), 육영재(育英齋), 득영재(得英齋), 교학재(敎學齋), 양사당(養士堂), 향숙(鄕塾) 등으로 다양하게 불리었다. 그리고 의령에는 흥학당과는 별도로 양현재(養賢齋)와 존덕재(尊德齋)가 설립되어 있었는데, 양현재는 의령향교의 동쪽에 있었고,[215] 존덕재는 의령향교 동쪽에 있었던 덕곡서원(德谷書院)을 철폐한 후 만든 것이다.[216]

사마소(司馬所)는 의령현의 읍치 서쪽 2리 지점에 설치되어 있었고, 『생진안(生進案)』이 있었다.[217] 사마소는 사마재라고도 불렀는데, 사마재는 주로 지방 사림들에 의해서 창건되었으며, 지방 사림들이 적극적으로 주도한 이유는 서원의 기능 변화와 관련이 있다.[218] 서원이 건립된 초기에는 서원은 향촌 사회에서 교육적 기능과 선현을 봉사하는 기능을 담당했으나, 18세기 후반에 이르러 서원이 남설되면서 서원은 교육적 기능보다는 선현을 봉사하는 기능이 강하게 나타나게 되어 몇몇 가문의 이해를 대변하는 사적 기구로 변했다. 따라서 서원의 교육 기능을 대신할 새로운 기구로서 사마재의 필요성이 강하게 요구되었다. 이로 인해 지방에 거주하는 진사나 생원들은 그들의 교육장소로서 사마재의 중건에 적극적인 관심을 나타내게 되었고, 이에 지방관들이 호응하여 재력을 지원함으로써 사마재가 활성화되었다.

일반적으로 유생들은 생원(生員)·진사(進士)에 합격하면 성균관(成均館)에 입학하여 과거 준비를 하는데, 여러 가지 사정으로 인하여 성균관에서 수업할 수 없는 지방의 생원·진사들의 교육기구로 사마재가 운영되기도 하였다.[219] 사마재는 성균관과 같은 방법으로 운영되었으며, 사마재에 적을 둔 생원·진사들의 명단을 기록한 것이 사마안(司馬案 : 司馬錄)이다. 따라서 사마재는 지방의 교육기관이라 할 수 있으며, 향교와도 밀접한 관계를 맺고 있었다.

숙종(肅宗) 1년(1675)에 문묘(文廟)와 동·서재(東·西齋)를 중수하였다. 숙종 25년(1699)

---

214) 姜大敏, 「鄕校의 敎育的 機能」『韓國의 鄕校研究』, 경성대 출판부, 1992, 185~186쪽.
215) 『宜春誌』 권1, 學校 養賢齋.
216) 『宜春誌』 권1, 學校 尊德齋.
217) 『宜春誌』 권1, 學校 司馬所.
218) 姜大敏, 「鄕校의 敎育的 機能」『韓國의 鄕校研究』, 경성대 출판부, 1992, 200~202쪽.
219) 尹熙勉, 「慶州司馬所에 대한 一考察」『歷史敎育』37·38, 歷史敎育研究會, 1985, 189~191쪽.

에는 명륜당(明倫堂)을 중수하였고, 정조(正祖) 24년(1800)에는 대성전이 중수되었다.[220]
순조(純祖) 20년(1820)에는 주지영(朱之榮)이 사재를 출원하여 재실과 낭료(廊僚)를 중수
하였으며,[221] 헌종(憲宗) 6년(1840)에는 수인루(數仞樓)를 다시 만들었다. 헌종 15년(1849)
에 현감 윤규석(尹圭錫)[222]과 고종(高宗) 16년(1879)에 현감 김오현(金五鉉),[223] 광무(光武)
1년(1897)에 현감 조유승(曺有承) 때에도 향교가 대대적으로 중수되었다.[224] 헌종 15년
(1849)에 향교를 중수한 후, 안휴로(安休老) 등이 현감의 명을 받들어『교궁지(校宮誌)』를
편찬하였다.[225] 철종(哲宗) 9년(1858)에 지현(知縣) 김우전(金雨田)이 교궁의 기명(器皿)과
제복(祭服)을 새로 갖추었다.[226]

조선시대 사족들이 유교적 윤리를 실천하는 하나의 방편으로서, 또 향촌사회에서 도덕
질서를 확립하고 미풍양속을 진작하기 위해서 향음주례(鄕飮酒禮)를 실시하였는데, 고종
(高宗) 25년(1888)에 작성된 의령향교의「모성숭학기(慕聖崇學記)」에서도 그 사실을 확인
할 수 있다.[227]

의령향교는 대한제국(大韓帝國) 광무(光武) 4년(1900)부터 3년 동안 진행된 향교 일곽
에 대한 전체적인 보수로 인해 현재 향교의 모습이 형성된 것으로 여겨지지만, 동·서재는
그 이후에 중수한 것으로 보인다. 1972년에 전교 이응수(李應洙)가 고을의 유림과 합의하
여 향교를 대폭적으로 수리하였으며,[228] 1974년에도 향교가 중수되었다. 2004년에는 향
교 내에 공자상을 건립하였다.[229]

---

220) 宜寧鄕校,「誌文跋(1849)」『校宮誌』, 2008.
221) 釜山産業大學校 鄕土文化硏究所,「(宜寧鄕校)庚辰年春余以不才云云(1821)」『釜山慶南鄕校記文』,
　　　1986. 정순우,「경상남도의 향교」『慶尙南道의 鄕土文化』下, 韓國精神文化硏究院, 1999, 601~602
　　　쪽에는 숙종 원년(1675)에 주지영이 사재를 출원하여 문묘와 동서재를 중수하였다고 파악했지만, 이
　　　기문 자료에 의하면 순조 20년(1820)으로 보는 것이 옳다.
222) 釜山産業大學校 鄕土文化硏究所,「(宜寧鄕校)校宮重建記(1849)」『釜山慶南鄕校記文』, 1986.
223) 釜山産業大學校 鄕土文化硏究所,「(宜寧鄕校)明倫堂重修記(1879)」『釜山慶南鄕校記文』, 1986.
224) 宜寧郡誌編纂委員會,「향교, 흥학당의 교육」『宜寧郡誌』, 의령군, 2003.
225) 宜寧鄕校,「敍重修記後(1849)」『校宮誌』, 2008.
226) 釜山産業大學校 鄕土文化硏究所,「(宜寧鄕校)校宮器服新造重修記(1858)」『釜山慶南鄕校記文』, 1986.
227) 釜山産業大學校 鄕土文化硏究所,「(宜寧鄕校)慕聖崇學記(1888)」『釜山慶南鄕校記文』, 1986, 姜大敏,
　　　「鄕校의 社會敎化的 機能」『韓國의 鄕校硏究』, 경성대 출판부, 1992, 231쪽.
228) 정순우,「경상남도의 향교」『慶尙南道의 鄕土文化』下, 韓國精神文化硏究院, 1999.
229) 의령향교의 공자상은 〈사진 70〉〈사진 71〉 참조.

조선 초기 : 의령향교 창건

조선 선조 15년(1582) : 향교 이건

조선 숙종 1년(1675) : 문묘, 명륜당 중수

조선 숙종 25년(1699) : 명륜당 중수

조선 정조 24년(1800) : 대성전 중수

조선 순조 16년(1816) : 향교 이건

조선 순조 20년(1820) : 재실 및 낭료 중수

조선 헌종 6년(1840) : 수인루 중수

조선 헌종 15년(1849) : 대성전 일곽을 중심으로 중수

조선 철종 9년(1858) : 교궁의 기명(器皿)과 제복(祭服)을 새로 갖춤

조선 고종 16년(1879) : 명륜당 중수

대한제국 광무 4년(1900) : 향교 중수

1972년 : 향교 중수

1974년 : 향교 중수

2004년 : 공자상 건립

3. 입지 및 배치[230]

　의령향교는 읍내 중심에서 서쪽으로 500m 정도 떨어진 급경사지의 서본마을 내에 있다. 큰길에서 좁은 주택가 도로를 따라 연결된 막다른 곳에 향교가 있다. 향교의 앞과 옆에는 민가들이 많이 있으나, 향교가 높은 곳에 있기 때문에 의령 읍내의 전경과 멀리 강과 산들이 시야에 들어 온다. 향교의 앞의 왼쪽 마을에는 여러 채의 재실과 사당들이 있으며, 바로 동쪽 옆에도 존덕재(尊德齋)라는 재실이 있다.

　향교의 공간 구성은 전학후묘(前學後廟)의 직렬형이며, 대성전이 명륜당 위로 드러나 보일

---

230) 강영환, 「의령향교」『경상남도의 향교 건축』下, 국립문화재연구소, 2004, 68쪽을 바탕으로 글을 다듬고 고쳤다.

정도로 급경사에 세워졌다. 강학 영역은 횡으로 길게 이루어졌지만 짜임새가 있다. 명륜당과 대성전 사이는 조금 떨어져 있고, 그 사이에 5단의 계단식 축대를 쌓아 단을 조성하였다.

강학 공간의 짜임새에 비해 대성전 일곽은 일반 사당과 같은 구성으로 짜여졌다. 내삼문 앞의 계단이 급경사로 동쪽 끝에 넓은 꺾음계단을 만들어 출입에 편의를 도모하였다. 대성전도 3단의 석축 위에 세웠으며, 대성전 마당에 동·서무가 있었던 흔적이 보인다.

4. 문화재 지정과 관리(유적과 유물)

종목 및 지정일 : 경상남도 유형문화재 제201호 / 지정일(1982년 8월 2일)

소재지 : 경상남도 의령군 의령읍 서리 393번지

소유자 및 관리자 : 경남향교재단

5. 건물

대성전/내삼문/명륜당/동·서재/수인루/양현재

〈사진 66〉 의령향교 동재

〈사진 67〉 의령향교 서재

〈사진 68〉 의령향교 명륜당

〈사진 69〉 의령향교 대성전

〈사진 71〉 의령향교 공자상 건립 성금록

〈사진 70〉 의령향교 공자상

6. 참고문헌

『新增東國輿地勝覽』 권32, 宜寧縣 學校.

『慶尙道邑誌』, 宜寧縣 學校.

『宜春誌』 권1, 學校.(『韓國近代邑誌』, 한국인문과학원 1991년 영인)

宜寧鄕校, 「敍重修記後(1849)」『校宮誌』, 2008.

宜寧鄕校, 「誌文跋(1849)」『校宮誌』, 2008.

釜山産業大學校 鄕土文化硏究所, 「(宜寧鄕校)庚辰年春余以不才云云(1821)」『釜山慶南鄕
　　校記文』, 1986.

214

釜山産業大學校 鄕土文化硏究所,「(宜寧鄕校)校宮重建記(1849)」『釜山慶南鄕校記文』,
　　　1986.

釜山産業大學校 鄕土文化硏究所,「(宜寧鄕校)校宮器服新造重修記(1858)」『釜山慶南鄕校
　　　記文』, 1986.

釜山産業大學校 鄕土文化硏究所,「(宜寧鄕校)光學錢記(1865)」『釜山慶南鄕校記文』, 1986.

釜山産業大學校 鄕土文化硏究所,「(宜寧鄕校)明倫堂重修記(1879)」『釜山慶南鄕校記文』,
　　　1986.

釜山産業大學校 鄕土文化硏究所,「(宜寧鄕校)校宮置贍學錢記(1884)」『釜山慶南鄕校記文』,
　　　1986.

釜山産業大學校 鄕土文化硏究所,「(宜寧鄕校)慕聖崇學記(1888)」『釜山慶南鄕校記文』,
　　　1986.

釜山産業大學校 鄕土文化硏究所,「(宜寧鄕校)補學錢拮据記(1892)」『釜山慶南鄕校記文』,
　　　1986.

姜大敏,「鄕校의 社會敎化的 機能」『韓國의 鄕校硏究』, 경성대 출판부, 1992.
강영환,「의령향교」『경상남도의 향교 건축』下, 국립문화재연구소, 2004.
경남건축가협회,『경남의 전통건축』, 창원대 경남학연구센터, 2010.
宜寧郡誌編纂委員會,「향교, 흥학당의 교육」『宜寧郡誌』, 의령군, 2003.

문화재청,「의령향교」『국가문화유산포털』(http://www.heritage.go.kr)
한국정신문화연구원,「의령향교」『민족문화대백과사전』(http://www.encykorea.com)

〈사진 72〉 진주향교 풍화루

1. 개관

1) 소재지 : 경상남도 진주시 옥봉동 232-1번지

2) 창건 연대 : 고려 성종 6년(987)

3) 문화재 지정 : 경상남도 유형문화재 제50호(1972년 2월 12일 지정)

4) 석전제(釋奠祭) 향사일 : 매년 양력 5월 11일 / 양력 9월 28일

5) 제향 인물

① 5성(五聖) - 공자(孔子), 안자(顏子), 증자(曾子), 자사자(子思子), 맹자(孟子)

② 송조2현(宋朝二賢) - 정호(程顥), 주희(朱熹)

③ 동국18현(東國十八賢) - 최치원(崔致遠), 설총(薛聰), 안유(安裕), 정몽주(鄭夢

周), 정여창(鄭汝昌), 김굉필(金宏弼), 이언적(李彦迪), 조광조(趙光祖), 김인후(金
麟厚), 이황(李滉), 성혼(成渾), 이이(李珥), 조헌(趙憲), 김장생(金長生), 송시열
(宋時烈), 김집(金集), 박세채(朴世采), 송준길(宋浚吉)

　현재 진주향교에서 제향하는 인물은 위에서 제시한 5성, 송조2현, 동국18현이다. 그런
데 1923년에 간행된 『진양지속수(晋陽誌續修)』에 그 당시 진주향교에서 제향한 인물은 5
성, 공문10철, 송조6현, 70자, 동국18현으로 되어 있어[231] 조선시대에 진주향교가 대설위
의 향교였음을 확인할 수 있다. 그리고 이는 오늘날 진주향교의 제향 인물과도 달랐음을
말해준다. 『진양지속수』는 조선시대에 간행된 이 곳의 지방지인 『진양지』의 체재와 내용
을 그대로 이어 받았다.

2. 설립과 연혁, 운영 형태

　진주향교는 고려 성종(成宗) 6년(987)에 향학당(鄕學堂)으로 창건되어 국자감(國子監)
으로부터 경학(經學) 및 의학박사(醫學博士)가 파견되어 학생을 가르쳤다.[232] 진주향교의
설립 연대는 전국적으로도 가장 이른 시기에 속한다. 현종(顯宗) 2년(1011)에 서재(西齋)
를 중건하여 수학원(修學院)과 학사(學舍), 서재(書齋), 사교당(四敎堂) 등으로 개칭하였
다. 이 무렵에 진주향교에서 수학한 대표적 인물은 강민첨(姜民瞻)이 있다.[233]
　진주향교의 위치에 대해서는 다음 기록들이 참조된다. 『신증동국여지승람(新增東國輿
地勝覽)』에는 '주(州) 동쪽 3리에 있으며 사교당(四敎堂)이 있다'는 기록이 있다.[234] 이에

---

231) 『晋陽誌續修』學校.(『韓國近代邑誌』, 한국인문과학원, 1991년 영인)

232) 晋州鄕校, 「鄕校沿革」『晋州鄕校誌』, 1997, 宋春永, 「高麗時代 鄕校의 變遷」『高麗時代 雜學敎育 硏
究』, 螢雪出版社, 1998, 320~321쪽. 진주향교의 연혁에 관한 서술에서 특별한 전거를 밝히지 않는
경우는 모두 여기에 의거한다.
한편, 박찬수는 진주향교의 창건 연대를 고려 목종대(穆宗代, 997~1009)로 파악하였다. 朴贊洙, 「고
려시대 鄕校의 성립과 발전」『高麗時代 敎育制度史 硏究』, 景仁文化社, 2001, 196쪽. 하지만 관련 자
료를 검토했을 때, 진주향교의 창건 연대는 성종 6년(987)으로 보는 것이 옳다.

233) 『高麗史』 권94, 姜民瞻傳.

234) 『新增東國輿地勝覽』 권30, 晋州牧 學校 鄕校.

따르면, 조선초기까지 진주향교는 진주 읍치의 동쪽에 있었음을 알 수 있다.

그리고 고려말 조선초에 생존했던 하연(河演 : 1376~1453)의 기문에 따르면, 진주향교에는 강민첨 이후 고려말과 조선초기 이 지방 출신의 강보(姜寶), 하즙(河楫), 하윤원(河允源), 하을지(河乙沚), 정을보(鄭乙輔), 하륜(河崙), 정이오(鄭以吾), 하경복(河敬復)과 같은 유능한 인사들이 이곳에서 수학했다.[235] 하연이 이 기문을 쓸 무렵에 진주향교에는 강당이 없었는데, 전교관(前敎官) 조보인(趙寶仁)이 진주목사와 상의하여 재목을 준비하였고, 그 당시의 교관 강원량(姜元亮)이 감독하여 완성하였다. 강당을 완공한 후 이름을 사교당[236]이라 정하고, 이에 관한 기문을 하연에게 부탁했다. 하연의 기문을 통해서 유추해 보면, 고려말 조선초에 진주향교가 교학 기능을 발휘하고 있었음은 확인되지만, 향교 건물이 완전하게 갖추어져 있지는 않았음을 알 수 있다.

관찬 기록에 따르면, 조선 태조(太祖) 7년(1398)에 문묘(文廟)를 창건하고 훈도(訓導), 교관(敎官), 교수(敎授) 등이 파견되었다. 명종(明宗) 13년(1558)에 목사 김홍(金泓)이 성묘를 중수하고, 단청을 새롭게 했으며, 동서무, 명륜당, 동서재, 풍화루를 중건했다.[237] 이때에 향교를 비봉곡(飛鳳谷)으로 이건(移建)하였으나, 임진왜란으로 소실되었다.[238]

이후 진주향교는 위치가 이동하였는데, 이에 대해서는 다음 기록을 통해 확인된다. 『영남읍지(嶺南邑誌)』에는 '향교는 옥봉리에 있는데 옛날에는 비봉산 왼편 중턱에 있었고, 이후 사교당의 왼편으로 이건하였는데 명종 13년(1558)에 대성전을 개수하고 단청을 새로 하였으며, 동·서무와 명륜당, 동·서재, 풍화루 등을 중건하고 영역을 넓혔다. 임진왜란에 의해 소실된 것을 선조(宣祖) 36년(1603)에 옛 자리의 위쪽에 먼저 대성전을 건립하고, 40년(1607)에 명륜당과 동·서재를 건립하였다' 라고 비교적 연혁을 자세히 적고 있다.[239]

임진왜란 이후 전개된 진주향교의 중건과 위치 이동에 대해서는 이 지역의 지방지에서도 확인된다. 『진양지(晋陽誌)』에 따르면 선조 36년(1603)에 병사(兵使) 이수일(李守一)이

---

235) 『新增東國輿地勝覽』 권30, 晋州牧 學校 鄕校, 하연(河演)의 기문.
236) 이때에 만들어진 사교당(四敎堂)은 그 후 진주향교가 여러 차례 이건되었으나, 지금까지 진주향교의 부속 건물로 존속했던 것 같다. 2011년 10월 8일에 우리 연구진이 진주향교를 조사했을 때에도 〈사진 77〉에서 보듯이 사교당 건물을 확인할 수 있었다.
237) 『晋陽誌』 권2, 鄕校.(『朝鮮時代私撰邑誌』, 한국인문과학원 1989년 영인)
238) 晋州鄕校, 「鄕校沿革」『晋州鄕校誌』, 1997.
239) 『嶺南邑誌』, 晋州牧 學校.

대성전을 옛터인 현하대(現下臺)에 복원하여 이건하였으며, 40년(1607)에 병사 김태허(金太虛)가 명륜당과 동·서재를 중건하였다.[240] 인조(仁祖) 10년(1632)에 진주목사 홍대연(洪大淵)이 진주향교를 이건하였다.[241] 도검(都檢)으로 정국제(鄭國濟)가 전체 업무를 총괄하고, 재임(齋任)인 허표(許杓), 하진익(河鎭翊), 허정(許㮨), 유임동(柳林東)이 참여했다. 유구(柳垢), 정계채(鄭繼采)는 성조(成造)의 직책을 맡았고, 동역(董役)의 직책에는 성사덕(成師德), 전기(典記)의 직책에는 정치엽(鄭致曄)이 참여했으며, 이밖에도 다수의 인물들이 참여했다. 이때에 중건된 진주향교의 대성전은 6칸으로 만들어졌고, 진주향교의 건물 배치는 종전과 같이 하였다. 인조(仁祖) 22년(1644)에 현재의 터인 상대(上臺)에 중건하였고, 영조(英祖) 16년(1740)[242]과 순조(純祖) 6년(1806)에 풍화루(風化樓)를 중수했다.[243] 순조(純祖) 11년(1811)과 순종(純宗) 원년(1907)에 향교 일곽을 중수하였다.[244] 이처럼 진주향교는 여러번 위치를 옮겼고, 건물을 자주 보수하였다.

진주향교에는 임진왜란 이전부터 향교에 필요한 비용을 조달하기 위해 보장고(寶長庫)라는 일종의 재단이 설립되어 있었다.[245] 보장고는 향교의 동재 옆에 있었다. 보장고는 명종 13년(1558)에 목사 김홍이 양현자(養賢資)를 설치한 것에서 비롯되었다. 김홍이 설치한 양현자를 바탕으로 선조 19년(1586)에 목사 이유인(李裕仁)이 백미(白米) 3백곡(斛), 태(太)와 조(租)를 각각 백석(百碩)을 보태고, 보장소(寶長所)를 지키는 노비 1명을 지급함으로써, 보장고가 확충되었다. 임진왜란 이전에 이처럼 확장되었던 보장고가 임진왜란을 계기로 무너지게 되었던 것 같다. 그 이후 전란을 복구하는 과정에서 보장고도 복구가 되었다. 광해군(光海君) 2년(1610)에 병사 임득의(林得義)가 고을 사람에게 미(米)와 태(太)를 거두어 보장고를 복원했다.

조선후기 향교에는 수령이 향교의 식리(殖利) 활동을 위해 전곡을 입본전(立本錢)으로

---

240)『晋陽誌』권2, 鄕校.

241) 晋州鄕校, 「嶺南晋州校宮移建事蹟碑文(1752)」『晋州鄕校誌』, 1997. 〈사진 78〉 참조. 〈사진 79〉는 〈사진 78〉의 비를 1993년에 그대로 다시 만든 비이다.

242) 晋州鄕校, 「風化樓重修記(1740)」『晋州鄕校誌』, 1997, 釜山産業大學校 鄕土文化硏究所, 「(晋州鄕校) 風化樓重修記(1740)」『釜山慶南鄕校記文』, 1986.

243) 晋州鄕校, 「風化樓重修記(1806)」『晋州鄕校誌』, 1997.

244) 晋州鄕校, 「鄕校沿革」『晋州鄕校誌』, 1997.

245)『晋陽誌』권2, 鄕校 寶長庫.

지급하여 재단을 만들고, 식리 활동을 통해 향교의 재원에 충당하도록 하였다.[246] 진주향교의 김홍이 만든 양현자는 입본전에 해당하고, 이를 바탕으로 설립된 보장소와 보장고는 향교의 재단으로 활용되었던 것이다.

진주향교는 이후 일제시대와 한국전쟁을 거치면서 퇴락되었다가 1963년에 풍화루 및 명륜당, 동·서재를 현재의 위치로 이건하였다.[247] 1971년부터 6년간 대성전과 동·서무(東·西廡), 계단 및 담장을 복구하고, 내삼문(內三門)을 건립하였다.[248] 1983년에는 풍화루 앞의 입문로를 확장하여 40계단을 증축하고 동서 담장을 보수했으며, 부속채의 신축과 서재를 중수하였다.[249] 1984년에 풍화루를 중수하였고,[250] 1986년에 사교당을 중건하였다.[251]

고려 성종 6년(987) : 진주향교 창건

고려 현종 2년(1011) : 중수 및 서재를 중건하고 수학원 학사서재를 사교당 등으로 개칭

조선 태조 7년(1398) : 문묘 창건

조선 명종 13년(1558) : 향교 이건

조선 선조 25년(1592) : 임진왜란으로 소실

조선 선조 36년(1603) : 향교 이건

조선 인조 22년(1644) : 대성전 중건

조선 영조 16년(1740) : 풍화루 중수

조선 순조 6년(1806) : 풍화루 중수

조선 순조 11년(1811) : 향교 중수

---

246) 조선후기 향교의 식리 활동과 재정 기반에 대해서는 尹熙勉, 「鄕校의 經濟基盤과 그 運營」『朝鮮後期 鄕校研究』, 一潮閣, 1990, 251~253쪽, 姜大敏, 「鄕校의 財政的 基盤」『韓國의 鄕校研究』, 경성대 출판부, 1992, 128~131쪽 참조.
247) 晋州鄕校, 「明倫堂移建記(1969)」『晋州鄕校誌』, 1997, 晋州鄕校, 「鄕校沿革」『晋州鄕校誌』, 1997년에는 이건 시기를 1961년으로 파악했으나, 기문 자료에 의하면 공사의 시작은 1962년이며, 공사의 완공 시기는 1963년이다.
248) 晋州鄕校, 「文廟重修記(1979)」『晋州鄕校誌』, 1997.
249) 晋州鄕校, 「鄕校補修記(1983)」『晋州鄕校誌』, 1997.
250) 晋州鄕校, 「風化樓重修上樑文(1984)」『晋州鄕校誌』, 1997.
251) 晋州鄕校, 「四敎堂復元記(1986)」『晋州鄕校誌』, 1997.

조선 순종 원년(1907) : 향교 중수

1963년 : 풍화루, 명륜당 현재의 위치로 이건

1977년 : 대성전, 동·서무 등을 복구, 내삼문 건립

1983년 : 풍화루 계단 증축, 담장 등을 보수

1984년 : 풍화루 중수

1986년 : 사교당 중건

3. 입지 및 배치[252]

　진주향교는 남강 북쪽 금산공원의 동편에 있다. 진주 MBC를 지나 봉래초등학교 쪽으로 고개를 넘으면 왼편의 언덕 위로 향교가 보인다.

　진주향교는 향교의 일반적인 입지와는 달리 가파른 경사지에 있다. 풍화루, 명륜당과 사교당, 내삼문, 대성전이 차례로 위로 올라가며 남향으로 배치되었고, 대성전의 전면 좌·우에는 동무와 서무가 서로 마주보고 배치되어 내삼문과 더불어 제향 영역을 이루고 있다.

　명륜당과 사교당은 나란히 있고 전면 좌우로 동재와 서재가 마주보며 배치되어 풍화루와 함께 강학 영역을 이루고 있으므로, 진주향교는 전체적으로 전학후묘(前學後廟)의 배치 형식을 따르고 있다. 강학 영역과 제향 영역은 대지 높이에 따라 단을 두고 계단을 통하여 오르내리도록 만들었다.

4. 문화재 지정과 관리(유적과 유물)

종목 및 지정일 : 경상남도 유형문화재 제50호 / 지정일(1972년 2월 12일)

소재지 : 경상남도 진주시 옥봉동 232-1번지

소유자 및 관리자 : 경남향교재단

---

252) 한욱, 「진주향교」『경상남도의 향교 건축』上, 국립문화재연구소, 2004, 233쪽을 바탕으로 글을 다듬고 고쳤다.

5. 건물

대성전/동·서무/내삼문/명륜당/동·서재/교직사/풍화루/관리사

〈사진 73〉 진주향교 동재

〈사진 74〉 진주향교 서재

〈사진 75〉 진주향교 명륜당

〈사진 76〉 진주향교 대성전

〈사진 77〉 진주향교 사교당(四敎堂)

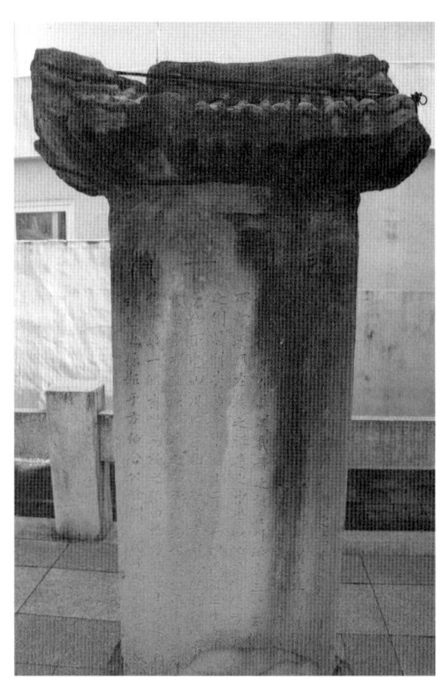

<사진 78> 영남진주교궁이건사적비
(嶺南晉州校宮移建事蹟碑, 1752년 건립)

<사진 79> 영남진주교궁이건사적비
(嶺南晉州校宮移建事蹟碑, 1993년 건립)

6. 참고문헌

『新增東國輿地勝覽』 권30, 晉州牧 學校.

『嶺南邑誌』, 晉州牧 學校.

『晉陽誌』 권2, 鄕校.(『朝鮮時代私撰邑誌』, 한국인문과학원 1989년 영인)

『晉陽誌續修』 學校.(『韓國近代邑誌』, 한국인문과학원, 1991년 영인)

晉州鄕校, 「四敎堂記(1449)」『晉州鄕校誌』, 1997.

晉州鄕校, 「風化樓重修記(1740)」『晉州鄕校誌』, 1997.

晉州鄕校, 「嶺南晉州校宮移建事蹟碑文(1752)」『晉州鄕校誌』, 1997.

晉州鄕校, 「風化樓重修記(1806)」『晉州鄕校誌』, 1997.

晉州鄕校, 「明倫堂移建記(1969)」『晉州鄕校誌』, 1997.

晉州鄕校, 「文廟重修記(1979)」『晉州鄕校誌』, 1997.

晋州鄕校, 「鄕校補修記(1983)」『晋州鄕校誌』, 1997.

晋州鄕校, 「風化樓重修上樑文(1984)」『晋州鄕校誌』, 1997.

晋州鄕校, 「四敎堂復元記(1986)」『晋州鄕校誌』, 1997.

釜山産業大學校 鄕土文化硏究所, 「(晋州鄕校)風化樓重修記(1740)」『釜山慶南鄕校記文』, 1986.

姜大敏, 『韓國의 鄕校硏究』, 경성대 출판부, 1992.

朴贊洙, 「고려시대 鄕校의 성립과 발전」『高麗時代 敎育制度史 硏究』, 景仁文化社, 2001.

宋春永, 「高麗時代 鄕校의 變遷」『高麗時代 雜學敎育 硏究』, 螢雪出版社, 1998.

尹熙勉, 「鄕校의 經濟基盤과 그 運營」『朝鮮後期 鄕校硏究』, 一潮閣, 1990.

정순우, 「경상남도의 향교」『慶尙南道의 鄕土文化』下, 韓國精神文化硏究院, 1999.

晋州鄕校, 「鄕校沿革」『晋州鄕校誌』, 1997.

한욱, 「진주향교」『경상남도의 향교 건축』上, 국립문화재연구소, 2004.

문화재청, 「진주향교」『국가문화유산포털』(http://www.heritage.go.kr)

한국정신문화연구원, 「진주향교」『민족문화대백과사전』(http://www.encykorea.com)

창녕군 영산향교(靈山鄕校)

〈사진 80〉 영산향교 풍화문

1. 개관

1) **소재지 :** 경상남도 창녕군 영산면 교리 51번지

2) **창건 연대 :** 조선 초기 추정

3) **문화재 지정 :** 경상남도 유형문화재 제213호(1983년 8월 12일 지정)

4) **석전제(釋奠祭) 향사일 :** 매년 양력 5월 11일 / 양력 9월 28일

5) **제향 인물**

① 5성(五聖) – 공자(孔子), 안자(顔子), 증자(曾子), 자사자(子思子), 맹자(孟子)

② 송조4현 – 주돈이(周惇頤), 정호(程顥), 정이(程頤), 주희(朱熹)

③ 동국18현(東國十八賢) – 최치원(崔致遠), 설총(薛聰), 안유(安裕), 정몽주(鄭夢

周), 정여창(鄭汝昌), 김굉필(金宏弼), 이언적(李彦迪), 조광조(趙光祖), 김인후(金麟厚), 이황(李滉), 성혼(成渾), 이이(李珥), 조헌(趙憲), 김장생(金長生), 송시열(宋時烈), 김집(金集), 박세채(朴世采), 송준길(宋浚吉)

2. 설립과 연혁,[253] 운영 형태

영산현(靈山縣)에 향교가 세워진 정확한 연대는 알 수 없으나,『신증동국여지승람(新增東國輿地勝覽)』에는 '현의 북쪽 1리에 있다' 라는 기록이 있는 것으로 보아,[254] 이 책의 간행 시점인 1530년 이전에 이미 향교가 존재하였음을 알 수 있다.

영산향교의 위치에 대해서는 다음 기록들이 참조된다. 1832년에 간행된『경상도읍지(慶尙道邑誌)』「영산현읍지(靈山縣邑誌)」에 '향교는 현의 북쪽 1리에 있다' 라는 기록이 있는 것으로 보아,[255] 영산향교는 다른 곳으로 옮기지 않고 계속 같은 위치에 있었음을 알 수 있다. 이같은 내용은 1895년에 발행된『영남읍지(嶺南邑誌)』「영산부사례(靈山附事例)」에도 기록되어 있다.[256]

영산향교는 임진왜란 때 소실되었다가 선조(宣祖) 37년(1604)에 중건하였으며, 1992년에 작성된 영산향교의 「명륜당중건기(明倫堂重建記)」에 의하면 숙종(肅宗) 원년(1674)에 명륜당을 건축하였으며, 정조(正祖) 14년(1789)에 향교를 이건하였고, 대한제국(大韓帝國) 광무(光武) 2년(1898)에 중수하였다고 한다.[257] 조선후기의 영산향교에는 유생(儒生) 15명과 교생(校生) 15명이 소속되어 이들은『소학(小學)』으로 공부했다.[258]

1959년에는 대성전(大成殿)과 명륜당을 중수하였다.

---

253) 강영환, 「영산향교」『경상남도의 향교 건축』下, 국립문화재연구소, 2004. 영산향교의 연혁에 관한 서술에서 특별한 전거를 밝히지 않는 경우는 모두 여기에 의거한다.
254) 『新增東國輿地勝覽』 권27, 靈山縣 學校.
255) 『慶尙道邑誌』, 靈山縣 學校 鄕校.(아세아문화사 1982 영인)
256) 『嶺南邑誌』, 靈山縣 學校.
257) 강영환, 「영산향교」『경상남도의 향교 건축』下, 국립문화재연구소, 2004.
258) 『慶尙道邑誌』, 靈山縣 學校 鄕校.

조선 초기 : 영산향교 창건

조선 선조 25년(1592) : 임진왜란으로 향교 소실

조선 선조 37년(1604) : 향교 중건

조선 숙종 원년(1674) : 명륜당 건축

조선 정조 14년(1789) : 명륜당 이건

대한제국 광무 2년(1898) : 명륜당 중수

1959년 : 대성전 및 명륜당 중수

1991년 : 명륜당 보수

1993년 : 대성전 보수

3. 입지 및 배치[259]

영산향교의 대성전 일곽은 영산향교의 명륜당 및 동·서재와는 좀 떨어진 교리 48번지에 있다. 이렇게 영산향교 일곽의 지번이 각각인 이유는 일반적인 향교와 달리 대성전과 명륜당이 70여 미터의 거리차를 두고 있기 때문이다.

영산향교의 앞에는 교리마을이 있으므로, 향교로 들어가기 위해서는 교리마을을 통해야 한다. 교리마을의 문화재로는 '영산신씨고가(靈山辛氏古家)'가 있는데, 이 마을의 구성이 짜임새가 있고, 각 주거의 담장이 고졸한 맛이 있어서 마을의 역사가 오래되었음을 잘 말해주고 있다. 이 마을은 고려 말의 승려인 신돈(辛旽)의 출생지로도 알려져 있을 만큼 유서 깊은 마을이며, 향교 건립 이전에 이미 마을이 구성된 것으로 보아, 향교의 건립과 더불어 교리로 마을 이름이 바뀐 것으로 보인다.

이처럼 영산향교는 교리마을의 뒤쪽 산자락에 있는데, 배산의 급경사가 시작되는 지점에 있어서 명륜당과 대성전의 높이 차이가 큰 편이다. 이러한 높이의 격차는 두 건물이 떨어져 있는 점에서 비롯되는데, 창건 초기에는 명륜당 바로 뒤에 대성전이 있어서 두 영역

---

259) 강영환, 「영산향교」『경상남도의 향교 건축』下, 국립문화재연구소, 2004, 86쪽을 바탕으로 글을 다듬고 고쳤다.

간의 높이 차는 현재와 같이 크지 않았을 것으로 추측된다.

영산향교 일곽 내에 현존하는 건물은 대성전, 명륜당, 동무(東廡), 서무(西廡), 풍화문(風化門), 동·서재(東·西齋), 내삼문(內三門), 관리사 등이 있으며, 동·서무는 최근 복원된 것이다.

제향 영역과 강학 영역은 별개의 영역으로 되어 긴밀한 연관성은 전혀 찾아 볼 수 없고, 특히 약 20° 정도 좌향이 어긋나 있어서 이러한 느낌이 더욱 두드러진다. 이러한 산만함은 강학 영역에서도 나타나는데 동·서재가 서로 나란히 마주하지 않고 동재가 서재에 더 남측으로 내려와 있으며, 명륜당의 단 처리도 대칭적이지 않게 구성되어 있다. 제향 영역은 대성전, 동·서무 등으로 구성되어 있는데, 최근 동·서무를 복원함으로써 완전한 구색을 갖추었다.

4. 문화재 지정과 관리(유적과 유물)

종목 및 지정일 : 경상남도 유형문화재 제213호 / 지정일(1983년 8월 12일)
소재지 : 경상남도 창녕군 영산면 교리 51번지
소유자 및 관리자 : 경남향교재단

5. 건물

대성전/동·서무/내삼문/명륜당/동·서재/풍화문/관리사

〈사진 81〉 영산향교 동재

〈사진 82〉 영산향교 서재

〈사진 83〉 영산향교 명륜당

〈사진 84〉 영산향교 대성전

6. 참고문헌

『新增東國輿地勝覽』 권27, 靈山縣 學校.

『慶尙道邑誌』, 靈山縣 學校 鄕校.(아세아문화사 1982 영인)

『嶺南邑誌』, 靈山縣 學校.

姜大敏,『韓國의 鄕校硏究』, 경성대 출판부, 1992.

강영환, 「영산향교」『경상남도의 향교 건축』下, 국립문화재연구소, 2004.

경남건축가협회,『경남의 전통건축』, 창원대 경남학연구센터, 2010.

정순우, 「경상남도의 향교」『慶尙南道의 鄕土文化』下, 韓國精神文化硏究院, 1999.

昌寧郡誌編纂委員會, 「鄕校」『昌寧郡誌』, 昌寧郡, 2003.

문화재청, 「영산향교」『국가문화유산포털』(http://www.heritage.go.kr)

한국정신문화연구원, 「영산향교」『민족문화대백과사전』(http://www.encykorea.com)

창녕군 창녕향교(昌寧鄕校)

〈사진 85〉 창녕향교 추한문(秋漢門)

1. 개관

1) **소재지 :** 경상남도 창녕군 창녕읍 교동리 440번지

2) **창건 연대 :** 조선 초기 추정

3) **문화재 지정 :** 경상남도 유형문화재 제212호(1983년 8월 12일 지정)

4) **석전제(釋奠祭) 향사일 :** 매년 양력 5월 11일 / 양력 9월 28일

5) **제향 인물**

　　① 5성(五聖) – 공자(孔子), 안자(顔子), 증자(曾子), 자사자(子思子), 맹자(孟子)

　　② 송조4현 – 주돈이(周惇頤), 정호(程顥), 정이(程頤), 주희(朱熹)

　　③ 동국18현(東國十八賢) – 최치원(崔致遠), 설총(薛聰), 안유(安裕), 정몽주(鄭夢

周), 정여창(鄭汝昌), 김굉필(金宏弼), 이언적(李彦迪), 조광조(趙光祖), 김인후(金麟厚), 이황(李滉), 성혼(成渾), 이이(李珥), 조헌(趙憲), 김장생(金長生), 송시열(宋時烈), 김집(金集), 박세채(朴世采), 송준길(宋浚吉)

2. 설립과 연혁[260], 운영 형태

　창녕향교의 창건 연대에 대한 정확한 기록은 찾아보기 힘들다. 『신증동국여지승람(新增東國輿地勝覽)』에 의하면 '현의 북쪽 1리에 있다'[261]고 하였으므로, 이 책의 발간 시점인 중종(中宗) 25년(1530) 이전에 이미 향교가 존재하고 있었음을 알 수 있다.

　창녕향교의 위치는 창건 이래로 지금까지 변함없이 현재의 장소에 있었던 것으로 보인다. 이는 앞서 든 『신증동국여지승람』의 기록과 함께 다음 기록이 참조된다. 1895년에 편찬된 『영남읍지(嶺南邑誌)』 「창녕부사례(昌寧附事例)」에도 같은 내용의 기록이 있는 것으로 보아, 창녕향교는 현재까지 이건되지 않은 것으로 추정할 수 있다.[262] 창녕향교처럼 창건 당시부터 지금까지 향교의 위치가 이동하지 않은 사례는 경남 지역의 향교에서 찾아보기 힘든 사례이다. 특히 임진왜란으로 큰 피해를 입어서 향교의 위치가 이동한 경우가 대부분인 경남 지역에서는 그 의미가 각별하다.

　대한제국(大韓帝國) 광무(光武) 8년(1904)에 군수(郡守) 손용헌(孫瑢憲)이 주도하여 대성전을 중수하였고,[263] 광무 9년(1905)에 군수 민병길(閔丙吉)과 고을 사람 성근호(成瑾鎬)가 대성전을 다시 한번 중수하였다.[264] 1913년에 화재로 향교가 소실되자 그 이듬해에 대성전(大成殿), 동·서무(東·西廡)를 중건하였으며,[265] 1926년에는 추한문(秋漢門)을 중수하였다. 1956년에 명륜당(明倫堂)을 중수하였으며, 1963년에는 추한문이 소실되어 중건하

---

260) 昌寧鄕校誌編纂委員會, 「鄕校沿革」『昌寧鄕校誌』, 昌寧鄕校, 2012. 창녕향교의 연혁에 관한 서술에서 특별한 전거를 밝히지 않는 경우는 모두 여기에 의거한다.
261) 『新增東國輿地勝覽』 권27, 昌寧縣 學校.
262) 『嶺南邑誌』, 昌寧縣 學校.
263) 釜山産業大學校 鄕土文化硏究所, 「(昌寧鄕校)甲辰十月重修記(1904)」『釜山慶南鄕校記文』, 1986.
264) 昌寧鄕校誌編纂委員會, 「大聖殿重修記」『昌寧鄕校誌』, 昌寧鄕校, 2012.
265) 昌寧鄕校誌編纂委員會, 「鄕校沿革」『昌寧鄕校誌』, 昌寧鄕校, 2012.

였다. 1972년에 전사청(典祀廳)을 건립하고, 명륜당을 중수하였다.

그리고 『창녕향교지(昌寧鄕校誌)』에는 헌종(憲宗) 5년(1839)부터 2011년까지 향교의 임원들을 기록한 「향교임원록(鄕校任員錄)」이 있는데, 여기에는 당시 창녕향교에서 전교(典校), 도유사(都有司), 장의(掌議)의 직책을 수행한 인물들의 명단이 상세하게 기록되어 있다.[266]

조선초기 : 창녕향교 창건

조선 효종대(1649~1659) : 향교 중건

대한제국 광무 8년(1904) : 대성전 중수

대한제국 광무 9년(1905) : 대성전 중수

1914년 : 대성전, 동·서무 중건

1926년 : 추한문 중수

1956년 : 명륜당 중수

1963년 : 추한문 중건

1972년 : 전사청 건립, 명륜당 중수

1985년 : 동·서재 복원

1989년 : 관리사 건립

3. 입지 및 배치[267]

창녕향교는 야산 급경사지에 있다. 향교의 앞쪽에는 일제강점기에 만든 명덕저수지가 있으며, 동쪽으로는 화왕산, 서쪽으로는 낮은 능선이 있다. 향교의 뒷산 너머에는 가야시대 고분군이 있어 현재 고분공원으로 활용되고 있다.

---

266) 昌寧鄕校誌編纂委員會, 「鄕校任員錄」『昌寧鄕校誌』, 昌寧鄕校, 2012.

267) 강영환, 「창녕향교」『경상남도의 향교 건축』下, 국립문화재연구소, 2004, 102쪽을 바탕으로 글을 다듬고 고쳤다.

창녕향교에 현존하는 건물은 대성전, 명륜당, 동무, 서무, 동재, 서재, 내삼문, 외삼문[秋漢門], 관리사 등이며, 추한문은 '풍화루' 라는 현판이 걸려 있으나 문루 형식이 아니라 삼문 형식으로 되어 있으므로, 명칭과 형식이 일치하지 않는다.

향교의 공간 배치는 강학 영역이 제향 영역의 전면에 있는 전학후묘(前學後廟)형으로서 향교의 전형을 따르고 있다. 강학 영역은 명륜당, 동·서재, 외삼문 등 4동의 건물로 짜여 있으나, 명륜당의 위치가 동·서재에 비해 5m 이상 높다. 명륜당 뒤쪽으로는 2단으로 구성된 높은 석축 위에 내삼문이 있고, 그 뒤로 제향 영역이 있다.

제향 영역은 동·서무와 대성전으로 이루어져 있는데, 동·서무의 규모와 대성전의 규모가 큰 차이를 보이지 않아 오히려 대성전이 위축되어 보인다. 강학 영역의 우측으로 관리사 영역이 있으며, 명륜당 측면 담장에 설치된 협문을 통해서 출입이 가능하다.

창녕향교의 공간 구성은 전체적으로 3단으로 이루어져 있고, 단차는 외삼문, 명륜당, 내삼문을 기점으로 구성된다.

4. 문화재 지정과 관리(유적과 유물)

종목 및 지정일 : 경상남도 유형문화재 제212호 / 지정일(1983년 8월 12일)
소재지 : 경상남도 창녕군 창녕읍 교동리 440번지
소유자 및 관리자 : 경남향교재단

5. 건물

대성전/동·서무/내삼문/명륜당/동·서재/추한문/관리사

〈사진 86〉 창녕향교 동재

〈사진 87〉 창녕향교 서재

〈사진 88〉 창녕향교 명륜당

〈사진 89〉 창녕향교 대성전

6. 참고문헌

『新增東國輿地勝覽』 권27, 昌寧縣 學校.

『嶺南邑誌』, 昌寧縣 學校.

昌寧鄕校誌編纂委員會, 「大聖殿重修記」『昌寧鄕校誌』, 昌寧鄕校, 2012.

昌寧鄕校誌編纂委員會, 「鄕校任員錄」『昌寧鄕校誌』, 昌寧鄕校, 2012.

釜山産業大學校 鄕土文化硏究所, 「(昌寧鄕校)鄕校需米撟捄節目(1849)」『釜山慶南鄕校記
　　文』, 1986.

釜山産業大學校 鄕土文化硏究所, 「(昌寧鄕校)癸巳十一月節目(1893)」『釜山慶南鄕校記文』,
　　1986.

釜山産業大學校 鄕土文化硏究所,「(昌寧鄕校)甲辰十月重修記(1904)」『釜山慶南鄕校記文』,
    1986.

姜大敏,『韓國의 鄕校硏究』, 경성대 출판부, 1992.
강영환,「창녕향교」『경상남도의 향교 건축』下, 국립문화재연구소, 2004.
정순우,「경상남도의 향교」『慶尙南道의 鄕土文化』下, 韓國精神文化硏究院, 1999.
경남건축가협회,「창녕향교」『경남의 전통건축』, 창원대 경남학연구센터, 2010.
昌寧郡誌編纂委員會,「鄕校」『昌寧郡誌』, 昌寧郡, 2003.
昌寧鄕校誌編纂委員會,「鄕校沿革」『昌寧鄕校誌』, 昌寧鄕校, 2012.

문화재청,「창녕향교」『국가문화유산포털』(http://www.heritage.go.kr)
한국정신문화연구원,「창녕향교」『민족문화대백과사전』(http://www.encykorea.com)

창원시 마산향교(馬山鄕校)

〈사진 90〉 마산향교 외삼문

1. 개관

1) 소재지 : 경상남도 창원시 마산합포구 진동면 교동리 544번지

2) 창건 연대 : 조선 태종 13년(1413년)

3) 문화재 지정 : 없음

4) 석전제(釋奠祭) 향사일 : 매년 양력 5월 11일 / 양력 9월 28일

5) 제향 인물

   ① 5성(五聖) – 공자(孔子), 안자(顔子), 증자(曾子), 자사자(子思子), 맹자(孟子)

   ② 송조2현(宋朝二賢) – 정호(程顥), 주희(朱熹)

   ③ 동국18현(東國十八賢) – 최치원(崔致遠), 설총(薛聰), 안유(安裕), 정몽주(鄭夢

周), 정여창(鄭汝昌), 김굉필(金宏弼), 이언적(李彦迪), 조광조(趙光祖), 김인후(金
麟厚), 이황(李滉), 성혼(成渾), 이이(李珥), 조헌(趙憲), 김장생(金長生), 송시열
(宋時烈), 김집(金集), 박세채(朴世采), 송준길(宋浚吉)

현재 마산향교에서 제향하는 인물은 위에서 제시한 5성, 송조2현, 동국18현이다. 대한
제국 융희(隆熙) 3년(1909)에 만들어진 문선왕신위매안비(文宣王神位埋安碑)에 의하면
[268], 당시 마산향교에서 제향한 인물은 5성, 종향(從享) 22현(二十二賢)으로 되어 있는데,
여기서 종향 22현이란 송조4현과 동국18현을 합한 것으로 추정된다. 따라서 이때 마산향
교에서는 5성, 송조4현, 동국18현을 배향했음을 알 수 있다.

2. 설립과 연혁,[269] 운영 형태

마산향교는 조선 태종 13년(1413)에 진해현에 현감(縣監)을 두게 되면서 소설(小設)의
문묘와 함께 설치된 '진해향교(鎭海鄕校)'가 기원이 된다. 이때 향교에는 1명의 훈도(訓導)
가 배치되어 있었다.

진해향교는 진해현 읍치의 동쪽 2리에 있었다.[270] 『진해현읍지(鎭海縣邑誌)』의 기록에
따르면,[271] 조선후기 진해향교는 다음과 같은 경제적 기반을 소유하면서, 교임의 지휘 아
래 향교가 운영되고 있었다. 경제적 기반으로 진해향교는 노(奴) 8구(口)와 비(婢) 5구(口)
를 소유했다. 그리고 제기(祭器)와 제복(祭服)을 모두 갖추고 있었고, 서책 44권을 구비했
다. 한편 향교의 교임(校任)으로는 도유사(都有司) 1명, 장의(掌議) 1명, 전유사(典有司) 1명
등 3명이 있었다. 또한 향교에는 교생(校生)이 20명, 동몽(童蒙)이 10명이 있었는데 분번
하여 향교를 지키고, 정해진 교육 과정에 따라 학습을 하였다.

---

268) 〈사진 95〉에 수록된 '文宣王神位埋安碑' 내용 참조.
269) 辛容局, 「鄕校」『馬山市史』, 馬山市史編纂委員會, 1997. 마산향교의 연혁에 관한 서술에서 특별한 전
　　거를 밝히지 않는 경우는 모두 여기에 의거한다.
270) 『慶尙道邑誌』鎭海縣 學校 鄕校.(아세아문화사 1982 영인)
271) 『慶尙道邑誌』鎭海縣 學校 鄕校.

진해향교는 이후 임진왜란 때 병화로 소실되었는데, 영조대(英祖代, 1752~1776)에 향교를 재건하였다. 그러나 구한말 순종(純宗) 을유년(1909)에 진해현을 폐지함에 따라 진해향교는 폐교되었다.[272] 이후 창원군향교(昌原郡鄕校)로 개칭되어 현재의 위치에 복원되었다가, 1996년에 진동면이 마산시에 편입됨에 따라 마산향교로 다시 이름이 바뀌었다.

조선 태종 14년(1414) : 진해향교 창건

임진왜란 시기(1592~1598) : 진해향교 소실

조선 영조대(1752~1776) : 진해향교 재건

대한제국 융희 3년(1909) : 진해현이 폐현됨에 따라 진해향교 폐교

1990년 11월 : 창원군향교로 복원

1996년 : 진동면이 마산시에 편입되어 마산향교로 개칭

3. 입지 및 배치[273]

마산향교의 정문인 풍화루(風化樓)는 솟을 삼문(三門)의 형식으로 만들어졌고, 강학 공간인 명륜당(明倫堂)은 전면 5칸의 팔작지붕으로 만들어졌으며, 대성전(大成殿)은 정면 3칸의 맞배지붕의 형태로 만들어진 건물이다.

향교 건물의 배치는 풍화루, 명륜당, 대성전을 일축선으로 연결하는 전형적인 전학후묘(前學後廟)의 구조로 이루어졌으며, 각 건물은 대성전으로 이르면서 대지가 한 층씩 상승하도록 기획하여 문묘를 중시한 배려가 엿보인다.

4. 문화재 지정과 관리(유적과 유물)

지정문화재 없음.

---

272) 이때에 마산향교의 대성전에 모셔져 있던 문선왕(文宣王, 공자) 및 4성(四聖), 22현(二十二賢)의 신위를 묻은 비를 세웠다. 〈사진 95〉 참조.

273) 辛容局, 「鄕校」『馬山市史』, 馬山市史編纂委員會, 1997.

5. 건물

대성전/명륜당/동재/서재/내삼문/전시실/관리사

〈사진 91〉 마산향교 동재(양사관)

〈사진 92〉 마산향교 서재

〈사진 93〉 마산향교 명륜당

〈사진 94〉 마산향교 대성전

〈사진 95〉
마산향교 문선왕신위매안비
(文宣王神位埋安碑, 1909년
건립)

6. 참고문헌

『慶尙道邑誌』鎭海縣 學校 鄕校(아세아문화사 1982 영인)
辛容局, 「鄕校」『馬山市史』, 馬山市史編纂委員會, 1997.

경상남도, 「마산향교」『경상남도 홈페이지』(http://www.gsnd.net/)
문화재청, 「마산향교」『국가문화유산포털』(http://www.heritage.go.kr)

창원시 창원향교(昌原鄉校)

〈사진 96〉 창원향교 풍화루

1. 개관

1) 소재지 : 경상남도 창원시 의창구 소답동 433-2번지

2) 창건 연대 : 조선 초기 추정

3) 문화재 지정 : 경상남도 유형문화재 제135호(대성전, 1974년 12월 28일 지정)

4) 석전제(釋奠祭) 향사일 : 매년 양력 5월 11일 / 양력 9월 28일

**5) 제향 인물

① 5성(五聖) - 공자(孔子), 안자(顏子), 증자(曾子), 자사자(子思子), 맹자(孟子)

② 송조2현(宋朝二賢) - 정호(程顥), 주희(朱熹)

③ 동국18현(東國十八賢) - 최치원(崔致遠), 설총(薛聰), 안유(安裕), 정몽주(鄭夢

周), 정여창(鄭汝昌), 김굉필(金宏弼), 이언적(李彦迪), 조광조(趙光祖), 김인후(金麟厚), 이황(李滉), 성혼(成渾), 이이(李珥), 조헌(趙憲), 김장생(金長生), 송시열(宋時烈), 김집(金集), 박세채(朴世采), 송준길(宋浚吉)

2. 설립과 연혁, 운영 형태

창원향교는 고려 충렬왕(忠烈王) 2년(1276)에 건립되었다고 하나,[276] 이를 확인할 수 있는 문헌 자료는 없다.[274] 조선 중종(中宗) 25년(1530)에 간행된 『신증동국여지승람(新增東國輿地勝覽)』에는 '향교는 부의 북쪽 1리 지점에 있다'[275]고 기록되어 조선 초기에 건립되었음을 알 수 있다.

창원향교는 처음에는 소답동에 창건되었는데, 조선 성종(成宗) 13년(1482)에 부사(府使) 신명식(申命式)과 도감(都監) 박태윤(朴泰潤), 도유사(都有司) 등이 발의하여 현재의 합성동(合成洞) 내상리(內廂里 : 內城)의 청룡산(靑龍山) 아래로 이건하였다. 그곳 옥봉(玉峰) 아래의 지세가 '숭무(崇武)의 땅이며, 숭문(崇文)의 땅이 못 된다'고 하여 영조(英祖) 25년(1749)에 부사(府使) 이윤덕(李潤德)이 발의하여 노세완(盧世琓)을 택지유사(擇地有司)로 선정하고, 노세환(盧世煥)을 성조도감(成造都監)으로 삼고, 안성집(安成輯)은 장재(掌財), 김진환(金震桓), 김장대(金章大)는 동역(董役)으로 삼아서 정한걸(鄭漢杰), 조대연(曺大淵), 김광정(金光鼎) 등이 역사를 관장하여 현재의 위치로 옮겼다.[277] 영조 36년(1760)에 부사 임익창(任益昌)이 풍화루(風化樓)를 창건하였다.[278] 향교 입구에 이교불망비(移交不忘碑)

---

274) 이는 고려시대 향교에 관한 연구 성과인 朴贊洙, 「고려시대 鄕校의 성립과 발전」『高麗時代 敎育制度史 硏究』, 景仁文化社, 2001. 宋春永, 「高麗時代 鄕校의 變遷」『高麗時代 雜學敎育 硏究』, 螢雪出版社, 1998에 의해서도 확인된다. 그리고 고려시대 향교와 관련된 연구 자료에서도 창원향교가 고려시대에 창건되었다는 기록은 찾아보기 어렵다.

275) 『新增東國輿地勝覽』권31, 昌原都護府 學校.

276) 昌原鄕校誌編纂委員會, 「昌原鄕校沿革」『昌原鄕校誌』, 2004. 창원향교의 연혁에 관한 서술에서 특별한 전거를 밝히지 않는 경우는 모두 여기에 의거한다.

277) 釜山産業大學校 鄕土文化硏究所, 「(昌原鄕校)移交序(1767)」『釜山慶南鄕校記文』, 1986. 한편 『昌原府邑誌』學校 鄕校(아세아문화사 1982 영인)에는 부사 이윤덕이 원래 읍치의 서쪽 1리 지점에 있었던 향교를 읍치의 동쪽 1리 지점으로 옮긴 시기를 영조 24년(1748)으로 기록했다.

와 향교 아래에 부사 임익창의 풍화루창건비(風化樓創建碑)가 세워져 있다.

창원향교의 향교전에 대해서는 영조 43년(1767)에 작성된 「이교서(移交序)」에서 알 수 있는데 이 기문에는 부사가 성묘의 터를 매입하고 담장 바깥의 수전(水田) 8마지기를 매입하여 주었다고 기록되어 있다.[279]

정조(正祖) 4년(1780)에 부사 최병교(崔秉敎)가 김규혁(金奎爀)에게 관장하게 하고, 김장(金璋)에게 감독하게 하여 명륜당(明倫堂)을 중수하였다.[280] 조선 후기 유생들의 강학을 위한 활동은 향교에서 행해진 경우도 있었지만 대체로 별도의 기구가 설립되었으며, 이 교육기구의 이름은 지방에 따라 다양하였다. 예컨대 양사재(養士齋), 흥학재(興學齋), 여택재(麗澤齋), 육영재(育英齋), 득영재(得英齋), 교학재(敎學齋), 흥학당(興學堂), 양사당(養士堂), 향숙(鄕塾) 등으로 나타난다. 창원향교에서는 순조 3년(1803)에 부사 박효진(朴孝晋)이 김장(金丈)에게 관장하게 하여 육영재(育英齋)를 건립한 사례가 있었다.[281]

이후 창원향교 위치의 이동 상황에 대해서는 다음 기록들이 참조된다. 순조(純祖) 32년(1832)에 간행된 『경상도읍지(慶尙道邑誌)』에는 '향교는 부의 동쪽 1리 지점에 있다. 처음엔 부의 서쪽 10리 내에 있었으나 무진년(英祖 24년 : 1748)에 부사 이윤덕이 지금의 장소로 이건하였다'고 기록되어 있어 몇 차례 이건되었음을 알 수 있다.[282] 1895년에 간행된 『영남읍지(嶺南邑誌)』에도 같은 내용이 기록되어 있다.[283]

헌종(憲宗) 7년(1841)에는 부사 이정현(李定鉉)이 순상국(巡相國) 홍재철(洪在喆)에게 건의하여 오백금으로 교임(校任) 김최진(金㝡鎭), 이경일(李景馹)이 공역을 맡아서 풍화루와 서재(西齋)를 중수하였다.[284]

---

278) 釜山産業大學校 鄕土文化硏究所, 「(昌原鄕校)風化樓記(1764)」『釜山慶南鄕校記文』, 1986.

279) 釜山産業大學校 鄕土文化硏究所, 「(昌原鄕校)移交序(1767)」『釜山慶南鄕校記文』, 1986, 姜大敏, 「鄕校의 財政的 基盤」『韓國의 鄕校硏究』, 경성대 출판부, 1992, 110쪽의 본문 서술에서는 이 기문이 昌寧鄕校의 것으로 인용하면서, 각주에서는 昌原鄕校의 것으로 서술했다. 釜山産業大學校 鄕土文化硏究所, 『釜山慶南鄕校記文』, 1986에서 확인하면 이 기문은 창원향교의 것이 분명하다.

280) 釜山産業大學校 鄕土文化硏究所, 「(昌原鄕校)明倫堂重修記(1780)」『釜山慶南鄕校記文』, 1986.

281) 釜山産業大學校 鄕土文化硏究所, 「(昌原鄕校)育英齋記(1803)」『釜山慶南鄕校記文』, 1986. 姜大敏, 「鄕校의 敎育的 機能」『韓國의 鄕校硏究』, 경성대 출판부, 1992, 185~187쪽.

282) 『慶尙道邑誌』, 昌原都護府 學校.

283) 『嶺南邑誌』, 昌原都護府 學校.

284) 釜山産業大學校 鄕土文化硏究所, 「(昌原鄕校)風化樓西齋重修記(1841)」『釜山慶南鄕校記文』, 1986.

고종(高宗) 23년(1886)에 상례현(商禮鉉)이 고을 선비 김만주(金萬胄), 이병림(李炳林), 김경우(金敬宇), 김원두(金元斗)와 함께 비오백금(費五百金)을 출연하여 명륜당, 서재, 풍화루를 중수하였다.[285] 고종 27년(1890)에 향교에 소속되어 있는 노비들이 서재(西齋) 유생들에게 곡식을 요구하는 사건이 발생하였는데, 고을에서는 향회(鄕會)를 열어 환곡 80섬을 배당해 주었다.[286]

광무(光武) 8년(1904)에 교궁(校宮)의 뒷쪽에 철도 부설을 강행할 때에, 직원(直員) 전근효(全根孝)가 출연하고 재임(齋任) 노탄(盧坦), 김동원(金東垣), 이병우(李炳瑀)가 감독하여 향교를 중수하였다.

융희(隆熙) 2년(1908)에 행정구역 개편에 의하여 진해(鎭海), 웅천(熊川)의 두 현(縣)이 창원군에 합쳐지고 두 현의 향교가 폐지됨에 따라, 두 향교의 위패(位牌)를 옛터에 묻은 후, 진해현 유림은 봉양재(鳳陽齋)를 진전면(鎭田面) 봉곡(鳳谷)에 건립하고, 웅천현 유림은 주자강당(朱子講堂)을 향교 옛터 부근에 건립하여 강의를 계속하고 문묘석전(文廟釋奠) 행사는 창원문묘에서 봉행하였다.

1935년에 고을의 유지들이 의논하여 향교를 중수하기로 했는데, 직원 이교민(李敎敏)이 공사의 첫 부분을 맡았고, 직원 옥기환(玉麒煥)이 역사를 마무리하였다.

광복 후 종래의 직원제(直員制)를 폐지하고 전교제도(典校制度)가 실시되어 초대 전교에 김상용(金相瑢)이 선임되었으며, 향교 관리권을 마산부윤(馬山府尹)으로부터 인수하였다. 이후 여러 차례의 중수를 거쳐 오늘날의 모습으로 발전하였다.

조선 초기 : 창원향교 창건

조선 성종 13년(1482) : 향교 이건

조선 영조 25년(1749) : 현재의 위치로 향교 이건

조선 영조 36년(1760) : 풍화루 창건

조선 정조 4년(1780) : 명륜당 중수

---

285) 昌原鄕校誌編纂委員會, 「鄕校重修記」『昌原鄕校誌』, 昌原鄕校, 2004.
286) 釜山産業大學校 鄕土文化硏究所, 「(昌原鄕校)西齋祛弊記(1889)」『釜山慶南鄕校記文』, 1986, 姜大敏, 「鄕校의 財政的 基盤」『韓國의 鄕校硏究』, 경성대 출판부, 1992, 118~119쪽.

조선 순조 3년(1803) : 육영재 건립

조선 헌종 7년(1841) : 풍화루 및 서재 중수

1960년 : 향교 보수

1967년 : 향교 건물 일부 수리

1970년 : 동무, 명륜당, 원장 등을 보수

1972년 : 헌공청, 양현재와 기타 부속 건물 보수

1972년 : 행정구역 통폐합으로 창원향교 소재지가 마산시 의창 1동으로 편입

1974년 : 창원향교 대성전 경상남도 지방문화재 제135호로 지정

1975년 : 명륜당, 기타 부속 건물 보수

1980년 : 창원시에 편입됨에 따라 창원향교 소재지가 창원시 소답동 433번지로 됨

1989년 : 유림회관 신축

1993년 : 양현재, 전사청, 화장실 등을 중건

1994년 : 공부자 석상 입상과 유림공원을 조성

1995년 : 회관 및 공부자 석상 주위 담장 정비

1998년 : 명륜당 서편 담장을 재축조, 향교 이정표를 개소

2000년 : 대성전, 동·서무, 명륜당, 동·서재, 풍화루 보수

2003년 : 풍화루 중수

3. 입지 및 배치[287]

창원향교의 앞쪽에는 시가지가 펼쳐져 있으며, 뒤쪽에는 남해고속도로가 지나간다. 향교가 위치한 태을산 자락은 경사가 매우 급하며, 이 때문에 제향 영역과 강학 영역의 단 차이가 심하게 나타난다.

창원향교의 배치 유형은 강학 영역이 제향 영역의 앞에 있는 전학후묘(前學後廟) 형이

---

287) 강영환, 「창원향교」『경상남도의 향교 건축』上, 국립문화재연구소, 2004, 252쪽을 바탕으로 글을 다듬고 고쳤다.

다. 강학 영역을 이루는 건물은 명륜당, 동재, 서재, 풍화루가 있으며, 동·서재의 위치는 명륜당과 풍화루가 이루는 남북 주축을 기준하여 동쪽으로 조금씩 밀려나 있다. 이 때문에 서재는 중심축에 가깝고, 동재는 중심축에서 멀어지게 되었다. 이렇게 된 이유는 제례 및 출입 동선이 명륜당 동측 방향으로 전개되도록 만들었기 때문이다. 명륜당 동측에 기단을 확장하여 일정한 공간을 만들었고, 뒤로 성생단(省牲壇) 등이 있는 점이 이를 뒷받침한다.

강학 영역의 중심 건물인 명륜당은 4단 이상으로 쌓은 축대 위에 구성되었기 때문에 동·서재가 마주한 강학 영역 마당과 다분히 떨어졌다. 이는 향교를 산 중턱의 급경사지에 만들었기 때문이다.

제향 영역은 명륜당 뒤 내삼문으로부터 시작되는데, 구성 건물은 대성전, 동무, 서무, 내삼문 등이다. 대성전과 동·서무의 높이 차는 명륜당과 동·서재의 높이 차에 비해 덜한 편이지만, 대성전의 기단도 장대석 4벌대 이상으로 높은 편이다. 대성전 일곽의 건물 배치는 서무가 동무에 비해 약간 북측으로 올라가 있으며, 내삼문이 동무 쪽으로 치우쳐 있는 등 완전한 대칭 구조는 아니다.

이 외에 명륜당 동쪽으로 관리 영역이 있고, 3동의 건물로 이루어져 있다. 관리사 주동은 ‘ㄱ’자로 꺾여 있으며, 전사실로 사용되는 건물은 높은 토담 형식의 축대 위에 놓여 있어 공간 구성의 특이한 점이 보인다.

4. 문화재 지정과 관리(유적과 유물)

① 대성전(大聖殿)[288]
  종목 및 지정일 : 경상남도 유형문화재 제135호 / 지정일(1974년 12월 28일)
  소재지 : 경상남도 창원시 의창구 소답동 433-2번지
  소유자 및 관리자 : 경남향교재단

---

288) 경상남도, 『문화재목록』, 2011. 창원향교는 향교 전체가 아니라 대성전만 문화재로 지정되어 있다.

5. 건물

대성전/동·서무/내삼문/명륜당/동·서재/풍화루/전사청/관리사/홍살문

〈사진 97〉 창원향교 동재

〈사진 98〉 창원향교 서재

〈사진 99〉 창원향교 명륜당

〈사진 100〉 창원향교 대성전

6. 참고문헌

『新增東國輿地勝覽』 권31, 昌原都護府 學校.

『慶尙道邑誌』, 昌原都護府 學校.

『嶺南邑誌』, 昌原都護府 學校.

釜山産業大學校 鄕土文化硏究所, 「(昌原鄕校)風化樓記(1764)」『釜山慶南鄕校記文』, 1986.

釜山産業大學校 鄕土文化硏究所, 「(昌原鄕校)移交序(1767)」『釜山慶南鄕校記文』, 1986.

釜山産業大學校 鄕土文化硏究所, 「(昌原鄕校)明倫堂重修記(1780)」『釜山慶南鄕校記文』,
    1986.

釜山産業大學校 鄕土文化硏究所, 「(昌原鄕校)育英齋記(1803)」『釜山慶南鄕校記文』, 1986.

釜山産業大學校 鄕土文化硏究所, 「(昌原鄕校)風化樓西齋重修記(1841)」『釜山慶南鄕校記文』, 1986.

釜山産業大學校 鄕土文化硏究所, 「(昌原鄕校)校宮宰脯實記(1886)」『釜山慶南鄕校記文』,
　　　1986.

釜山産業大學校 鄕土文化硏究所, 「(昌原鄕校)西齋祛弊記(1890)」『釜山慶南鄕校記文』,
　　　1986.

閔肯基 역주,『昌原府邑誌』, 창원문화원, 2005.

昌原鄕校誌編纂委員會,『昌原鄕校誌』, 昌原鄕校, 2004.

姜大敏,「鄕校의 財政的 基盤」『韓國의 鄕校硏究』, 경성대 출판부, 1992.

강영환,「창원향교」『경상남도의 향교 건축』下, 국립문화재연구소, 2004.

경남건축가협회,「창원향교 대성전」『경남의 전통건축』, 창원대 경남학연구센터, 2010.

朴贊洙,「고려시대 鄕校의 성립과 발전」『高麗時代 敎育制度史 硏究』, 景仁文化社, 2001.

宋春永,「高麗時代 鄕校의 變遷」『高麗時代 雜學敎育 硏究』, 螢雪出版社, 1998.

辛容局,「鄕校」『昌原市史』, 昌原市史編纂委員會, 1997.

장성진,「창원의 교육기관 – 향교와 서원」『창원600년사 – 창원의 어제』, 창원문화원,
　　　2009.

정순우,「경상남도의 향교」『慶尙南道의 鄕土文化』下, 韓國精神文化硏究院, 1999.

문화재청,「창원향교」『국가문화유산포털』(http://www.heritage.go.kr)

한국정신문화연구원,「창원향교」『민족문화대백과사전』(http://www.encykorea.com)

통영시 통영향교(統營鄕校)

〈사진 101〉 통영향교 풍화루

1. 개관

1) **소재지 :** 경상남도 통영시 광도면 죽림리 945-2번지

2) **창건 연대 :** 대한제국 광무 5년(1901)

3) **문화재 지정 :** 경상남도 유형문화재 218호(1983년 8월 6일 지정)

4) **석전제(釋奠祭) 향사일 :** 매년 양력 5월 11일 / 양력 9월 28일

5) **제향 인물**

　① 5성(五聖) – 공자(孔子), 안자(顔子), 증자(曾子), 자사자(子思子), 맹자(孟子)

　② 송조4현 – 주돈이(周惇頤), 정호(程顥), 정이(程頤), 주희(朱熹)

　③ 동국18현(東國十八賢) － 최치원(崔致遠), 설총(薛聰), 안유(安裕), 정몽주(鄭夢

周), 정여창(鄭汝昌), 김굉필(金宏弼), 이언적(李彦迪), 조광조(趙光祖), 김인후(金麟厚), 이황(李滉), 성혼(成渾), 이이(李珥), 조헌(趙憲), 김장생(金長生), 송시열(宋時烈), 김집(金集), 박세채(朴世采), 송준길(宋浚吉)

2. 설립과 연혁,[289] 운영 형태

대한제국(大韓帝國) 광무(光武) 4년(1900)에 고성현(固城縣)으로부터 독립되어 진남군(鎮南郡)이 창건되었는데, 이에 따라 통영향교가 고성향교에서 분리되어 지금의 위치에 세워졌다.

통영향교는 광무 5년(1901)에 건립되었는데,[290] 고을의 인재를 뽑아서 경학을 익혀서 유교 이념을 배우고 유교적 예속을 실천하도록 교육하는 유일한 기구였다.[291]

통영향교의 역사는 80여 년에 불과하지만, 일제강점기, 한국전쟁 등의 수난기에 유림들의 모임이 없어지고 소수의 유지에 의하여 향교가 관리되어 온 결과 그동안 많이 훼손되고 퇴락되었다. 그러나 뜻있는 유림들이 향교를 지속적으로 보수함으로써 오늘날의 모습을 갖추게 되었다.

지금까지 향교의 보수 과정을 간단히 살펴보면 다음과 같다. 1974년에는 건물 8동을 보수하였으며, 같은 해에 건물 5동을 단청하고 건물 3동의 기와를 새로이 올리고 보수하였다. 1976년에는 담장을 개수하였다. 또한 1977년에는 명륜당을 보수했으며, 1978년에는 풍화루(風化樓)를 보수하였다. 1980년에도 동재(東齋)를 보수하였으며, 1982년에는 대성전(大成殿)을 보수하였고 1983년에는 동무(東廡)를 보수하였다. 1984년에도 서재(西齋)의 기와를 새로이 갈았다.

대한제국 광무 5년(1901) : 통영향교 창건

---

289) 강영환, 「통영향교」『경상남도의 향교 건축』上, 국립문화재연구소, 2004. 통영향교의 연혁에 관한 서술에서 특별한 전거를 밝히지 않는 경우는 모두 여기에 의거한다.

290) 釜山産業大學校 鄉土文化研究所, 「(統營鄉校)文廟刱建記(1901)」『釜山慶南鄉校記文』, 1986.

291) 統營市誌編纂委員會, 「統營鄉校」『統營市誌』, 統營市誌編纂委員會, 1999.

1974년 : 향교 보수, 단청, 기와를 새로 올림

1976년 : 담장 개수

1977년 : 명륜당 보수

1978년 : 풍화루 보수

1980년 : 동재 보수

1982년 : 대성전 보수

1983년 : 동무 보수

1984년 : 서재 보수

1986년 : 제기고 보수, 협문 담장 신설

1990년 : 명륜당 보수

1991년 : 대성전, 서재, 풍화루 보수

3. 입지 및 배치[292]

통영향교는 통영의 행정시설이 밀집한 동네인 죽림 마을의 끝 자락에 있는 높은 산을 등지고 있다. 향교의 입지는 완전한 평지이며, 앞으로는 바다가 보이고, 그 뒤로 섬들이 중첩되어 있다. 향교 입구에는 홍살문이 서 있고, 문루 앞에 넓은 마당이 조성되어 있다. 홍살문은 크고 높으며 지주석이 온전히 남아 있다.

통영향교는 평지에 위치한 전학후묘(前學後廟)의 직렬형 구성이다. 명륜당과 대성전을 통하는 중심축은 뚜렷하나, 풍화루와 내삼문의 축은 서로 어긋나 있다. 경역은 넓어 짜임새가 있어 보이지 않는다. 내삼문 앞에는 여유 공간이 있고 정료대(庭燎臺) 1쌍도 놓여, 이곳이 중요한 의례 공간임을 알려준다. 외부 공간의 구성이나 건물의 기법면에서 인근 고성향교의 영향을 많이 받은 것으로 보인다.

제향 영역을 구성하는 건물은 대성전, 동·서무, 제기고, 내삼문 등이며, 대성전을 중심

---

292) 강영환, 「통영향교」『경상남도의 향교 건축』上, 국립문화재연구소, 2004, 271~272쪽을 바탕으로 글을 다듬고 고쳤다.

으로 전면 좌·우에 동·서무가 대칭적으로 배치되었다. 그러나 서무가 동무에 비해 약간 북쪽으로 올라가 있는데, 이는 서무 아래에 제기고를 둘 공간이 필요했기 때문으로 여겨진다. 이는 대성전과 내삼문의 거리가 멀어지고, 대성전 마당이 장축으로 구성되는 결과를 낳았다.

　강학 영역은 명륜당, 동·서재, 풍화루 등으로 구성되어 있다. 제향 영역은 동·서재의 규모가 다르고 축도 약간 어긋나 있으며, 특히 풍화루가 명륜당에 비해 북측으로 기울어져 있어 전체적으로 산만하다. 또한 명륜당과 풍화루가 25m 이상 떨어져 있기 때문에 긴밀한 공간감은 찾기 어렵다.

4. 문화재 지정과 관리(유적과 유물)

　종목 및 지정일 : 경상남도 유형문화재 제218호 / 지정일(1983년 8월 6일)
　소재지 : 경상남도 통영시 광도면 죽림리 945-2번지
　소유자 및 관리자 : 경남향교재단

5. 건물

　대성전/동·서무/내삼문/명륜당/동·서재/풍화루/제기고/관리사/홍살문

〈사진 102〉 통영향교 동재

〈사진 103〉 통영향교 서재

〈사진 104〉 통영향교 명륜당

〈사진 105〉 통영향교 대성전

258

6. 참고문헌

釜山産業大學校 鄕土文化硏究所,「(統營鄕校)文廟刱建記(1901)」『釜山慶南鄕校記文』,
　　　1986.

강영환,「통영향교」『경상남도의 향교 건축』上, 국립문화재연구소, 2004.

경남건축가협회,『경남의 전통건축』, 창원대 경남학연구센터, 2010.

정순우,「경상남도의 향교」『慶尙南道의 鄕土文化』下, 韓國精神文化硏究院, 1999.

統營市誌編纂委員會,「統營鄕校」『統營市誌』, 統營市誌編纂委員會, 1999.

문화재청,「통영향교」『국가문화유산포털』(http://www.heritage.go.kr)

한국정신문화연구원,「통영향교」『민족문화대백과사전』(http://www.encykorea.com)

〈사진 106〉 하동향교 풍화루

1. 개관

1) **소재지 :** 경상남도 하동군 하동읍 읍내리 1069번지

2) **창건 연대 :** 조선 세조 5년(1459)

3) **문화재 지정 :** 경상남도 유형문화재 제223호(1983년 8월 12일 지정)

4) **석전제(釋奠祭) 향사일 :** 매년 음력 2월 상정일 / 음력 8월 상정일

5) **제향 인물**

　① 5성(五聖) – 공자(孔子), 안자(顔子), 증자(曾子), 자사자(子思子), 맹자(孟子)

　② 송조2현(宋朝二賢) – 정호(程顥), 주희(朱熹)

　③ 동국18현(東國十八賢) – 최치원(崔致遠), 설총(薛聰), 안유(安裕), 정몽주(鄭夢

周), 정여창(鄭汝昌), 김굉필(金宏弼), 이언적(李彦迪), 조광조(趙光祖), 김인후(金
麟厚), 이황(李滉), 성혼(成渾), 이이(李珥), 조헌(趙憲), 김장생(金長生), 송시열
(宋時烈), 김집(金集), 박세채(朴世采), 송준길(宋浚吉)

현재 하동향교에서 제향하는 인물은 위에서 제시한 5성, 송조2현, 동국18현이다. 1930
년에 간행된 『하동읍지(河東邑誌)』에는 그 당시 하동향교에서 제향한 인물은 5성, 공문10
철, 송조6현으로 되어 있어 현재 제향하는 인물과 차이가 있다.[293]

2. 설립과 연혁, 운영 형태

지금까지 하동향교의 창건 연대에 대해서는 여러 견해가 제시되었다. 예컨대 조선 태종
(太宗) 15년(1415)에 현재의 고전면(古田面) 고하(古河)마을에 창건하였다는 설과 세종(世
宗) 32년(1450) 현감(縣監) 나순손(羅順孫)이 창건을 추진하였다는 설, 나순손의 후임으로
부임한 최승종(崔承宗)에 의하여 창건되었다는 설이 있었다.[294]

그러나 이상의 여러 견해는 역사 문헌에 근거를 둔 올바른 견해는 아니므로, 받아들이기
어렵다. 『신증동국여지승람(新增東國輿地勝覽)』에 따르면 '향교는 현의 동쪽 3리 지점에
있다. 세조(世祖) 기묘년(己卯年)에 현감(縣監) 최승종(崔承宗)이 옛날 읍터에 지었다'[295]
는 기록으로 보아, 하동향교는 조선 세조 5년(1459)에 창건된 사실이 분명히 확인되기 때
문이다. 따라서 하동향교는 조선 세조 5년에 창건된 것으로 보아야 한다.

이후 하동향교는 여러 차례 중수되었고, 그 위치도 많이 바뀌었다. 임진왜란으로 인해
선조(宣祖) 26년(1593)에 소실된 향교를 선조 36년(1603)에 현감(縣監) 이경호(李景頀)가
복원을 시도하였으나, 공사가 부진하여 문책을 당하였다고 했으므로, 후임자에 의해 하동
향교가 복원된 것으로 추정된다. 현종(顯宗) 2년(1661)에 현감 이재중(李載重)이 읍치(邑

---

[293] 『河東邑誌』學校.(『韓國近代邑誌』, 한국인문과학원, 1991년 영인)

[294] 河東鄕校誌編纂委員會, 「河東鄕校의 淵源과 變遷」『河東鄕校誌』, 河東鄕校, 2003. 하동향교의 연혁
　　에 관한 서술에서 특별한 전거를 밝히지 않는 경우는 모두 여기에 의거한다.

[295] 『新增東國輿地勝覽』 권31, 河東縣 學校.

治)를 횡보(橫甫, 지금의 횡천면 內基)로 옮겼고, 6년(1665)에 현감 김시영(金是榮)이 문묘 (文廟)와 향교를 횡보로 이건하였다.

숙종(肅宗) 30년(1704)에 하동현이 하동도호부(河東都護府)로 승격되자 부사(府使) 한범 석(韓範錫)이 읍치를 현재의 하동읍 두곡(豆谷) 나동(螺洞)으로 다시 옮기게 되었으며, 영 조(英祖) 6년(1730)에 부사 정덕명(鄭德鳴)이 횡보에 있던 향교를 두곡 나동으로 이건하였 다. 영조 12년(1736)에 부사 민진기(閔鎭箕)가 다시 횡보로 향교를 이건하였다.[296] 영조 21 년(1745)에 읍치를 다시 항촌(項村)으로 옮기자, 부사 전천상(田天祥)이 나동의 문묘(文廟) 를 항촌으로 이건함으로써, 향교와 문묘가 같은 곳에 세워졌고 오늘에 이르게 되었다.

헌종(憲宗) 11년(1845)에 동무 3칸을 조성하여 9위를 모시고, 서무 3칸을 조성하여 9위 를 모셨으며, 신문 5칸, 명륜당 5칸을 중수했다.[297] 고종(高宗) 28년(1891)에 동무 4칸, 서 재 3칸, 풍화루 3칸을 중수하였다. 고종 30년(1893)에 현감(縣監) 이남희(李南熙)가 궁장 (宮墻)과 제기고(祭器庫)를 수리하였으며,[298] 고종 31년(1894)에 대성전, 명륜당, 교궁, 담 장을 보수하였다.[299]

향교에서는 관(官)에서 지급해 준 전(錢)을 재원으로 삼아 계로 만들어 강학하는 자본으로 삼은 경우도 있었다. 대한제국기에 하동향교에서 박기창(朴基昌)이 성묘에 100금을 주어 계 를 만들어 강학하는 자본으로 삼은 사례가 있었음이 확인된다.[300] 대한제국 광무(光武) 10 년(1906)에 서재가 중수되었으며,[301] 융희(隆熙) 1년(1907)에 신식 교육기관으로 개교하였 다. 1915년에 문묘가 중수되었으며,[302] 1917년에 군수(郡守) 이장희(李章熙)가 재(齋)와 담 장을 보수하였고,[303] 1920년에 군수 유상범(俞相範)이 성묘(聖廟)를 중수하였다.[304]

---

296) 『河東邑誌』 學校(『韓國近代邑誌』, 한국인문과학원, 1991년 영인). 河東鄕校誌編纂委員會, 「河東鄕校 의 淵源과 變遷」『河東鄕校誌』, 河東鄕校, 2003에서는 이때에 횡보에 남아 있던 향교를 하동읍 교촌 으로 옮겼다고 했으나, 이는 오류이다.

297) 『河東邑誌』 學校.(『韓國近代邑誌』, 한국인문과학원, 1991년 영인)

298) 河東鄕校誌編纂委員會, 「鄕校修理記(1893)」『河東鄕校誌』, 河東鄕校, 2003.

299) 河東鄕校誌編纂委員會, 「校宮修理記(1894)」『河東鄕校誌』, 河東鄕校, 2003, 河東鄕校誌編纂委員會, 「河東郡文廟重修記(1894)」『河東鄕校誌』, 河東鄕校, 2003.

300) 釜山産業大學校 鄕土文化研究所, 「(河東鄕校)粵辛丑夏密陽朴侯云云(1903)」『釜山慶南鄕校記文』, 1986, 姜大敏, 「鄕校의 財政的 基盤」『韓國의 鄕校研究』, 경성대 출판부, 1992, 131~132쪽.

301) 河東鄕校誌編纂委員會, 「西齋重修記(1906)」『河東鄕校誌』, 河東鄕校, 2003.

302) 河東鄕校誌編纂委員會, 「文廟重修記(1915)」『河東鄕校誌』, 河東鄕校, 2003.

1938년에 문묘를 중수하고,[305] 1939년에는 풍화루를 중건하였고,[306] 1947년에 문묘의
궁장과 명륜당(明倫堂), 동재(東齋), 풍화루(風化樓)의 지붕을 수리하였으며,[307] 1959년에
대성전과 동·서재를 중수하였다.[308] 1984년에는 양사재(養士齋)를 건립하였다.[309] 이후에
도 향교는 여러 차례 보수되었다.

조선 세조 5년(1459) : 하동향교 창건

조선 선조 26년(1593) : 임진왜란으로 향교 소실

조선 선조 36년(1603) : 향교 중건

조선 현종 6년(1665) : 향교 이건

조선 영조 6년(1730) : 향교 이건

조선 영조 12년(1736) : 향교 이건

조선 영조 21년(1745) : 향교 이건

조선 헌종 14년(1848) : 향교 중수

조선 고종 30년(1893) : 궁장, 제기고 수리

조선 고종 31년(1894) : 대성전, 명륜당 등을 보수

대한제국 광무 10년(1906) : 서재 중수

대한제국 융희 1년(1907) : 신식 교육기관으로 개교

1915년 : 문묘 중수

---

303) 河東鄕校誌編纂委員會, 「河東鄕學重修記(1920)」 『河東鄕校誌』, 河東鄕校, 2003. 『河東邑誌』 學
　　校.(『韓國近代邑誌』, 한국인문과학원, 1991년 영인)에 따르면, 군수 이장희가 하동향교를 보수한 해
　　는 1917년이 아니라 1914년이라고 했다.
304) 『河東邑誌』 學校(『韓國近代邑誌』, 한국인문과학원, 1991년 영인), 河東鄕校誌編纂委員會, 「河東鄕學
　　重修記(1920)」 『河東鄕校誌』, 河東鄕校, 2003.
305) 河東鄕校誌編纂委員會, 「文廟重修記(1938)」 『河東鄕校誌』, 河東鄕校, 2003.
306) 河東鄕校誌編纂委員會, 「風化樓重修記(1939)」 『河東鄕校誌』, 河東鄕校, 2003.
307) 河東鄕校誌編纂委員會, 「鄕校修繕記(1947)」 『河東鄕校誌』, 河東鄕校, 2003.
308) 河東鄕校誌編纂委員會, 「鄕校重修記(1959)」 『河東鄕校誌』, 河東鄕校, 2003.
309) 河東鄕校誌編纂委員會, 「養士齋記(1984)」 『河東鄕校誌』, 河東鄕校, 2003. 현재 하동향교에 남아 있
　　는 양사재는 현존하는 경남 지역 향교 건물로서는 유일한 것이다(〈사진 111〉 참조). 한편 하동향교의
　　연혁을 조사해 보면, 조선시대에 하동향교에는 양사재가 있었던 기록을 찾을 수 없다. 그러나 경남
　　지역의 다른 향교의 사례를 참조하면, 조선시대에 하동향교에도 양사재가 있었을 가능성이 있다.

1917년 : 재실과 담장 보수

1920년 : 성묘 중수

1938년 : 문묘 중수

1939년 : 풍화루 중건

1947년 : 문묘, 명륜당, 동재, 풍화루 지붕 수리

1959년 : 대성전, 동·서재 중수

1966년 : 풍화루 재건

1984년 : 서재 재건

1988년 : 양사재 복원, 동·서무 보수

1989년 : 당의재 복원

1992년 : 대성전 보수

1997년 : 명륜당 보수, 진입 계단 정비

3. 입지 및 배치[310]

하동향교는 하동 읍내에 있다. 하동향교는 읍내에서 주택가의 좁은 골목을 통하여 연결되는, 마을 가운데의 산 중턱 급경사지에 있다. 하동향교의 배치가 이처럼 이루어진 데에는 하동읍의 지형 구조와 밀접하게 연관된다. 하동읍은 나지막하지만 경사가 급한 몇 개의 봉우리가 읍내에 솟았는데, 이에 기대어 하동의 도심이 구성되었고, 그 한쪽에 하동향교가 있다.

하동향교는 명륜당, 대성전, 풍화루, 동재, 서재, 동무, 서무, 내삼문, 당의재(관리사) 등으로 구성되어 있어 향교가 갖추어야 할 건물을 대부분 갖추고 있다. 그러나 잦은 이건과 건물들의 건립 시기 차이, 대지의 협소함으로 인해 정연하게 배치되었다고 보기는 어렵다.

특히 주축에서 벗어난 명륜당과 별도의 단 처리는 이러한 산만한 배치감을 두드러지게

---

310) 강영환, 「하동향교」 『경상남도의 향교 건축』 下, 국립문화재연구소, 2004, 120~121쪽을 바탕으로 글을 다듬고 고쳤다.

한다. 또한 동재와 서재도 마주보지 않고 서로 비껴나 있고, 동·서무도 대성전 전면보다 뒤로 물려 배치되는 등 향교 건물의 배치가 다소 전형을 벗어났다. 또한 좌향도 정동향에 가까워 여타의 향교와는 매우 다르다. 풍화루의 방향도 동향에서 북쪽으로 10°정도 기울어져 일관성이 없다.

그러나 제향 영역과 강학 영역은 높은 경사로 인해 뚜렷히 구분되는데, 특히 제향 영역은 대성전과 동·서무가 바싹 다가서 있고, 내삼문도 정면 5칸 규모로 건립되어 긴밀감이 높은 것이 특징이다. 이에 비해 강학 영역은 산만한 편인데 높이 10m 이상의 별도의 단으로 처리되어 있고, 주축에서 벗어난 명륜당의 위치 때문에 그러하다. 그리고 동재는 정면 4칸, 서재는 정면 3칸으로 칸수가 다르고 위치도 서로 마주하지 않으며, 단 처리도 상이하여 강학 영역이 매우 산만하다.

이러한 강학 영역의 산만한 배치와 풍화루로부터 내삼문에 이르는 주축과 강한 계단 구성 등으로 볼 때, 하동향교는 강학 기능보다는 제향 기능이 강조된 향교로 보인다. 이와 같은 추정을 하동향교 이건의 역사를 고찰해 보면 알 수 있는데, 현재의 위치로 하동향교를 이건할 때, 묘(廟)를 먼저 이건한 후에 나머지 건물을 옮겨간 점에서 잘 드러난다.

4. 문화재 지정과 관리(유적과 유물)

종목 및 지정일 : 경상남도 유형문화재 제223호 / 지정일(1983년 8월 12일)
소재지 : 경상남도 하동군 하동읍 읍내리 1069번지
소유자 및 관리자 : 경남향교재단

5. 건물

대성전/동·서무/내삼문/명륜당/동·서재/풍화루/양사재/당의재

〈사진 107〉 하동향교 동재

〈사진 108〉 하동향교 서재

〈사진 109〉 하동향교 명륜당

〈사진 110〉 하동향교 대성전

〈사진 111〉 하동향교 양사재(養士齋)

6. 참고문헌

『新增東國輿地勝覽』권31, 河東縣 學校.

『河東邑誌』學校.(『韓國近代邑誌』, 한국인문과학원, 1991년 영인)

河東鄕校誌編纂委員會,「鄕校修理記(1893)」『河東鄕校誌』, 河東鄕校, 2003.

河東鄕校誌編纂委員會,「校宮修理記(1894)」『河東鄕校誌』, 河東鄕校, 2003.

河東鄕校誌編纂委員會,「河東郡文廟重修記(1894)」『河東鄕校誌』, 河東鄕校, 2003.

河東鄕校誌編纂委員會,「西齋重修記(1906)」『河東鄕校誌』, 河東鄕校, 2003.

河東鄕校誌編纂委員會,「文廟重修記(1915)」『河東鄕校誌』, 河東鄕校, 2003.

河東鄕校誌編纂委員會,「河東鄕學重修記(1920)」『河東鄕校誌』, 河東鄕校, 2003.

河東鄕校誌編纂委員會,「文廟重修記(1938)」『河東鄕校誌』, 河東鄕校, 2003.

河東鄕校誌編纂委員會,「風化樓重修記(1939)」『河東鄕校誌』, 河東鄕校, 2003.

河東鄕校誌編纂委員會,「鄕校修繕記(1947)」『河東鄕校誌』, 河東鄕校, 2003.

河東鄕校誌編纂委員會,「鄕校重修記(1959)」『河東鄕校誌』, 河東鄕校, 2003.

河東鄕校誌編纂委員會,「養士齋記(1984)」『河東鄕校誌』, 河東鄕校, 2003.

釜山産業大學校 鄕土文化硏究所,「(河東鄕校)粤辛丑夏密陽朴侯云云(1903)」『釜山慶南鄕校記文』, 1986.

姜大敏,「鄕校의 財政的 基盤」『韓國의 鄕校硏究』, 경성대 출판부, 1992.

강영환,「하동향교」『경상남도의 향교 건축』下, 국립문화재연구소, 2004.

정순우,「경상남도의 향교」『慶尙南道의 鄕土文化』下, 韓國精神文化硏究院, 1999.

河東鄕校誌編纂委員會,「河東鄕校의 淵源과 變遷」『河東鄕校誌』, 河東鄕校, 2003.

문화재청,「하동향교」『국가문화유산포털』(http://www.heritage.go.kr)

한국정신문화연구원,「하동향교」『민족문화대백과사전』(http://www.encykorea.com)

함안군 칠원향교(漆原鄕校)

〈사진 112〉 칠원향교 풍화루

1. 개관

1) 소재지 : 경상남도 함안군 칠원면 용산리 299번지

2) 창건 연대 : 조선 초기 추정

3) 문화재 지정 : 경상남도 문화재자료 제181호(1991년 12월 23일 지정)

4) 석전제(釋奠祭) 향사일 : 매년 음력 2월 상정일 / 음력 8월 상정일

5) 제향 인물

　① 5성(五聖) - 공자(孔子), 안자(顔子), 증자(曾子), 자사자(子思子), 맹자(孟子)

　② 송조2현(宋朝二賢) - 정호(程顥), 주희(朱熹)

　③ 동국18현(東國十八賢) - 최치원(崔致遠), 설총(薛聰), 안유(安裕), 정몽주(鄭夢

周), 정여창(鄭汝昌), 김굉필(金宏弼), 이언적(李彦迪), 조광조(趙光祖), 김인후(金
麟厚), 이황(李滉), 성혼(成渾), 이이(李珥), 조헌(趙憲), 김장생(金長生), 송시열
(宋時烈), 김집(金集), 박세채(朴世采), 송준길(宋浚吉)

2. 설립과 연혁,[311] 운영 형태

　칠원향교의 정확한 창건 연대는 확인할 수 없으나, 1530년에 간행된 『신증동국여지승
람(新增東國輿地勝覽)』에는 '향교는 현의 동쪽 3리 지점에 있다'[312]는 기록이 있어 조선
초기부터 칠원향교가 경영된 사실을 알 수 있다.

　이후 칠원향교의 위치와 이동 상황을 살펴보면 다음과 같다. 칠원향교의 「이교사적기
(移校事蹟記)」에 의하면, 칠원향교는 광해군(光海君) 13년(1621)에 중건되었다고 한다.[313]
인조(仁祖) 원년(1623)에는 현의 동쪽 교동으로 향교를 이건했다가, 영조(英祖) 35년
(1759)에 다시 향교를 현재의 위치로 이건했다.[314]

　『칠원읍지(漆原邑誌)』에 따르면, 칠원현의 서쪽에 있던 향교 건물을 광해군 13년(1621)
에 동쪽으로 옮겼다가 숙종(肅宗) 26년(1700)에 다시 지금의 자리로 옮겼다고 기록되어 있
으므로, 그 정확한 연대를 단정하기 어렵다.[315] 『칠원읍지』와 같은 내용을 가진 자료로는
1832년에 간행된 『경상도읍지(慶尙道邑誌)』를 들 수 있는데, 이에 따르면 '향교는 현의 서
쪽에 있는데 1700년대에 이건하였다' 고 한다.[316] 1895년에 간행된 『영남읍지(嶺南邑誌)』
에도 같은 기록이 있다.[317]

---

311) 강영환, 「칠원향교」 『경상남도의 향교 건축』 下, 국립문화재연구소, 2004. 칠원향교의 연혁에 관한
　　서술에서 특별한 전거를 밝히지 않는 경우는 모두 여기에 의거한다.
312) 『新增東國輿地勝覽』 권32, 漆原縣 學校.
313) 漆原鄕校, 「移校事蹟記(1762)」 『漆原鄕校誌』, 2002.
314) 漆原鄕校, 「縣監林公移校記不忘碑(1765)」 『漆原鄕校誌』, 2002. 이 비문이 의하면 칠원향교의 이건은
　　영조 35년(1759)에 이루어졌음을 알 수 있다. 〈사진 117〉에서 보듯이 이 비는 영조 41년(1765)에 만
　　들어졌으나, 지금은 없어지고, 2000년에 복원된 비가 남아 있다.
315) 『漆原邑誌』, 學校.
316) 『慶尙道邑誌』, 漆原縣 學校.
317) 『嶺南邑誌』, 漆原縣 學校.

정확한 설립 연대는 알 수 없으나, 조선후기에 칠원향교에는 흥학재(興學齋)가 현의 서쪽에 있었다.[318] 흥학당은 양사재(養士齋)의 하나로 볼 수 있다. 양사재는 향교와는 별개인 교육 시설로서 양반 유생들이 과거 공부를 하기 위한 곳인데,[319] 이 교육기구의 이름은 지방에 따라 양사재, 흥학재(興學齋), 여택재(麗澤齋), 육영재(育英齋), 득영재(得英齋), 교학재(教學齋), 흥학당(興學堂), 양사당(養士堂), 향숙(鄕塾) 등으로 다양하다.

헌종(憲宗) 12년(1846)에 현감(縣監) 손양석(孫亮錫), 교임(校任) 황정(黃瀞)과 주상문(周相文)이 주도하여 대성전을 중수하였다.[320] 고종(高宗) 15년(1878)에는 현감 김상종(金尙鍾), 교임 배문익(裵文翊), 이재연(李在淵), 황귀연(黃龜淵) 등이 주도하여 대성전, 동·서재 등을 보수하였으며,[321] 28년(1891)에 현감 이승원(李承遠)의 사비와 지역 유림의 찬조금을 얻어 명륜당, 대성전, 동·서재, 풍화루 등 향교 전체를 보수하였다.[322]

대한제국(大韓帝國) 광무(光武) 8년(1904)에 창녕군수(昌寧郡守) 겸 칠원군수 서리 손용헌(孫鎔憲)이 백금 약간을 찬조하여 동·서재(東·西齋)를 보수하였다.[323] 광무 10년(1906)에 칠원현이 함안군에 통합됨으로써 칠원향교도 함안향교에 병합되었으나, 1959년에 다시 칠원향교가 분리되어 복원되었다.[324]

조선 초기 : 칠원향교 창건

조선 광해군 13년(1621) : 향교 중건

조선 인조 원년(1623) : 교동으로 향교 이건

조선 영조 35년(1759) : 향교 이건

조선 헌종 12년(1846) : 대성전 중수

318)『慶尙道邑誌』, 漆原縣 學校.
319) 尹熙勉, 「朝鮮後期의 養士齋」『李元淳教授華甲紀念史學論叢』, 1986. 尹熙勉, 「鄕校와 兩班儒生의 鄕村活動」『朝鮮後期 鄕校 研究』, 一潮閣, 1990, 197쪽.
320) 漆原鄕校, 「大成殿重修記(1846)」『漆原鄕校誌』, 2002.
321) 漆原鄕校, 「鄕校修補記(1879)」『漆原鄕校誌』, 2002, 정순우, 「경상남도의 향교」『慶尙南道의 鄕土文化』下, 韓國精神文化研究院, 1999. 607쪽에는 1879년에 대성전 등을 중수한 것으로 파악했으나, 중수는 1878년에 이루어졌으며, 기문의 작성 시기가 1879년이다.
322) 漆原鄕校, 「鄕校重修記(1891)」『漆原鄕校誌』, 2002.
323) 漆原鄕校, 「龜城記(1904)」『漆原鄕校誌』, 2002.
324) 咸安鄕校誌編纂委員會, 「咸安鄕校의 沿革」『咸安鄕校誌』, 함안군, 2010.

조선 고종 15년(1878) : 향교 보수

조선 고종 28년(1891) : 향교 중수

대한제국 광무 8년(1904) : 동·서재 수리

대한제국 광무 10년(1910) : 칠원현이 폐현되어 칠원향교가 함안향교와 병합됨

1961년 : 칠원향교 복원

3. 입지 및 배치[325]

칠원향교가 있는 곳은 농공단지에 있는 공장들의 뒤쪽 야산 구릉이며, 경사는 비교적 완만하다. 그러나 유독 강학 영역의 명륜당과 동·서재의 단 차이는 심한 편이다. 이는 아마도 1900년대 중반에 향교를 재건하면서 동·서재를 두지 않는 대신 명륜당을 부각하여 강학 영역을 강조하려는 의도로 칠원향교를 만들었기 때문에 나타난 결과로 생각된다. 그러나 1990년대 중반에 동·서재가 복원되면서, 비록 명륜당과 심한 단차는 있지만 풍화루와 함께 비교적 정연한 강학 영역을 이루고 있다.

칠원향교의 배치는 강학 영역이 전면에 위치하는 전학후묘(前學後廟)형이다. 강학 영역을 구성하는 건물은 명륜당, 동재, 서재, 풍화루이다. 제향 영역은 명륜당으로부터 북측으로 20여 미터 떨어져 있으며, 구성 건물도 대성전뿐이므로 산만하다.

이 외에 강학 영역 동쪽으로 관리사(舊 모현정)와 경덕사가 있는 관리 영역이 있다. 이 영역에 있는 경덕사가 별도의 사당 기능도 겸하고 있었으므로, 이는 제향 기능을 겸한 것으로 볼 수도 있다. 그러나 대성전 영역에 비해 위상과 성격이 불분명한 것으로 보아, 1970년대에 재건하는 과정에서 임시적으로 제향 기능을 담당했던 것으로 보인다. 제향 영역, 강학 영역, 관리 영역은 모두 각자 다른 방향을 취하고 있는데, 이는 칠원향교가 위치한 지형 구조를 그대로 반영하였기 때문으로 보여진다.

---

325) 강영환, 「칠원향교」『경상남도의 향교 건축』下, 국립문화재연구소, 2004, 142쪽을 바탕으로 글을 다듬고 고쳤다.

4. 문화재 지정과 관리(유적과 유물)

종목 및 지정일 : 경상남도 문화재자료 제181호 / 지정일(1991년 12월 23일)

소재지 : 경상남도 함안군 칠원면 용산리 299번지

소유자 및 관리자 : 경남향교재단

5. 건물

대성전/내삼문/명륜당/동·서재/풍화루/경덕사/관리사/홍살문

〈사진 113〉 칠원향교 동재

〈사진 114〉 칠원향교 서재

〈사진 115〉 칠원향교 명륜당

〈사진 116〉 칠원향교 대성전

〈사진 117〉 칠원향교 현감임공이교불망비
(縣監林公移校不忘碑, 原碑 1765, 新碑 2000)

6. 참고문헌

『新增東國輿地勝覽』 권32, 漆原縣 學校.

『慶尙道邑誌』, 漆原縣 學校.

『嶺南邑誌』, 漆原縣 學校.

漆原鄕校, 「大成殿重修記(1846)」 『漆原鄕校誌』, 2002.

漆原鄕校, 「鄕校修補記(1879)」 『漆原鄕校誌』, 2002

漆原鄕校, 「鄕校重修記(1891)」 『漆原鄕校誌』, 2002.

漆原鄕校, 「龜城記(1904)」 『漆原鄕校誌』, 2002.

姜大敏, 『韓國의 鄕校硏究』, 경성대 출판부, 1992.

강영환, 「칠원향교」『경상남도의 향교 건축』下, 국립문화재연구소, 2004.

辛容局, 「鄕校」『咸安郡誌』, 함안군, 1997.

尹熙勉, 「朝鮮後期의 養士齋」『李元淳敎授華甲紀念私學論叢』, 1986.

尹熙勉, 「鄕校와 兩班儒生의 鄕村活動」『朝鮮後期 鄕校 硏究』, 一潮閣, 1990.

정순우, 「경상남도의 향교」『慶尙南道의 鄕土文化』下, 韓國精神文化硏究院, 1999.

문화재청, 「칠원향교」『국가문화유산포털』(http://www.heritage.go.kr)

한국정신문화연구원, 「칠원향교」『민족문화대백과사전』(http://www.encykorea.com)

함안군 함안향교(咸安鄉校)

〈사진 118〉 함안향교 풍화루

1. 개관

1) 소재지 : 경상남도 함안군 함안읍 봉성리 1319-2번지

2) 창건 연대 : 조선 초기 추정

3) 문화재 지정 : 경상남도 유형문화재 제211호(1983년 8월 12일 지정)

4) 석전제(釋奠祭) 향사일 : 매년 양력 5월 11일 / 양력 9월 28일

5) 제향 인물

① 5성(五聖) – 공자(孔子), 안자(顔子), 증자(曾子), 자사자(子思子), 맹자(孟子)

② 송조3현(宋朝三賢) – 정호(程顥), 정이(程頤), 주희(朱熹)

③ 동국18현(東國十八賢) – 최치원(崔致遠), 설총(薛聰), 안유(安裕), 정몽주(鄭夢

周), 정여창(鄭汝昌), 김굉필(金宏弼), 이언적(李彦迪), 조광조(趙光祖), 김인후(金麟厚), 이황(李滉), 성혼(成渾), 이이(李珥), 조헌(趙憲), 김장생(金長生), 송시열(宋時烈), 김집(金集), 박세채(朴世采), 송준길(宋浚吉)

2. 설립과 연혁, 운영 형태

함안향교의 창건 연대는 정확히 알 수 없으나, 조선 태조(太祖) 원년(1392)에 홍문관(弘文館)의 인가를 받아 함안면 파수리 청곡에 창건되었다고 보는 견해가 있다.[326] 그러나 함안향교의 창건 연대에 관한 이 견해는 역사 문헌의 근거가 있는 것으로 확인되지는 않는다. 『신증동국여지승람(新增東國輿地勝覽)』을 참조하면, 함안향교는 조선 초기에 설립된 것으로 추정된다.

함안향교는 그 후 봉성동 악어담에 잠깐 이건되었는데, 중종(中宗) 25년(1530)에 간행된 『신증동국여지승람』에는 '향교는 군의 남쪽 2리 지점에 있다' 라는 기록에서 이 사실을 알 수 있다.[327] 이와 같은 사실은 다음 기록에서도 확인된다. 1832년에 간행된 『경상도읍지(慶尙道邑誌)』에는 '향교는 군의 남쪽 3리에 있다' 는 기록과[328] 1895년에 간행된 『영남읍지(嶺南邑誌)』등의 내용이 바로 그것이다.[329]

선조 20년(1587)에 정구(鄭逑)가 편찬한 『함주지(咸州誌)』에는 당시 함안향교가 명륜당 6칸, 좌우 협실(挾室)이 각 3칸, 동재 8칸, 서재 7칸, 남루(南樓) 6칸,[330] 주고(廚庫) 5칸, 교아(校衙) 13칸 등이 있었다고 한다.[331]

선조(宣祖) 28년(1595)에 정구(鄭逑)가 함안향교를 현재의 위치로 이건하였다고 한다.

---

326) 咸安鄕校誌編纂委員會, 「咸安鄕校의 沿革」『咸安鄕校誌』, 咸安鄕校, 2010. 함안향교의 연혁에 관한 서술에서 특별한 전거를 밝히지 않는 경우는 모두 여기에 의거한다.
327) 『新增東國輿地勝覽』 권32, 咸安郡 學校.
328) 『慶尙道邑誌』, 咸安郡 學校 鄕校.
329) 『嶺南邑誌』, 咸安郡 學校.
330) 강영환, 「함안향교」『경상남도의 향교 건축』下, 국립문화재연구소, 2004에는 동루(東樓)로 표기되어 있으나 남루(南樓)의 오기인 듯하다.
331) 咸安文化院, 「鄕校」『國譯咸州誌』, 2009.

선조 29년(1596)에는 동·서무(東·西廡), 내삼문(內三門)을 증축하고 명륜당(明倫堂), 동·서재(東·西齋), 풍화루(風化樓) 등을 건립하였다. 고종(高宗) 17년(1880)에 대성전(大成殿)을 중건했다.

1920년에 문묘[332]와 명륜당을 중수하였고,[333] 1959년에 다시 한번 명륜당이 중수되었으며,[334] 1960년에는 대성전 내삼문을 중건하였다.[335]

1962년에 고사(庫舍) 3칸을 복원하고, 담장을 보수하였다. 1966년에 대성전 보수를 하였고, 1968년에는 동재를 복구하였다.[336] 1969년에 동재를 건립하고 남은 자금으로 대성전과 풍화루에 단청(丹靑)을 하고 담장의 기와를 새로이 가는 공사를 하였다.[337] 1973년에 대성전을 보수하고 계단을 만들었으며,[338] 1974년에는 서재를 중건하였다.[339]

조선 태조 원년(1392) : 함안향교 창건

조선 선조 28년(1595) : 향교 이건

조선 선조 29년(1596) : 동·서무, 내삼문 및 명륜당, 동·서재, 풍화루 건립

조선 고종 17년(1880) : 대성전 중건

대한제국 광무 10년(1906) : 함안향교와 칠원향교를 병합

1920년 : 문묘, 명륜당 중수

1950년 : 한국전쟁으로 향교 소실

1959년 : 명륜당 중수, 칠원향교 복원

1960년 : 대성전 내삼문 중건

1962년 : 고사 3간 복원, 담장 보수

1966년 : 대성전 보수

---

332) 咸安鄕校誌編纂委員會, 「文廟重修記(1920)」『咸安鄕校誌』, 咸安鄕校, 2010.
333) 咸安鄕校誌編纂委員會, 「明倫堂重修記(1920)」『咸安鄕校誌』, 咸安鄕校, 2010.
334) 咸安鄕校誌編纂委員會, 「明倫堂重修記(1959)」「明倫堂重新事實記(1959)」「明倫堂重修上樑文(1959)」
     『咸安鄕校誌』, 咸安鄕校, 2010.
335) 咸安鄕校誌編纂委員會, 「咸安鄕校 近代 重·補修記」『咸安鄕校誌』, 咸安鄕校, 2010.
336) 咸安鄕校誌編纂委員會, 「大成殿補修東齋復舊事實記(1968)」『咸安鄕校誌』, 咸安鄕校, 2010.
337) 咸安鄕校誌編纂委員會, 「咸安鄕校 近代 重·補修記」『咸安鄕校誌』, 咸安鄕校, 2010.
338) 咸安鄕校誌編纂委員會, 「咸安鄕校 近代 重·補修記」『咸安鄕校誌』, 咸安鄕校, 2010.
339) 咸安鄕校誌編纂委員會, 「西齋重建記(1974)」『咸安鄕校誌』, 咸安鄕校, 2010.

1968년 : 동재 복구

1969년 : 대성전과 풍화루에 단청, 담장의 기와를 새로 올림

1973년 : 대성전 보수와 계단 조성

1974년 : 서재 중건

1988년 : 동·서무 보수

1992년 : 동재 보수

1994년 : 내삼문, 풍화루 보수

1997년 : 명륜당 보수

2001년 : 대성전, 서무 보수

2002년 : 전기시설 보수 및 승압 공사

2004년 : 동무, 동재 보수, 명륜당, 동서재 전기 판넬 공사

2005년 : 풍화루 보수 및 배수로 설치

2007년 : 대성전 계단 석축 공사 및 배수로 공사, 풍화루 2층 개수

2008년 : 풍화루 단청 공사

2010년 : 현판 개수 및 보완

3. 입지 및 배치[340]

　함안향교는 넓은 들의 끝에 있는 야산을 등지고 있다. 강학 영역은 산 아래 평지에 입지하였고 제향 영역은 급경사지에 터를 닦아 대성전을 앉힘으로써, 전체적으로 2원적으로 구성한 형식을 갖추고 있다. 인근 시설로는 북쪽 덕암마을에는 덕암서원과 율리서원이 있어 유교적 분위기가 강한 고장으로 볼 수 있다.

　일반적인 향교에 비해 골이 좁아서 함안향교의 형국이 조금은 협소하다. 함안향교의 강학 영역은 평지형이고 제향 영역은 경사형으로 이루어져서, 전체적으로 보면 이원적으로

---

340) 강영환, 「함안향교」『경상남도의 향교 건축』下, 국립문화재연구소, 2004, 158쪽을 바탕으로 글을
　　다듬고 고쳤다.

배치되었음을 알 수 있다. 전체적으로는 전학후묘(前學後廟)형이라 할 수 있으나, 두 영역 간의 축선이 서로 일치하지는 않는다. 제향 영역으로 진입하는 동선도 길게 乙자 모양의 계단으로 연결되어 병렬형의 성격도 더해졌다. 명륜당을 세운지 오랜 세월이 지난 후에 대성전을 세웠기 때문에 두 영역간의 관계가 약화된 것으로 보인다.

　제향 영역의 구성은 동·서무가 대성전과 좌·우에 나란히 배열된 H자 형이다. 경남 곤양 향교의 경우에도 대성전 좌·우에 초석 일부와 기단 흔적을 찾아볼 수 있다. 이같은 경우는 특이한 사례인데, 함안향교가 급경사지에 위치하여 대성전 앞에 양무를 배치할 여유가 없기 때문에, 세 건물을 같은 단 위에 배열한 것으로 추정된다. 이로써 대성전 앞 마당은 개방성이 강화되었다.

　강학 영역은 완전한 평지형이며, 특히 동·서재의 거리가 멀고 풍화루가 약식으로 처리되어 제향 영역이 협소해진 것과는 대조적으로 산만하게 구성되었다.

4. 문화재 지정과 관리(유적과 유물)

종목 및 지정일 : 경상남도 유형문화재 제211호 / 지정일(1983년 8월 12일)
소재지 : 경상남도 함안군 함안읍 봉성리 1319-2번지
소유자 및 관리자 : 경남향교재단

5. 건물

대성전/동·서무/내삼문/명륜당/동·서재/풍화루/관리사

〈사진 119〉 함안향교 동재

〈사진 120〉 함안향교 서재

〈사진 121〉 함안향교 명륜당

〈사진 122〉 함안향교 대성전

6. 참고문헌

『新增東國輿地勝覽』 권32, 咸安郡 學校.

『慶尙道邑誌』, 咸安郡 學校.

『嶺南邑誌』, 咸安郡 學校.

咸安鄕校誌編纂委員會, 「文廟重修記(1920)」『咸安鄕校誌』, 咸安鄕校, 2010.

咸安鄕校誌編纂委員會, 「明倫堂重修記(1920)」『咸安鄕校誌』, 咸安鄕校, 2010.

咸安鄕校誌編纂委員會, 「明倫堂重修記(1959)」『咸安鄕校誌』, 咸安鄕校, 2010.

咸安鄕校誌編纂委員會, 「明倫堂重新事實記(1959)」『咸安鄕校誌』, 咸安鄕校, 2010.

咸安鄕校誌編纂委員會, 「明倫堂重修上樑文(1959)」『咸安鄕校誌』, 咸安鄕校, 2010.

咸安鄉校誌編纂委員會, 「大成殿補修東齋復舊事實記(1968)」『咸安鄉校誌』, 咸安鄉校,
      2010.

咸安鄉校誌編纂委員會, 「西齋重建記(1974)」『咸安鄉校誌』, 咸安鄉校, 2010.

咸安鄉校誌編纂委員會, 「咸安鄉校 近代 重·補修記」『咸安鄉校誌』, 咸安鄉校, 2010.

姜大敏, 『韓國의 鄉校硏究』, 경성대 출판부, 1992.

강영환, 「함안향교」『경상남도의 향교 건축』下, 국립문화재연구소, 2004.

경남건축가협회, 「함안향교」『경남의 전통건축』, 창원대 경남학연구센터, 2010.

辛容局, 「鄉校」『咸安郡誌』, 咸安郡誌編纂委員會, 1997.

정순우, 「경상남도의 향교」『慶尙南道의 鄉土文化』下, 韓國精神文化硏究院, 1999.

咸安文化院, 「鄉校」『國譯咸州誌』, 2009.

咸安鄉校誌編纂委員會, 「咸安鄉校의 沿革」『咸安鄉校誌』, 咸安鄉校, 2010.

문화재청, 「함안향교」『국가문화유산포털』(http://www.heritage.go.kr)

한국정신문화연구원, 「함안향교」『민족문화대백과사전』(http://www.encykorea.com)

함양군 안의향교(安義鄕校)

〈사진 123〉 안의향교 재천루(在川樓)

1. 개관

1) 소재지 : 경상남도 함양군 안의면 교북리 148-2번지

2) 창건 연대 : 조선 성종 4년(1473)

3) 문화재 지정 : 경상남도 유형문화재 제226호(1983년 8월 12일 지정)

4) 석전제(釋奠祭) 향사일 : 매년 음력 2월 상정일 / 음력 8월 상정일

5) 제향 인물

① 5성(五聖) - 공자(孔子), 안자(顔子), 증자(曾子), 자사자(子思子), 맹자(孟子)

② 송조4현(宋朝四賢) - 주돈이(周惇頤), 정호(程顥), 정이(程頤), 주희(朱熹)

③ 동국18현(東國十八賢) - 최치원(崔致遠), 설총(薛聰), 안유(安裕), 정몽주(鄭夢

周), 정여창(鄭汝昌), 김굉필(金宏弼), 이언적(李彦迪), 조광조(趙光祖), 김인후(金
麟厚), 이황(李滉), 성혼(成渾), 이이(李珥), 조헌(趙憲), 김장생(金長生), 송시열
(宋時烈), 김집(金集), 박세채(朴世采), 송준길(宋浚吉)

2. 설립과 연혁,[341] 운영 형태

　안의향교는 조선 성종(成宗) 4년(1473)에 현감(縣監) 최영(崔榮)이 후암사지(朽岩寺址)
에 대성전인 성묘(聖廟)를 창건하면서 시작되었다.[342] 이듬해에 현감 신윤종(申允宗)이 12
위의 신판을 대성전에 봉안하였다.[343] 조선시대에 사원이나 그 옛터에 향교나 서원이 새
롭게 건립되는 사례가 여럿 확인되는데, 안의향교도 이 경우에 속한다는 사실이 주목된다.
　『신증동국여지승람(新增東國輿地勝覽)』에는 '현 북쪽 3리 지점에 있다. 현에 옛날에는
학교가 없었으므로 학생들이 관아에 거주하였는데, 성화(成化) 9년(1473)에 현감 최영이
후암사 옛 터에 지었다. 향교 남쪽에 점풍대(點風臺)가 있다. 두 가닥 물이 대 밑에서 합류
하여 동천이 되는데 증점(曾點)이 무우(舞雩)에서 바람 쏘인 뜻을 따서 이름하였다'[344]라
고 기록했다. 안의향교는 선조(宣祖) 30년(1597)에 정유재란(丁酉再亂)으로 소실되었는데,
10년 후인 선조 40년(1607)에 현감 양찬(梁讚)이 명륜당(明倫堂), 화우재(化雨齋), 출곡재
(出谷齋)를 고쳐 짓고, 광해군(光海君) 7년(1615)에는 정사침(鄭思忱)이 교궁(校宮)을 수리
하였다.[345] 숙종(肅宗) 2년(1676)에 여익제(呂翼濟)가 교궁을 중수하였고, 21년(1695)에 현
감 이만정(李萬程)이 성묘(聖廟)를 수축하였다.

---

341) 安義鄕校, 「安義鄕校沿革」『安義鄕校誌』, 2009. 안의향교의 연혁에 관한 서술에서 특별한 전거를 밝
　　히지 않는 경우는 모두 여기에 의거한다.
342)『慶尙道邑誌』, 安義 學校 鄕校.
343)『慶尙道邑誌』, 安義 學校 鄕校. 安義鄕校, 「安義鄕校沿革」『安義鄕校誌』, 2009, 315쪽에서는 성종 5
　　년(1474)에 대성전의 신판을 봉안한 군수의 이름을 신윤완(申允完)으로 보고, 대성전에 봉안한 위패
　　가 5성(五聖), 송조6현(宋朝六賢), 동국11현(東國十一賢)의 신판(神板)이었고, 훈도(訓導) 김종유(金宗
　　裕)는 유생과 더불어 낙성식을 거행했는데, 김종유의 아우인 김종직(金宗直)이 기문(記文)을 찬하였다
　　고 보았다. 이때에 대성전에 모신 신위는 동국12현이었을 것이다.
344)『新增東國輿地勝覽』권31, 安陰縣 學校.
345) 安義鄕校, 「安義鄕校沿革」『安義鄕校誌』, 2009.

영조(英祖) 5년(1729)에 안의현이 폐현이 되면서 문묘를 철폐하고 신판을 묻었고, 12년 (1736)에 안의현이 복원됨으로써, 현감 이현량(李顯良)이 안의향교를 다시 세우고 제위신 판(諸位神板)을 만들어 봉안하였다.

조선후기 안의향교의 「절목(節目)」에 따르면, 당시 안의향교의 향교전을 비롯한 경제적 기반과 향교의 유지에 필요한 제반 사항을 다음과 같이 자세히 전하므로,[346] 안의향교의 실정을 이해하는 데 크게 참조된다. 첫째, 학위면세(學位免稅)로 표현된 향교전의 출부(出 賦)는 4결(結) 87부(負) 4속(束)인데, 매년 분표시(分俵時)에 조사했다. 둘째, 후암(朽岩) 방 천(防川)이 무너졌을 때, 의령향교의 속사(屬寺)인 영각사(靈覺寺)와 장수사(長水寺)에서 복 호(卜戶) 2부(夫)를 내어 이를 수축했는데, 이는 이전부터 내려온 관행이었다. 셋째, 원정 (元定) 교생(校生) 30명이 돌아가면서 작답(作畓)을 하여 대성전(大成殿)을 수직(守直)하였 다. 넷째, 원정(元定) 집사(執事) 9명이 삭망분향(朔望焚香) 및 하례(賀禮)를 담당하였다. 다 섯째, 동몽(童蒙) 5명이 별안(別案) 즉 별도의 교육 과정으로 학습하여 실력이 향상되면 유 안(儒案)에 등재하여 교생이 될 수 있는 자격을 주었다. 여섯째, 당시 안의향교는 노(奴)가 50명, 비(婢)가 50명으로써 도합 100명에 이르는 많은 향교 노비를 소유하였다.

그리고 향교의 중수나 이건 등의 공역 등이 있을 때에는 유전(儒錢)을 거두어 그 경비를 충당하기도 하였는데, 안의향교의 경우 조지영(趙之英) 등이 60동(銅)을 향교에 바쳐 재임 의 삭망시(朔望時)에 마세(馬稅)를 내는 데 돕게 했다고 하며,[347] 김상기(金尙基) 등이 각자 향교에 의연금을 냈으므로, 만약 하민(下民)들의 일이나 혹은 하민들의 신역(身役)에 편입 되는 경우가 있으면, 온 고을이 함께 구제해 준다는 완문(完文)을 만들어 지급한 경우도 있 었다.[348]

향교 재정의 유지를 위해 큰 몫을 담당한 것은 아니지만, 향교 유지에 다소 보탬이 되었 던 것으로 속사(屬寺) 및 점인(店人)의 공납이 있다.[349] 속사는 향교뿐만 아니라 당해 지역

---

346) 『花林誌』 권上, 學校 鄕校(『韓國近代道誌』, 한국인문과학원 1991년 영인). 『花林誌』는 1930년에 간행 되었다.
347) 釜山産業大學校 鄕土文化硏究所, 「(安義鄕校)完文(1863)」 『釜山慶南鄕校記文』, 1986. 姜大敏, 「鄕校 의 財政的 基盤」 『韓國의 鄕校硏究』, 경성대 출판부, 1992, 135쪽.
348) 釜山産業大學校 鄕土文化硏究所, 「(安義鄕校)完文(1892)」 『釜山慶南鄕校記文』, 1986. 姜大敏, 「鄕校 의 財政的 基盤」 『韓國의 鄕校硏究』, 경성대 출판부, 1992, 135~136쪽.
349) 姜大敏, 「鄕校의 財政的 基盤」 『韓國의 鄕校硏究』, 경성대 출판부, 1992, 153~155쪽.

의 관부(官府)·향청(鄉廳)·서원(書院) 등의 수용물자를 공납하는 사찰을 말한다. 속사는 사원(寺院)에 부과된 사역(寺役)으로 사원이 중앙이나 지방관부뿐만 아니라 향교, 서원, 향청 등에 소속되어 필요한 물자를 담당하였다.[350] 앞서 든 영각사와 장수사는 안의향교의 속사였음을 알 수 있는데, 이밖에도 영각사는 춘향시에 명륜당·동서재의 도배지 및 과거·공도회·백일장의 도목지의 공납도 담당하였다.[351] 그 지방의 점인들에게도 향교에 필요한 물건을 향교에 공납하도록 조치하였는데, 안의향교에서는 향사시에 필요한 옹기 및 유기는 각 점인에게서 훼손되었을 때마다 받고, 향사시에 회(灰) 1석(石)은 회점인(灰店人)이 납입한다고 규정했다.

안의향교에는 향교 재정에 대해서도 상세하게 기록된 기문이 남아 있는데,[352] 이 기문에서는 향교의 모든 재물은 교임이 맡아서 처리하되 서재생(西齋生) 중에서 2명을 선출하여 전곡 담당자로 삼아 매달 분향시에 회계하여 교임(校任)에게 서명을 받고, 유사(有司)가 그해 마지막 달에 관가에 가서 보고하면, 관에서는 절목(節目)과 대조하여 마무리한다고 했다. 이 절목에는 구체적인 지출 세목이 명시되어 있다. 그 내용을 살펴 보면, 춘추향사·사직제·성황제·기우제·망하례·여제 등의 행사 때 헌관(獻官) 및 집사(執事)에게 음식을 올리고, 동·서재임 및 기관(記官)에 음식을 올리는 것이 주를 이루고, 공도회(公都會)·백일장·과거 등의 응시자들에 대한 조전(助錢) 등이 포함되어 있다.

향교전(鄉校田)을 조성하는 방법은 각 향교마다 다양한데, 조선말기 안의향교에서는 고을의 인사가 향교에 금전을 기증하여 향교전을 만든 경우와 직접 자기 소유의 전답을 향교에 기증한 경우가 있었음을 알 수 있다.[353] 향교전의 경작은 향교의 노비들이 일부를 경작하고 나머지는 여러 사람이 경작하였다.[354]

---

350) 尹熙勉, 「鄉校의 經濟基盤과 그 運營」『朝鮮後期 鄉校硏究』, 一潮閣, 1990. 259쪽.

351) 釜山産業大學校 鄉土文化硏究所, 「(安義)鄉校節目小序(1778)」『釜山慶南鄉校記文』, 1986. 姜大敏, 「鄉校의 財政的 基盤」『韓國의 鄉校硏究』, 경성대 출판부, 1992, 153~155쪽.

352) 釜山産業大學校 鄉土文化硏究所, 「(安義)鄉校節目小序(1778)」『釜山慶南鄉校記文』, 1986. 姜大敏, 「鄉校의 財政的 基盤」『韓國의 鄉校硏究』, 경성대 출판부, 1992, 163쪽.

353) 釜山産業大學校 鄉土文化硏究所, 「(安義鄉校)書金功曹鎭源出義捐財刱置社稷位畓新備祭齋服修理聖殿內外堂廡墻垣等事(1883)」『釜山慶南鄉校記文』, 1986. 姜大敏, 「鄉校의 財政的 基盤」『韓國의 鄉校硏究』, 경성대 출판부, 1992, 111쪽.

354) 釜山産業大學校 鄉土文化硏究所, 「(安義)鄉校重修後節目序(1859)」『釜山慶南鄉校記文』, 1986. 姜大敏, 「鄉校의 財政的 基盤」『韓國의 鄉校硏究』, 경성대 출판부, 1992, 112쪽.

정조(正祖) 1년(1777)에 현감 이복영(李復永)이 교궁 일부를 수리하였고,[355] 순조(純祖) 18년(1818)에도 향교가 중수되었다.[356] 순조 19년(1819)에는 명륜당이 수리되었다.[357] 순조 20년(1820)에도 명륜당과 재천루(在川樓)가 보수되었으며,[358] 순조 26년(1826)에는 현감 유장주(俞長柱)가 모든 경비를 부담하여 향교를 중수하였다.[359] 헌종(憲宗) 3년(1837)에도 향교가 중수되었다.[360] 이후에도 철종 5년(1854),[361] 고종(高宗) 1년(1864),[362] 고종 3년(1866),[363] 고종 10년(1873),[364] 고종 16년(1879),[365] 고종 17년(1880),[366] 고종 20년(1883),[367] 고종 24년(1887),[368] 고종 28년(1891),[369] 고종 29년(1892),[370] 대한제국(大韓帝國) 광무(光武) 2년(1898),[371] 1916년,[372] 1917년,[373] 1924년[374]에 향교에 크고 작은 수리와 중수가 있었다. 안의향교는 다른 향교와 비교하여 관련 자료가 많이 남아 있다.

조선 성종 4년(1473) : 안의향교 창건

355) 安義鄕校, 「鄕校重修碑文(1777)」 『安義鄕校誌』, 2009. 이 비는 현재에도 안의향교의 앞에 남아 있다. 〈사진 128〉 참조.
356) 安義鄕校, 「鄕校修理記(1818)」 『安義鄕校誌』, 2009.
357) 安義鄕校, 「明倫堂修理記(1819)」 『安義鄕校誌』, 2009.
358) 安義鄕校, 「校宮修理記(1820)」 『安義鄕校誌』, 2009.
359) 安義鄕校, 「鄕校重線記(1826)」 『安義鄕校誌』, 2009.
360) 安義鄕校, 「鄕校重修記(1837)」 『安義鄕校誌』, 2009.
361) 安義鄕校, 「重修記(1854)」 『安義鄕校誌』, 2009.
362) 安義鄕校, 「校宮修理記(1864)」 『安義鄕校誌』, 2009, 이 기문에서는 성무(聖廡)라는 기록이 남아 있어 당시에는 동·서무가 존재했음을 알 수 있으나, 현재는 전하지 않는다.
363) 安義鄕校, 「大成殿內三門重修記(1866)」 『安義鄕校誌』, 2009.
364) 安義鄕校, 「校宮重修記(1873)」 『安義鄕校誌』, 2009. 安義鄕校, 「明倫堂重修記(1873)」 『安義鄕校誌』, 2009.
365) 釜山産業大學校 鄕土文化研究所, 「(安義鄕校)明倫堂修理記(1879)」 『釜山慶南鄕校記文』, 1986.
366) 釜山産業大學校 鄕土文化研究所, 「(安義鄕校)校宮修理記(1880)」 『釜山慶南鄕校記文』, 1986.
367) 安義鄕校, 「校宮修理祭服改備社畓拼置記(1883)」 『安義鄕校誌』, 2009.
368) 安義鄕校, 「花林縣鄕校重修記(1887)」 『安義鄕校誌』, 2009.
369) 安義鄕校, 「在川樓重修記(1891)」 『安義鄕校誌』, 2009.
370) 安義鄕校, 「鄕校重修記(1892)」 『安義鄕校誌』, 2009.
371) 安義鄕校, 「大成殿担墻重修記(1898)」 『安義鄕校誌』, 2009.
372) 安義鄕校, 「鄕校重修記(1918)」 『安義鄕校誌』, 2009.
373) 安義鄕校, 「在川樓重修記(1918)」 『安義鄕校誌』, 2009.
374) 安義鄕校, 「校宮修理記(1924)」 『安義鄕校誌』, 2009.

조선 선조 30년(1597) : 정유재란으로 향교 소실

조선 선조 40년(1607) : 향교 중건

조선 광해군 7년(1615) : 교궁 수리

조선 숙종 2년(1676) : 교궁 중수

조선 숙종 21년(1695) : 성묘 개수

조선 영조 5년(1729) : 안의현이 폐현되어 문묘 철폐

조선 영조 12년(1736) : 안의현이 복원되어 안의향교를 중건

조선 정조 1년(1777) : 교궁 수리

조선 순조 18년(1818) : 향교 중수

조선 순조 19년(1819) : 명륜당 수리

조선 순조 20년(1820) : 명륜당, 재천루 보수

조선 순조 26년(1826) : 향교 중수

조선 헌종 3년(1837) : 향교 중수

조선 철종 5년(1854) : 향교 중수

조선 고종 1년(1864) : 교궁 수리

조선 고종 3년(1866) : 대성전, 내삼문 중수

조선 고종 10년(1873) : 교궁 중수

조선 고종 16년(1879) : 명륜당 수리

조선 고종 17년(1880) : 교궁 수리

조선 고종 20년(1883) : 교궁 수리 및 제복을 갖춤

조선 고종 24년(1887) : 향교 중수

조선 고종 28년(1891) : 재천루 중수

조선 고종 29년(1892) : 향교 중수

대한제국 광무 2년(1898) : 대성전 담장 중수

1918년 : 향교 중수 및 재천루 중수

1924년 : 교궁 수리

3. 입지 및 배치[375]

　　안의향교는 면 소재지에서 동북쪽으로 떨어진 곳에 있다. 향교의 주변에는 마을의 민가들이 있으며, 약 50m 전방 진입로 입구에 홍살문이 있다. 홍살문 앞에는 옛 홍살문 지주로 쓰였던 석재가 남아 있으며, 문루 앞에 향교중수비 및 공적비 등이 있다.

　　건물 구성은 전학후묘(前學後廟)의 직렬형으로 넓은 들이 펼쳐진 가운데 완전한 평지터를 조성했다. 명륜당은 3칸 규모이고, 동·서재가 안으로 좁혀지도록 배치되어 명륜당 마당은 좁고 깊게 만들어졌다.

　　강학 영역을 이루는 건물은 명륜당, 화우재, 출곡재, 재천루, 제기고 등이다. 이 중에서 제기고는 명륜당 우측에 비껴 놓여 있다. 명륜당 뒤에 성생단(省牲壇)이 마련되어 있고, 제기고도 명륜당 오른쪽에 있어 서로 긴밀하게 연관되도록 배치되었다. 이는 명륜당 측배면으로부터 제향 의례가 시작됨을 알 수 있는 부분이다.

4. 문화재 지정과 관리(유적과 유물)

　　종목 및 지정일 : 경상남도 유형문화재 제226호 / 지정일(1983년 8월 12일)
　　소재지 : 경상남도 함양군 안의면 교북리 148-2번지
　　소유자 및 관리자 : 경남향교재단

5. 건물

　　대성전/내삼문/명륜당/화우재/출곡재/재천루/관리사

---

375) 강영환, 「안의향교」『경상남도의 향교 건축』下, 국립문화재연구소, 2004, 177쪽을 바탕으로 글을 다듬고 고쳤다.

<표 124> 안의향교 화우재(化雨齋)   <사진 125> 안의향교 출곡재(出谷齋)

<사진 126> 안의향교 명륜당

292

〈사진 127〉 안의향교 대성전

〈사진 128〉 안의향교 향교중수비(鄕校重修碑, 1777년 건립)

6. 참고문헌

『新增東國輿地勝覽』 권31, 安陰縣 學校.

『花林誌』 권上, 學校 鄉校(『韓國近代道誌』, 한국인문과학원 , 1991년 영인)

安義鄉校, 「鄉校重修碑文(1777)」 『安義鄉校誌』, 2009.

安義鄉校, 「鄉校修理記(1818)」 『安義鄉校誌』, 2009.

安義鄉校, 「明倫堂修理記(1819)」 『安義鄉校誌』, 2009.

安義鄉校, 「校宮修理記(1820)」 『安義鄉校誌』, 2009.

安義鄉校, 「鄉校重線記(1826)」 『安義鄉校誌』, 2009.

安義鄉校, 「鄉校重修記(1837)」 『安義鄉校誌』, 2009.

安義鄉校, 「重修記(1854)」 『安義鄉校誌』, 2009.

安義鄉校, 「校宮修理記(1864)」 『安義鄉校誌』, 2009.

安義鄉校, 「大成殿內三門重修記(1866)」 『安義鄉校誌』, 2009.

安義鄉校, 「校宮重修記(1873)」 『安義鄉校誌』, 2009.

安義鄉校, 「明倫堂重修記(1873)」 『安義鄉校誌』, 2009.

安義鄉校, 「校宮修理祭服改備社畓椚置記(1883)」 『安義鄉校誌』, 2009.

安義鄉校, 「花林縣鄉校重修記(1887)」 『安義鄉校誌』, 2009.

安義鄉校, 「在川樓重修記(1891)」 『安義鄉校誌』, 2009.

安義鄉校, 「鄉校重修記(1892)」 『安義鄉校誌』, 2009.

安義鄉校, 「大成殿担墻重修記(1898)」 『安義鄉校誌』, 2009.

安義鄉校, 「鄉校重修記(1918)」 『安義鄉校誌』, 2009.

安義鄉校, 「在川樓重修記(1918)」 『安義鄉校誌』, 2009.

安義鄉校, 「校宮修理記(1924)」 『安義鄉校誌』, 2009.

釜山産業大學校 鄉土文化研究所, 「(安義)鄉校節目小序(1778)」 『釜山慶南鄉校記文』, 1986.

釜山産業大學校 鄉土文化研究所, 「(安義)鄉校重修後節目序(1859)」 『釜山慶南鄉校記文』, 1986.

釜山産業大學校 鄉土文化研究所, 「(安義鄉校)明倫堂修理記(1879)」 『釜山慶南鄉校記文』, 1986.

釜山産業大學校 鄕土文化硏究所, 「(安義鄕校)校宮修理記(1880)」『釜山慶南鄕校記文』, 1986.

釜山産業大學校 鄕土文化硏究所, 「(安義鄕校)書金功曹鎭源出義捐財刱置社稷位畓新備祭齋服修理聖殿內外堂廡墻垣等事(1883)」『釜山慶南鄕校記文』, 1986.

釜山産業大學校 鄕土文化硏究所, 「(安義鄕校)完文(1892)」『釜山慶南鄕校記文』, 1986.

姜大敏, 「鄕校의 財政的 基盤」『韓國의 鄕校硏究』, 경성대 출판부, 1992.

강영환, 「안의향교」『경상남도의 향교 건축』下, 국립문화재연구소, 2004.

安義鄕校, 「安義鄕校沿革」『安義鄕校誌』, 2009.

尹熙勉, 「鄕校의 經濟基盤과 그 運營」『朝鮮後期 鄕校硏究』, 一潮閣, 1990.

정순우, 「경상남도의 향교」『慶尙南道의 鄕土文化』下, 韓國精神文化硏究院, 1999.

문화재청, 「안의향교」『국가문화유산포털』(http://www.heritage.go.kr)

한국정신문화연구원, 「안의향교」『민족문화대백과사전』(http://www.encykorea.com)

함양군 함양향교(咸陽鄉校)

〈사진 129〉 함양향교 태극루(太極樓)

1. 개관

1) 소재지 : 경상남도 함양군 함양읍 교산리 793번지

2) 창건 연대 : 조선 태조 7년(1398) 추정

3) 문화재 지정 : 경상남도 유형문화재 제225호(1982년 8월 12일 지정)

4) 석전제(釋奠祭) 향사일 : 매년 음력 2월 상정일 / 음력 8월 상정일

5) 제향 인물

① 5성(五聖) - 공자(孔子), 안자(顔子), 증자(曾子), 자사자(子思子), 맹자(孟子)

② 송조2현(宋朝二賢) - 정호(程顥), 주희(朱熹)

③ 동국18현(東國十八賢) - 최치원(崔致遠), 설총(薛聰), 안유(安裕), 정몽주(鄭夢

周), 정여창(鄭汝昌), 김굉필(金宏弼), 이언적(李彦迪), 조광조(趙光祖), 김인후(金
麟厚), 이황(李滉), 성혼(成渾), 이이(李珥), 조헌(趙憲), 김장생(金長生), 송시열
(宋時烈), 김집(金集), 박세채(朴世采), 송준길(宋浚吉)

2. 설립과 연혁, 운영 형태

함양향교의 정확한 창건 연대는 알 수 없으나, 고려 말 두문동(杜門洞) 72현 중의 한 사
람인 조승숙(趙承肅)의 명륜당(明倫堂) 기문(記文)이 있었다고 하므로, 조선 태조(太祖) 7
년(1398)에 창건된 것으로 추정할 수 있다.[376] 그 후 선조(宣祖) 30년(1579) 정유재란(丁酉
再亂) 때 병화로 소실된 것을 이후 중건하였다.

함양향교의 위치와 부속 건물로 추정되는 소소당(昭昭堂)에 대해서는 다음 기록이 참고
된다. 중종(中宗) 25년(1530)에 간행된 『신증동국여지승람(新增東國輿地勝覽)』에 함양향
교는 '군 북쪽에 있으며 소소당(昭昭堂)이 있다'는 기록이 있으며,[377] 순조(純祖) 32년
(1832)에 발간된 『경상도읍지(慶尙道邑誌)』에는 '군의 북쪽 3리에 있으며 소소당이 있었으
나 지금은 없다'는 기록이 있다.[378]

함양군에는 노진(盧禛 : 1518~1578)이 창건한 사마재(司馬齋)가 있었는데, 이후 폐허가
되었다가 영조 48년(1772)에 다시 사마재가 중건되었으며, 중건할 당시에 동쪽의 사마재
와 더불어 서쪽의 흥학재(興學齋)도 중건되었다.[379] 함양향교의 사마재는 고종(高宗) 8년
(1872)에 연계당(蓮桂堂)으로 명칭을 바꾸어 운영되었다.[380]

사마재는 주로 지방 사림들에 의해서 창건되었는데, 지방 사림들이 적극적으로 주도한

---

376) 咸陽鄕校, 「沿革」『咸陽鄕校誌』, 2010. 함양향교의 연혁에 관한 서술에서 특별한 전거를 밝히지 않는
　　경우는 모두 여기에 의거한다.
377) 『新增東國輿地勝覽』 권31, 咸陽郡 學校.
378) 『慶尙道邑誌』, 咸陽郡 學校.
379) 『慶尙道邑誌』, 咸陽郡 學校 鄕校(아세아문화사 1982 영인). 姜大敏, 「鄕校의 敎育的 機能」『韓國의 鄕
　　校硏究』, 성성대 출판부, 1992, 200~201쪽, 재인용.
380) 咸陽鄕校, 「蓮桂齋題名錄序」『咸陽鄕校誌』, 2010. 함양향교에는 지금도 연계당 건물이 남아 있다.
　　〈사진 134〉〈사진 135〉 참조.

이유는 서원의 기능 변화와 관련이 있다.[381] 서원이 건립된 초기에는 서원은 향촌 사회에서 교육적 기능과 선현을 봉사하는 기능을 담당했으나, 18세기 후반에 이르러 서원이 남설되면서 서원은 교육적 기능보다는 선현을 봉사하는 기능이 강하게 나타나게 되어 몇몇 가문의 이해를 대변하는 사적 기구로 변했다. 따라서 서원의 교육 기능을 대신할 새로운 기구로서 사마재의 필요성이 강하게 요구되었다. 이로 인해 지방에 거주하는 진사나 생원들은 그들의 교육장소로서 사마재의 중건에 적극적인 관심을 표하게 되었고, 이에 지방관들이 호응하여 재력을 지원함으로써 사마재가 활성화될 수 있었다.

일반적으로 유생들은 생원(生員)·진사(進士)에 합격하면 성균관(成均館)에 입학하여 과거 준비를 하는데, 여러 가지 사정으로 인하여 성균관에서 수업할 수 없는 지방의 생원·진사들의 교육기구로 사마재가 운영되기도 하였다.[382] 사마재는 성균관과 같은 방법으로 운영되었으며, 사마재에 적을 둔 생원·진사들의 명단을 기록한 것이 사마안(司馬案 : 司馬錄)이다. 따라서 사마재는 지방의 교육기관이라 할 수 있으며, 향교와도 밀접한 관계를 맺고 있었다.

일제에 의한 한국 병합이 단행된 순종(純宗) 4년(1910)에는 함양향교의 재산이 국유로 귀속되자 이병헌(李炳憲)이 조선총독부(朝鮮總督府)에 항의하여 향교 재산이 환원되었다. 1918년에 대성전(大成殿) 계단, 내삼문(內三門) 계단, 명륜당(明倫堂)의 단청(丹靑), 담장을 개축하고, 태극루(太極樓) 앞 계단을 보수하였다. 1920년에는 대성전을 수리하였으며, 1932년에는 동무(東廡)를 수리하고, 1954년에는 창고를 신축하였으며, 1957년에는 태극루와 명륜당을 보수하였다.

태극루의 현판 글씨는 고종(高宗) 18년(1881)에 쓴 진사(進士) 박문회(朴文會)의 제자(題字)이다.

조선 태조 7년(1398) : 함양향교 창건(추정)

조선 선조 30년(1597) : 정유재란으로 향교 소실

이후의 어느 시기 : 중건

---

381) 姜大敏,「鄕校의 敎育的 機能」『韓國의 鄕校硏究』, 경성대 출판부, 1992, 200~202쪽.
382) 尹熙勉,「慶州司馬所에 대한 一考察」『歷史敎育』 37·38, 歷史敎育硏究會, 1985, 189~191쪽.

조선 영조대(1724~1776) : 사마재 설립

1918년 : 향교 보수(대성전 계단, 내삼문 계단, 명륜당 등)

1920년 : 대성전 보수

1932년 : 동무 보수

1954년 : 창고 신축

1957년 : 태극루, 명륜당 보수

1965년 : 향교 보수

1970년 : 명륜당 보수

1979년 : 대성전, 동·서무, 명륜당 단청

1983년 : 태극루의 기와를 새로 올림

1987년 : 태극루 중수, 제기고를 서고로 바꿈, 홍살문 이건

3. 입지 및 배치[383]

　함양향교 앞에는 마을이 형성되어 있고, 오른쪽에는 소나무가 조림된 동산이 있으며, 왼쪽으로는 동구 밖의 연못이 있다. 향교에서 바라보면 안산의 전면으로 함양 읍내가 보이며, 향교는 전반적으로 구릉지에 있다고 볼 수 있다. 전면의 동산 너머 동네 어귀에는 20세기 초에 지어진 양풍의 성당과 사제관이 있어 또 다른 느낌을 주고 있다. 함양향교는 강학 영역이 제향 영역의 전면에 구성된 전학후묘(前學後廟)의 배치를 하고 있다.

　강학 영역은 명륜당과 동·서재, 태극루 등 4동의 건물이 마당을 감싸고 있는 모습인데다만, 명륜당이 3단 이상의 축대 위에 구성되어 상부로 갈수록 공간이 다소 산만하다. 그러나 명륜당과 태극루의 남북축이 정연하고, 동·서재가 그 주축을 중심으로 대칭적 구조를 가져 짜임새 있는 공간을 이루고 있다.

　제향 영역은 대성전, 동·서무, 전직사, 제기고, 내삼문 등으로 구성되어 있다. 제향 영역

---

383) 강영환, 「함양향교」『경상남도의 향교 건축』下, 국립문화재연구소, 2004, 194쪽을 바탕으로 글을
　　다듬고 고쳤다.

은 강학 영역에 비해 건물의 수가 많을 뿐더러 대성전과 내삼문의 축이 어긋나 있어 짜임새가 다소 떨어진다. 또한 내삼문 좌우로 전직사와 제기고가 서로 다른 공간으로 구성되어 대칭적 구조도 아니다. 다만 대성전과 동·서무 만큼은 정연한 대칭 구조를 가지며, 모두 전퇴를 두고 있어 제향 영역의 엄숙함이 잘 표현되었다.

4. 문화재 지정과 관리(유적과 유물)

종목 및 지정일 : 경상남도 유형문화재 제225호 / 지정일(1982년 8월 12일)

소재지 : 경상남도 함양군 함양읍 교산리 793번지

소유자 및 관리자 : 경남향교재단

5. 건물

대성전/동·서무/내삼문/명륜당/동·서재/풍화루/관리사/연계당

〈사진 130〉 함양향교 동재

〈사진 131〉 함양향교 서재

〈사진 132〉 함양향교 명륜당

〈사진 133〉 함양향교 대성전

〈사진 134〉 함양향교 연계당(蓮桂堂)

〈사진 135〉 함양향교 연계당(蓮桂堂) 현판

6. 참고문헌

『新增東國輿地勝覽』 권31, 咸陽郡 學校.

『慶尙道邑誌』, 咸陽郡 學校.

咸陽鄕校, 「蓮桂齋題名錄序」『咸陽鄕校誌』, 2010.

姜大敏, 「鄕校의 敎育的 機能」『韓國의 鄕校硏究』, 경성대 출판부, 1992.

강영환, 「함양향교」『경상남도의 향교 건축』下, 국립문화재연구소, 2004.

尹熙勉, 「慶州司馬所에 대한 一考察」『歷史敎育』 37·38, 歷史敎育硏究會, 1985.

정순우, 「경상남도의 향교」『慶尙南道의 鄕土文化』下, 韓國精神文化硏究院, 1999.

咸陽鄕校, 「沿革」『咸陽鄕校誌』, 2010.

문화재청, 「함양향교」『국가문화유산포털』(http://www.heritage.go.kr)

한국정신문화연구원, 「함양향교」『민족문화대백과사전』(http://www.encykorea.com)

합천군 강양향교(江陽鄕校)

<사진 136> 강양향교 외삼문

1. 개관

1) **소재지 :** 경상남도 합천군 합천읍 합천리 690-2번지

2) **창건 연대 :** 1965년

3) **문화재 지정 :** 경상남도 문화재자료 제210호(1994년 7월 4일 지정)

4) **석전제(釋奠祭) 향사일 :** 매년 양력 5월 11일 / 양력 9월 28일

5) **제향 인물**

　① 5성(五聖) - 공자(孔子), 안자(顔子), 증자(曾子), 자사자(子思子), 맹자(孟子)

　② 송조4현(宋朝四賢) - 주돈이(周惇頤), 정호(程顥), 정이(程頤), 주희(朱熹)

　③ 동국18현(東國十八賢) - 최치원(崔致遠), 설총(薛聰), 안유(安裕), 정몽주(鄭夢

周), 정여창(鄭汝昌), 김굉필(金宏弼), 이언적(李彦迪), 조광조(趙光祖), 김인후(金麟厚), 이황(李滉), 성혼(成渾), 이이(李珥), 조헌(趙憲), 김장생(金長生), 송시열(宋時烈), 김집(金集), 박세채(朴世采), 송준길(宋浚吉)

2. 설립과 연혁,[384] 운영 형태

원래 합천군 읍내에 창건되었던 합천향교는 조선 고종(高宗) 18년(1881)에 수해를 입어 합천군의 치소(治所)를 야로면으로 옮기면서 함께 옮겨 갔다. 그 후 다시 이전의 치소로 관아는 옮겨졌으나, 향교는 야로면에 그대로 남아있게 되었다.

따라서 합천읍 내에는 향교가 없는 실정이 되었는데, 1965년에 합천, 용주, 율곡, 대양면의 유림들이 이를 애석하게 여겨 현재의 자리에 새로이 강양향교를 짓게 되었다. 강양향교는 현재 우리나라에 남아 있는 향교 232개소 중에서 가장 뒤늦게 지은 향교이다.

1991년에 담장과 내삼문을 개축하였으며, 1994년에는 대성전을 중수하였다.

1965년 : 강양향교 창건
1991년 : 담장 및 내삼문 개축
1994년 : 대성전 중수

3. 입지 및 배치[385]

강양향교는 합천 시가지내에 솟아있는 야산의 정상부에 있다. 이 야산의 앞쪽에는 시가지가 펼쳐지고 뒷쪽에는 정상부까지 대나무숲이 형성되어 있다. 산의 정상부 지점까지 만

---

384) 강영환, 「강양향교」『경상남도의 향교 건축』下, 국립문화재연구소, 2004. 강양향교의 연혁에 관한 서술에서 특별한 전거를 밝히지 않는 경우는 모두 여기에 의거한다.
385) 강영환, 「강양향교」『경상남도의 향교 건축』下, 국립문화재연구소, 2004, 269쪽을 바탕으로 글을 다듬고 고쳤다.

들어진 높은 계단을 오르면 비교적 넓은 향교 앞의 마당이 있고, 이 마당에 접해 향교의 정문이 있는데, 근세기 향교의 독특한 입지 구성을 살펴볼 수 있다.

현재 향교 일곽을 이루는 건물은 대성전, 내삼문, 명륜당, 구 명륜당, 외삼문 등이 있는데 건물간의 관계나 의계를 찾아보기 어렵고, 건축 형식도 고졸하지 못하다. 신축된 명륜당과 대성전의 관계로 보면 우묘좌학(右廟左學)형이지만, 구 명륜당을 기준으로 보면 이 향교는 전학후묘(前學後廟)형과 유사한 좌묘우학(左廟右學)형으로 볼 수 있다. 또한 향교가 구릉에 있지만, 전 영역을 평평하게 하여 건물을 배치하였기 때문에, 평지형 향교로 볼 수 있다.

4. 문화재 지정과 관리(유적과 유물)

종목 및 지정일 : 경상남도 문화재자료 제210호 / 지정일(1994년 7월 4일)
소재지 : 경상남도 합천군 합천읍 합천리 690-2번지
소유자 및 관리자 : 경남향교재단

5. 건물

대성전/내삼문/명륜당/구 명륜당/외삼문

〈사진 137〉 강양향교 명륜당

〈사진 138〉 강양향교 구 명륜당

〈사진 139〉 강양향교 대성전

6. 참고문헌

합천향교, 『陜川校誌』, 미상.

강영환, 「강양향교」『경상남도의 향교 건축』下, 국립문화재연구소, 2004.
정순우, 「경상남도의 향교」『慶尙南道의 鄕土文化』下, 韓國精神文化研究院, 1999.

문화재청, 「강양향교」『국가문화유산포털』(http://www.heritage.go.kr)
한국정신문화연구원, 「강양향교」『민족문화대백과사전』(http://www.encykorea.com)

합천군 삼가향교(三嘉鄉校)

<사진 140> 삼가향교 풍화루

1. 개관

1) 소재지 : 경상남도 합천군 삼가면 소오리 342번지

2) 창건 연대 : 조선 세종대(1418~1450) 추정

3) 문화재 지정 : 경상남도 유형문화재 제229호(1983년 8월 12일 지정)

4) 석전제(釋奠祭) 향사일 : 매년 음력 2월 상정일 / 음력 8월 상정일

5) 제향 인물

① 5성(五聖) – 공자(孔子), 안자(顏子), 증자(曾子), 자사자(子思子), 맹자(孟子)

② 송조4현(宋朝四賢) – 주돈이(周惇頤), 정호(程顥), 정이(程頤), 주희(朱熹)

③ 동국18현(東國十八賢) – 최치원(崔致遠), 설총(薛聰), 안유(安裕), 정몽주(鄭夢

周), 정여창(鄭汝昌), 김굉필(金宏弼), 이언적(李彦迪), 조광조(趙光祖), 김인후(金
麟厚), 이황(李滉), 성혼(成渾), 이이(李珥), 조헌(趙憲), 김장생(金長生), 송시열
(宋時烈), 김집(金集), 박세채(朴世采), 송준길(宋浚吉)

2. 설립과 연혁, 운영 형태

삼가향교는 조선 세종대(世宗代, 1418~1450)에 유림들이 향리 자제들의 교육을 위해
건립하였다고 전하며, 중종(中宗) 15년(1520)에 명륜당(明倫堂) 등을 확장했다고 한다.[386]
『신증동국여지승람(新增東國輿地勝覽)』에는 '향교는 현 남쪽 8리 지점에 있다'고 기록되
어 있다.[387]

선조(宣祖) 25년(1592)에 임진왜란으로 소실된 것을 광해군(光海君) 4년(1612)에 금산
(錦山) 아래의 염풍정(廉風亭) 계변(溪邊)에 재건하였으며, 인조(仁祖) 24년(1646), 효종(孝
宗) 5년(1654), 현종(顯宗) 8년(1667), 숙종(肅宗) 9년(1683), 정조(正祖) 12년(1788)에 각
각 교궁(校宮)을 중수하였다.[388]

순조(純祖) 26년(1826)에 향교의 자리가 낮고 습지라고 하여 향교를 북산(北山) 아래로
옮겼다가, 이때 대성전(大成殿), 풍화루(風化樓), 흥학당(興學堂)을 함께 중수하였으나,[389]
고종 8년(1871)에 금산 아래 현재의 위치로 다시 이건하였다.[390] 이와 관련하여 순조 32년
(1832)에 간행된 『경상도읍지(慶尙道邑誌)』에는 '향교는 현의 서쪽 2리에 있다'고 기록하
고 있으며,[391] 고종(高宗) 32년(1895) 간행된 『영남읍지(嶺南邑誌)』에도 같은 내용이 기록
되었다.[392]

---

386) 陜川郡史編纂委員會, 「三嘉鄕校」『陜川郡史』, 陜川文化院, 1997.
387) 『新增東國輿地勝覽』 권31, 三嘉縣 學校.
388) 三嘉鄕校, 「연혁」『三嘉鄕校懸板集成』, 2007. 삼가향교의 연혁에 관한 서술에서 특별한 전거를 밝히
　　 지 않는 경우는 모두 여기에 의거한다.
389) 三嘉鄕校, 「연혁」「三嘉鄕校移建上樑文(1826)」「風化樓上樑文(1826)」「夫子廟移建記(1826)」「風化樓
　　 記(1826)」「興學堂重修記(1826)」『三嘉鄕校懸板集成』, 2007.
390) 三嘉鄕校, 「연혁」『三嘉鄕校懸板集成』, 2007.
391) 『慶尙道邑誌』, 三嘉縣 學校.
392) 『嶺南邑誌』, 三嘉縣 學校.

삼가향교에서는 순조 26년(1826)에 고을의 유림이 주축이 되어서 흥학당을 건립하였는데, 흥학당은 사마재의 다른 방을 이용했다.[393] 흥학당은 양사재(養士齋)의 하나로 볼 수 있다. 양사재는 향교와는 별개의 교육 시설로서 양반 유생들이 과거 공부를 하기 위한 곳이다.[394] 이 교육기구의 이름은 지방에 따라 양사재, 흥학재(興學齋), 여택재(麗澤齋), 육영재(育英齋), 득영재(得英齋), 교학재(教學齋), 흥학당(興學堂), 양사당(養士堂), 향숙(鄉塾) 등으로 다양하다. 삼가흥학당의 재생(齋生)은 하일(夏日)과 동일(冬日) 과정의 정규가 다른데, 하일에는 시(詩)와 부(賦) 각 1편씩으로 관에서 고시하여 5일씩 거접(居接)케 한 후 계속 반복하게 하고, 동일에는 훈장이 마을의 인재를 선정하여 계속 거접케 하였으며, 고을에서 재능이 있다고 인정하여 거접하기를 원하는 사람은 시험에 관계없이 거접하되 그 비용은 스스로 해결토록 했다.[395] 흥학당에는 향교와는 별도의 독자적 재정 기반을 마련하고 있었는데, 삼가흥학당의 경우도 향교전과는 별도의 전답 13마지기를 보유하고 있었다.[396]

앞서 보았듯이 19세기 초반에 이미 삼가향교에서는 생원과 진사들의 교육기구인 사마재가 운영되고 있었는데,[397] 대한제국(大韓帝國) 광무(光武) 1년(1897)에 사마재를 중수하였다.[398] 사마재는 주로 지방 사림들에 의해서 창건되었는데, 지방 사림들이 적극적으로 주도한 이유는 서원의 기능 변화와 관련이 있다.[399] 서원이 건립된 초기에는 서원은 향촌 사회에서 교육적 기능과 선현을 봉사하는 기능을 담당했으나, 18세기 후반에 이르러 서원이 남설되면서 서원은 교육적 기능보다는 선현을 봉사하는 기능이 강하게 나타나게 되어 몇몇 가문의 이해를 대변하는 사적 기구로 변했다. 따라서 서원의 교육 기능을 대신할 새로운 기구로서 사마재의 필요성이 강하게 요구되었다. 이로 인해 지방에 거주하는 진사나

---

393) 三嘉鄉校, 「興學堂重修記(1826)」『三嘉鄉校懸板集成』, 2007. 姜大敏, 「鄉校의 教育的 機能」『韓國의 鄉校研究』, 경성대 출판부, 1992, 189~190쪽.
394) 尹熙勉, 「朝鮮後期의 養士齋」『李元淳教授華甲紀念私學論叢』, 1986. 尹熙勉, 「鄉校와 兩班儒生의 鄉村活動」『朝鮮後期 鄉校 研究』, 一潮閣, 1990, 197쪽.
395) 姜大敏, 「鄉校의 教育的 機能」『韓國의 鄉校研究』, 경성대 출판부, 1992, 194~195쪽.
396) 三嘉鄉校, 「司馬齋興學堂田畓結卜斗數都總(1826)」. 姜大敏, 「鄉校의 教育的 機能」『韓國의 鄉校研究』, 경성대 출판부, 1992, 198쪽.
397) 三嘉鄉校, 「興學堂重修記(1826)」『三嘉鄉校懸板集成』, 2007.
398) 三嘉鄉校, 「司馬齋重修記(1897)」『三嘉鄉校懸板集成』, 2007.
399) 姜大敏, 「鄉校의 教育的 機能」『韓國의 鄉校研究』, 경성대 출판부, 1992, 200~202쪽.

생원들은 그들의 교육장소로서 사마재의 중건에 적극적인 관심을 표하게 되었고, 이에 지방관들이 호응하여 재력을 지원함으로써 사마재가 활성화될 수 있었다.

일반적으로 유생들은 생원(生員)·진사(進士)에 합격하면 성균관(成均館)에 입학하여 과거 준비를 하는데, 여러 가지 사정으로 인하여 성균관에서 수업할 수 없는 지방의 생원·진사들의 교육기구로 사마재가 운영되기도 하였다.[400] 사마재는 성균관과 같은 방법으로 운영되었으며, 사마재에 적을 둔 생원·진사들의 명단을 기록한 것이 사마안(司馬案 : 司馬錄)이다. 따라서 사마재는 지방의 교육기관이라 할 수 있으며, 향교와도 밀접한 관계를 맺고 있었다.

1958년부터 1967년까지 향교 일곽을 중수하였으며,[401] 이후에도 크고 작은 보수가 있었다. 그리고 향교를 위해 300석의 전지를 희사한 성균진사 김징(金澄)을 추모하기 위해 별묘(別廟)를 건립하여 매년 춘추로 향사를 시행하고 있다.[402]

조선 세종대(1419~1450) : 삼가향교 건립

조선 중종 15년(1520) : 명륜당 등을 확장 보수

조선 선조 25년(1592) : 임진왜란으로 소실

조선 광해군 4년(1612) : 향교 재건

조선 인조 24년(1646) : 교궁 중수

조선 효종 5년(1654) : 교궁 중수

조선 현종 8년(1667) : 교궁 중수

조선 숙종 9년(1683) : 교궁 중수

조선 정조 12년(1788) : 교궁 중수

조선 순조 26년(1826) 이전 : 사마재 설립

조선 순조 26년(1826) : 향교 이건, 흥학당 설립

조선 고종 8년(1871) : 현재의 위치로 향교 이건

대한제국 광무 1년(1897) : 사마재 중수

---

400) 尹熙勉, 「慶州司馬所에 대한 一考察」『歷史敎育』37·38, 歷史敎育硏究會, 1985, 189~191쪽.
401) 三嘉鄕校, 「三嘉鄕校重修記(1967)」『三嘉鄕校懸板集成』, 2007.
402) 金澄 사당 건물은 〈사진 143〉 참조.

1958~1967년 : 향교 일곽 중수

1986년 : 풍화루 보수

1991년 : 사마재 보수

1992년 : 사주문 보수

3. 입지 및 배치[403]

삼가향교는 삼가면 소재지에서 꽤 떨어진 작은 골짜기에 있다. 향교는 마을 끝의 낮은 능선 중턱에 터를 잡았고, 앞산이 가까워 약간 협소해 보이는 형국이다. 담장 밖 동쪽으로 관리사가 있고 단칸 사당과 흥학당이 세워졌는데, 이는 향교가 강학 기능을 상실했을 당시에 불필요한 동·서재를 없애고, 유림들이 재실로 세운 건물이다. 흥학당(興學堂)은 4칸이며, 방 3칸에 각각 사마재(司馬齋), 연계소(蓮桂所), 흥학당(興學堂)이라는 현판을 붙였다. 원래 세 개의 건물이 있었으나, 한 건물로 통합된 결과로 보인다.

삼가향교의 건물 구성은 전학후묘(前學後廟)의 직렬형 구성이다. 경사지를 크게 2단의 평지로 조성해서 두 중심 건물을 앉혔다. 풍화루는 담장 밖으로 빠져 나와 있는데, 이는 전면 계단과 어우러져 지형의 경사에 맞추어 건립한 것으로 여겨진다. 풍화루 밑을 통과하면 다시 계단을 올라야 명륜당 마당에 이르게 된다. 명륜당 바로 뒤에 내삼문 계단이 시작된다.

관리 영역은 복합적으로 구성되었는데, 사당과 사마재, 관리사(전사청 포함)의 건물은 각각의 영역을 가지면서 유기적으로 연결되어 있다.

4. 문화재 지정과 관리(유적과 유물)

---

403) 강영환, 「삼가향교」『경상남도의 향교 건축』下, 국립문화재연구소, 2004, 216쪽을 바탕으로 글을 다듬고 고쳤다.

종목 및 지정일 : 경상남도 유형문화재 제229호 / 지정일(1983년 8월 12일)

소재지 : 경상남도 합천군 삼가면 소오리 342번지

소유자 및 관리자 : 경남향교재단

5. 건물

대성전/사당/내삼문/명륜당/풍화루/전사청/문간채/사마재/관리사

〈사진 141〉 삼가향교 명륜당

〈사진 142〉 삼가향교 대성전

〈사진 143〉 삼가향교 김징(金澄) 사당

314

6. 참고문헌

『新增東國輿地勝覽』 권31, 三嘉縣 學校.

『慶尚道邑誌』, 三嘉縣 學校.

『嶺南邑誌』, 三嘉縣 學校.

三嘉鄕校, 「三嘉鄕校移建上樑文(1826)」『三嘉鄕校懸板集成』, 2007.

三嘉鄕校, 「風化樓上樑文(1826)」『三嘉鄕校懸板集成』, 2007.

三嘉鄕校, 「夫子廟移建記(1826)」『三嘉鄕校懸板集成』, 2007.

三嘉鄕校, 「風化樓記(1826)」『三嘉鄕校懸板集成』, 2007.

三嘉鄕校, 「興學堂重修記(1826)」『三嘉鄕校懸板集成』, 2007.

三嘉鄕校, 「司馬齋重修記(1897)」『三嘉鄕校懸板集成』, 2007.

三嘉鄕校, 「三嘉鄕校重修記(1967)」『三嘉鄕校懸板集成』, 2007.

姜大敏, 「鄕校의 敎育的 機能」『韓國의 鄕校硏究』, 경성대 출판부, 1992.

강영환, 「삼가향교」『경상남도의 향교 건축』下, 국립문화재연구소, 2004.

三嘉鄕校, 「연혁」『三嘉鄕校懸板集成』, 2007.

尹熙勉, 「朝鮮後期의 養士齋」『李元淳敎授華甲紀念私學論叢』, 1986.

尹熙勉, 「鄕校와 兩班儒生의 鄕村活動」『朝鮮後期 鄕校 硏究』, 一潮閣, 1990.

정순우, 「경상남도의 향교」『慶尙南道의 鄕土文化』下, 韓國精神文化硏究院, 1999.

문화재청, 「삼가향교」『국가문화유산포털』(http://www.heritage.go.kr)

한국정신문화연구원, 「삼가향교」『민족문화대백과사전』(http://www.encykorea.com)

합천군 초계향교(草溪鄕校)

〈사진 144〉 초계향교 풍화루

1. 개관

1) 소재지 : 경상남도 합천군 초계면 초계리 245번지

2) 창건 연대 : 조선 초기 추정

3) 문화재 지정 : 경상남도 유형문화재 제227호(1983년 8월 12일 지정)

4) 석전제(釋奠祭) 향사일 : 매년 양력 5월 11일 / 양력 9월 28일

5) 제향 인물

① 5성(五聖) – 공자(孔子), 안자(顔子), 증자(曾子), 자사자(子思子), 맹자(孟子)

② 공문10철(孔門十哲) – 민손(閔損), 염경(冉耕), 염옹(冉雍), 재여(宰子), 단목사(端木賜), 염구(冉求), 중유(仲由), 언언(言偃), 복상(卜商), 전손사(顓孫師)

③ 송조6현(宋朝六賢) - 주돈이(周惇頤), 정호(程顥), 정이(程頤), 소옹(邵雍), 장재(張載), 주희(朱熹)

④ 동국18현(東國十八賢) - 최치원(崔致遠), 설총(薛聰), 안유(安裕), 정몽주(鄭夢周), 정여창(鄭汝昌), 김굉필(金宏弼), 이언적(李彦迪), 조광조(趙光祖), 김인후(金麟厚), 이황(李滉), 성혼(成渾), 이이(李珥), 조헌(趙憲), 김장생(金長生), 송시열(宋時烈), 김집(金集), 박세채(朴世采), 송준길(宋浚吉)

2. 설립과 연혁,[404] 운영 형태

초계향교는 고려 충숙왕대(忠肅王代, 1314~1330, 1333~1340)에 창건되었다고 보는 견해가 있다.[405] 하지만 이를 확인할 수 있는 문헌 자료는 없다.[406] 그러므로 초계향교가 고려시대에 창건되었다는 견해는 받아들이기 어렵다. 초계향교가 창건된 정확한 연대는 알기 어렵지만, 『신증동국여지승람(新增東國輿地勝覽)』에서 '향교는 군의 서쪽 2리에 있다'[407]고 기록하고 있으므로, 초계향교는 이 책의 편찬 이전에 창건되었음을 알 수 있다. 따라서 초계향교는 조선 초기에 창건되었던 것으로 추정된다. 초계향교는 임진왜란 때 소실되었다가 조선 인조(仁祖) 6년(1628)에 중건한 것으로 전한다.

초계향교는 1800년대 초반에 현재의 위치로 옮겨졌다. 1832년에 발간된 『경상도읍지(慶尙道邑誌)』 「초계군읍지(草溪郡邑誌)」에는 '향교는 군의 북쪽 1리에 있다'고 기록되어 있어 이 사실을 뒷받침한다.[408] 같은 내용이 1895년에 간행된 『영남읍지(嶺南邑誌)』에도 전한다.[409]

---

404) 강영환, 「초계향교」 『경상남도의 향교 건축』 下, 국립문화재연구소, 2004. 초계향교의 연혁에 관한 서술에서 특별한 전거를 밝히지 않는 경우는 모두 여기에 의거한다.

405) 陜川文化院, 「草溪鄕校」 『陜川鄕案誌』, 2008, 369쪽.

406) 朴贊洙, 「고려시대 鄕校의 성립과 발전」 『高麗時代 敎育制度史 硏究』, 景仁文化社, 2001. 宋春永, 「高麗時代 鄕校의 變遷」 『高麗時代 雜學敎育 硏究』, 螢雪出版社, 1998. 고려시대 향교와 관련된 연구 자료에서도 초계향교가 고려시대에 창건되었다는 기록은 찾아보기 어렵다.

407) 『新增東國輿地勝覽』 권30, 草溪郡 學校.

408) 『慶尙道邑誌』, 草溪郡 學校.

409) 『嶺南邑誌』, 草溪郡 學校.

　현재 경내에는 대성전, 풍화루, 명륜당, 내삼문, 동·서무 등 6동의 건물이 배치되어 있다. 순조(純祖) 19년(1819)에 대성전을 중수하고, 헌종(憲宗) 9년(1843)[410]에 명륜당을 준수한 사실이 전할 뿐이며, 그밖의 자세한 기록은 남아 있지 않다.

　향교의 직책 중 장의(掌議)는 향교의 전반적인 일을 담당하였던 실질적인 관리자였는데, 19세기말의 자료이지만 초계향교의 「완의문(完議文)」에 그 역할에 대한 기록이 자세하게 남아 있으므로, 이에 관한 연구에 중요하게 참고된다.[411] 1985년에 교임이었던 전상희(全相希)가 향교의 중수에 공을 세웠다.[412] 1993년에 동재와 서재를 건립하였다. 명륜당에 걸려 있는 중수 기록들은 거의 일제강점기에 만들어진 것들이다.

　　조선 초기 : 초계향교 창건

　　조선 선조 25년(1592) : 임진왜란으로 소실

　　조선 인조 6년(1628) : 향교 중건

　　19세기초 : 향교 이건

　　조선 순조 19년(1819) : 대성전 중수

　　조선 헌종 9년(1843) : 명륜당 중수

　　1985년 : 명륜당 및 풍화루 보수, 관리사 해체 복원

　　1993년 : 동·서재 건립

3. 입지 및 배치[413]

　초계향교는 초계면 소재지의 합천과 창녕간의 국도 인근의 마을에 있다. 초계향교 주변

---

410) 釜山産業大學校 鄕土文化硏究所, 「(草溪鄕校)校宮重修記(1843)」『釜山慶南鄕校記文』, 1986.

411) 釜山産業大學校 鄕土文化硏究所, 「(草溪鄕校)完議文(1885)」『釜山慶南鄕校記文』, 1986, 姜大敏, 「鄕校 職制」『韓國의 鄕校硏究』, 경성대 출판부, 1992, 42~43쪽.

412) 이때에 초계향교의 중수에 공을 세운 전상희(全相希)의 공적비는 〈사진 149〉 참조.

413) 강영환, 「초계향교」『경상남도의 향교 건축』下, 국립문화재연구소, 2004, 251~252쪽을 바탕으로 글을 다듬고 고쳤다.

은 모두 대나무 숲과 인가들로 차있다. 향교 대지의 형국은 행주형(行舟形)이고 문루 앞에 석축으로 쌓은 공지를 만들어 뱃머리로 삼았다. 여기에 큰 은행나무 두 그루를 심었다. 향교의 앞으로 연봉(連峰)이 보인다. 문루 앞 50m 정도 떨어진 곳에 하마비(下馬碑)가 있다. 하마비의 아래에 거북 모양의 귀부를 받친 것도 특이하지만, 거북의 조각 솜씨가 풍화루 초석에도 사용되었다.

초계향교의 건물 구성은 전학후묘(前學後廟)의 직렬형이다. 대지는 배 모양으로 길게 형성되었으며, 모양도 유선형의 배를 닮았다. 급경사지를 3단으로 나누어 각각 동ㆍ서재, 명륜당, 대성전 일곽을 앉혔다. 대성전 일곽은 평지로 조성되었다. 또한 관리사가 경역 내인 명륜당 뒤에 위치한 것도 특이하다.

4. 문화재 지정과 관리(유적과 유물)

종목 및 지정일 : 경상남도 유형문화제 제227호 / 지정일(1983년 8월 12일)
소재지 : 경상남도 합천군 초계면 초계리 245번지
소유자 및 관리자 : 경남향교재단

5. 건물

대성전/동ㆍ서무/내삼문/명륜당/동ㆍ서재/풍화루/관리사

〈사진 145〉 초계향교 동재

〈사진 146〉 초계향교 서재

〈사진 147〉 초계향교 명륜당

〈사진 148〉 초계향교 대성전

〈사진 149〉 초계향교 전상희(全相希) 공적비(功蹟碑)(1985)

6. 참고문헌

『新增東國輿地勝覽』 권30, 草溪郡 學校.

『慶尙道邑誌』, 草溪郡 學校.

『嶺南邑誌』, 草溪郡 學校.

釜山産業大學校 鄕土文化硏究所, 「(草溪鄕校)校宮重修記(1843)」『釜山慶南鄕校記文』,
　　　　1986.

釜山産業大學校 鄕土文化硏究所, 「(草溪鄕校)完議文(1885)」『釜山慶南鄕校記文』, 1986.

姜大敏, 「鄕校 職制」『韓國의 鄕校硏究』, 경성대 출판부, 1992.

강영환, 「초계향교」『경상남도의 향교 건축』 下, 국립문화재연구소, 2004.

朴贊洙, 「고려시대 鄕校의 성립과 발전」『高麗時代 敎育制度史 硏究』, 景仁文化社, 2001.

宋春永, 「高麗時代 鄕校의 變遷」『高麗時代 雜學敎育 硏究』, 螢雪出版社, 1998.

정순우, 「경상남도의 향교」『慶尙南道의 鄕土文化』 下, 韓國精神文化硏究院, 1999.

陝川文化院, 「草溪鄕校」『陝川鄕案誌』, 2008.

문화재청, 「초계향교」『국가문화유산포털』(http://www.heritage.go.kr)

한국정신문화연구원, 「초계향교」『민족문화대백과사전』(http://www.encykorea.com)

합천군 합천향교(陜川鄕校)

〈사진 150〉 합천향교 영귀루(詠歸樓)

1. 개관

1) **소재지** : 경상남도 합천군 야로면 구정리 311번지

2) **창건 연대** : 조선 초기 추정

3) **문화재 지정** : 경상남도 유형문화재 제228호(1983년 8월 12일 지정)

4) **석전제(釋奠祭) 향사일** : 매년 양력 5월 11일 / 양력 9월 28일

5) **제향 인물**

　① 5성(五聖) – 공자(孔子), 안자(顏子), 증자(曾子), 자사자(子思子), 맹자(孟子)

　② 송조2현(宋朝二賢) – 정호(程顥), 주희(朱熹)

　③ 동국18현(東國十八賢) – 최치원(崔致遠), 설총(薛聰), 안유(安裕), 정몽주(鄭夢

周), 정여창(鄭汝昌), 김굉필(金宏弼), 이언적(李彦迪), 조광조(趙光祖), 김인후(金麟厚), 이황(李滉), 성혼(成渾), 이이(李珥), 조헌(趙憲), 김장생(金長生), 송시열(宋時烈), 김집(金集), 박세채(朴世采), 송준길(宋浚吉)

2. 설립과 연혁, 운영 형태

합천향교는 조선 세종대(世宗代, 1418~1450)에 창건되었다고 주장하는 견해가 있다.[414] 하지만 이를 증명할 문헌 자료는 없다. 중종(中宗) 25년(1530)에 간행된 『신증동국여지승람(新增東國輿地勝覽)』에 합천향교가 이미 설치된 기록이 있으므로, 이 책의 간행 이전에 합천향교가 설립되어 운영되었음을 알 수 있다. 따라서 합천향교는 조선 초기에 건립된 것으로 추정된다.

합천향교의 위치에 대해서는 다음의 기록을 참조할 수 있다. 『신증동국여지승람』에 의하면 '향교는 진산(鎭山) 기슭 1리쯤에 있다. 옛날에는 군의 북쪽 3리에 있었는데 군수 황린(黃璘)이 여기에 옮겼다'고 기록하고 있다.[415] 이를 통해 합천향교는 원래 합천군의 북쪽에 있다가 『신증동국여지승람』의 편찬 무렵에 진산 기슭 1리로 옮겼음을 알 수 있다.

이후 합천향교는 임진왜란을 맞아 다른 곳으로 갔다가 원래의 위치로 되돌아 왔다. 임진왜란 때에 권옥강(權玉剛)이 전란을 피하여 전내(殿內)의 위판(位版)을 황계(黃溪) 하류에 있는 고봉암(高峯巖) 벽 사이에 옮겼다가, 임진왜란 후에 이를 다시 가져왔는데, 후대에 그 바위를 공자암(孔子巖)이라 칭하였다.[416] 이후 합천향교는 고종대(高宗代)까지 위치의 이동이 없었다. 순조(純祖) 32년(1832)에 간행된 『경상도읍지(慶尙道邑誌)』「합천군읍지(陜川郡邑誌)」에도 합천향교가 진산 기슭에 있다고 기록되어 있으므로, 이를 알 수 있다.[417]

---

414) 陜川鄕校誌發刊委員會, 「陜川鄕校史」『陜川鄕校誌』, 陜川鄕校, 1989, 9쪽. 합천향교의 연혁에 관한 서술에서 특별한 전거를 밝히지 않는 경우는 모두 여기에 의거한다.

415) 『新增東國輿地勝覽』 권32, 陜川郡 學校.

416) 임진왜란 당시 합천향교 앞에 정씨부인(鄭氏夫人)이 살았는데, 병화가 성묘(聖廟)를 범하는 것을 보고 정씨부인은 곧 전내에 들어가서 제기(祭器)를 수습하여 은행나무 밑 우물에 감추었다가 임진왜란이 끝난 후 우물에서 꺼내어 다시 안치하였다. 합천향교에서는 이를 기리기 위하여 정부인(鄭夫人) 사당을 건립하였다. 〈사진 153〉 참조.

헌종(憲宗) 7년(1841)에 홍수가 발생한 이후로 모래가 쌓이면서 강물이 범람해 고종(高宗) 17년(1880)에는 관아가 무너지는 사태가 발생하였다. 이를 계기로 합천현의 읍치를 옮기자는 여론이 있었으나 옮기지 못하고 있었는데, 마침내 고종 27년(1890)에 읍치를 야로면(冶爐面) 야로리(冶爐里)에 옮기면서 동시에 향교는 야로면 구정리(九汀里)에 옮겼다. 고종 30년(1893)에 군민의 여론에 의하여 군수(郡守) 민치순(閔致純)이 옛 읍치가 있던 남산(南山) 밑으로 읍치를 옮겼으나, 향교는 그대로 두어 현재까지 이어진다.

대한제국(大韓帝國) 융희(隆熙) 2년(1908)에 고을 사람 이진화(李鎭華)가 출연하여 명륜당(明倫堂)의 창호를 보수하였고, 1914년에 이종진(李鍾振)이 출연하여 대성전 및 명륜당을 일부 보수하였다. 1928년에는 고을 사람들이 출자하여 명륜당의 기와를 보수하기도 하였다.

조선 초기 : 합천향교 창건

조선 고종 27년(1890) : 향교 이건

대한제국 융희 2년(1908) : 명륜당 창호 보수

1914년 : 대성전 및 명륜당 부분 보수

1928년 : 명륜당 기와 보수

1956년 : 담장 일부 보수

1959년 : 대성전 및 명륜당 보수

1966년 : 교궁 일체 및 담장 보수

1975년 : 대성전 및 서무 보수

1979년 : 동무 보수

1986년 : 서무 및 내삼문 보수, 정씨부인 사당 중건

1987년 : 명륜당 보수

1988년 : 고직사 및 문간채 보수

1989년 : 명륜당 외청문 창설

---

417) 『慶尙道邑誌』, 陜川郡 學校 鄕校(아세아문화사 1982 영인). 여기에 의하면 합천향교를 진산 기슭 1리로 옮긴 수령의 이름은 황린(黃璘)이 아니라 황린(黃麟)으로 기록되어 있다.

1992년 : 대성전 보수

1994년 : 대성전 및 동 · 서무 보수

3. 입지 및 배치[419]

합천향교는 야로면사무소 뒤편의 조그만 공터 뒤에 있는 야로중학교와 담장을 맞대고
있다.

배치 형태는 대성전과 명륜당의 축이 병렬로 하여 대성전을 약간 뒤로 배치시킨 좌묘우
학(左廟右學)의 형식이다. 향교 일곽은 담장을 둘렀으며, 제향 영역은 별도의 담을 두르고
삼문을 설치하였다.

제향 영역과 강학 영역의 지반 차이는 별로 없으며 남향으로 건물을 앉혔고, 명륜당 앞
으로는 넓은 마당을 두고 서측편에 커다란 은행나무가 심어져 있다.

현존하는 건물은 대성전, 명륜당 이외에 동무, 서무와 내삼문, 영귀루 등이며, 오른편
전면 담장 끝에는 임진왜란때 향교를 지킨 정씨부인의 사당이 있다.

4. 문화재 지정과 관리(유적과 유물)

종목 및 지정일 : 경상남도 유형문화재 제228호 / 지정일(1983년 8월 12일)

소재지 : 경상남도 합천군 야로면 구정리 311번지

소유자 및 관리자 : 경남향교재단

---

418) 한욱, 「합천향교」『경상남도의 향교 건축』下, 국립문화재연구소, 2004, 234~235쪽을 바탕으로 글
을 다듬고 고쳤다.

5. 건물

대성전/동·서무/내삼문/명륜당/영귀루/관리사/문간채/화장실

〈사진 151〉 합천향교 명륜당

〈사진 152〉 합천향교 대성전

〈사진 153〉 합천향교 정부인(鄭夫人) 사당

328

6. 참고문헌

『新增東國輿地勝覽』 권32, 陜川郡 學校.
『慶尙道邑誌』, 陜川郡 學校 鄕校(아세아문화사 1982 영인)

姜大敏,『韓國의 鄕校硏究』, 경성대 출판부, 1992.
정순우, 「경상남도의 향교」『慶尙南道의 鄕土文化』下, 韓國精神文化硏究院, 1999.
한욱, 「합천향교」『경상남도의 향교 건축』下, 국립문화재연구소, 2004.
陜川鄕校誌發刊委員會, 「陜川鄕校史」『陜川鄕校誌』, 陜川鄕校, 1989.

문화재청, 「합천향교」『국가문화유산포털』(http://www.heritage.go.kr)
한국정신문화연구원, 「합천향교」『민족문화대백과사전』(http://www.encykorea.com)

참고문헌

Ⅰ. 향교지(鄕校誌)

居昌鄕校,『居昌鄕校誌』, 2002.
固城鄕校誌編纂委員會,『固城鄕校誌』, 固城鄕校, 2002.
金海鄕校,『金海鄕校誌』, 2007.
南海鄕校,『南海鄕校誌』, 1998.
丹城鄕校,『丹城鄕校誌』, 2008.
潭陽鄕校,『潭陽鄕校誌』, 1997.
靈光鄕校誌編纂委員會,『靈光鄕校誌』, 靈光鄕校, 1988.
龍宮鄕校,『龍宮鄕校誌』 上·下, 2005.
密陽鄕校誌編纂委員會,『密陽鄕校誌』, 密陽文化院, 2004.
報恩鄕校,『報恩鄕校誌』, 2003.
輔仁會,『校宮記輯錄』, 성균관대학교 출판부, 2003.
釜山産業大學校 鄕土文化硏究所,『釜山慶南鄕校記文』, 1986.
山淸鄕校,『山淸鄕校誌』, 2010.
三嘉鄕校,『三嘉鄕校懸板集成』, 2007.
尙州鄕校,『尙州鄕校誌』, 2001.
星州鄕校,『星州鄕校誌』, 2011.
順天鄕校,『順天鄕校史』, 2000.
安義鄕校,『安義鄕校誌』, 2009.
梁山鄕校,『梁山鄕校誌』, 1999.
陽城鄕校,『陽城鄕校誌』, 2010.
榮州鄕校,『榮州鄕校誌』, 2003.
莞島鄕校誌編纂委員會,『莞島鄕校誌』, 莞島鄕校, 1980.
宜寧鄕校,『校宮誌』, 2008.
晋州鄕校,『晋州鄕校誌』, 1997.

昌寧鄕校誌編纂委員會, 『昌寧鄕校誌』, 昌寧鄕校, 2012.

昌原鄕校誌編纂委員會, 『昌原鄕校誌』, 昌原鄕校, 2004.

鐵原鄕校誌編纂委員會, 『鐵原鄕校誌』, 鐵原鄕校, 1997.

靑松鄕校, 『靑松鄕校誌』, 2010.

漆原鄕校, 『漆原鄕校誌』, 2002.

河東鄕校誌編纂委員會, 『河東鄕校誌』, 河東鄕校, 2003.

韓國精神文化硏究院, 『古文書集成七十三−丹城鄕校篇−』, 韓國精神文化硏究院, 2004.

咸安鄕校誌編纂委員會, 『咸安鄕校誌』, 咸安鄕校, 2010.

咸陽鄕校, 『咸陽鄕校誌』, 2010.

陜川鄕校, 『陜川校誌』, 간행년도 미상.

陜川鄕校誌發刊委員會, 『陜川鄕校誌』, 陜川鄕校, 1989.

Ⅱ. 경남의 향교 자료

〈공통〉

姜大敏, 『韓國의 鄕校硏究』, 경성대학교 출판부, 1992.

강영환·한욱 외, 『경상남도의 향교 건축』上·下, 국립문화재연구소, 2004.

경남건축가협회, 『경남의 전통건축』, 창원대 경남학연구센터, 2010.

경상남도, 『문화재목록』, 2011.

정순우, 「경상남도의 향교」『慶尙南道의 鄕土文化』下, 韓國精神文化硏究院, 1999.

문화재청, 『국가문화유산포털』(http://www.heritage.go.kr).

한국정신문화연구원, 『민족문화대백과사전』(http://www.encykorea.com).

○ 거제시
〈巨濟향교〉

巨濟鄕校, 「儒鄕任新定節目」, 1802.

釜山産業大學校 鄕土文化硏究所, 「(巨濟)鄕校重建記(1779)」『釜山慶南鄕校記文』, 1986.

釜山産業大學校 鄕土文化硏究所, 「(巨濟)鄕校重修記(1823)」『釜山慶南鄕校記文』, 1986.

釜山産業大學校 鄕土文化硏究所, 「(巨濟)鄕校移建記(1865)」『釜山慶南鄕校記文』, 1986.

釜山産業大學校 鄕土文化硏究所, 「(巨濟)鄕校重修記(1884)」『釜山慶南鄕校記文』, 1986.

釜山産業大學校 鄕土文化硏究所, 「岐城鄕校風化樓重修記(1885)」『釜山慶南鄕校記文』, 1986.

巨濟市誌編纂委員會,「거제향교」『巨濟市誌』, 거제시, 2002.

○ 거창군
〈居昌향교〉
居昌鄕校,「大成殿重修記(1863)」『居昌鄕校誌』, 2002.
居昌鄕校,「大成殿重修記(1870)」『居昌鄕校誌』, 2002.
釜山産業大學校 鄕土文化研究所,「(居昌鄕校)大成殿重修記(1810)」『釜山慶南鄕校記文』, 1986.
釜山産業大學校 鄕土文化研究所,「(居昌鄕校)東齋重修記(1840)」『釜山慶南鄕校記文』, 1986.

居昌鄕校,「居昌鄕校 沿革」『居昌鄕校誌』, 2002.

○ 고성군
〈固城향교〉
固城鄕校誌編纂委員會,「風化樓重修記(1920)」『固城鄕校誌』, 固城鄕校, 2002.
固城鄕校誌編纂委員會,「聖廟重修記(1921)」『固城鄕校誌』, 固城鄕校, 2002.
固城鄕校誌編纂委員會,「鄕校重修記(1930)」『固城鄕校誌』, 固城鄕校, 2002.
固城鄕校誌編纂委員會,「文廟重修記(1937)」『固城鄕校誌』, 固城鄕校, 2002.
固城鄕校誌編纂委員會,「聖廟重修記(1942)」『固城鄕校誌』, 固城鄕校, 2002.
固城鄕校誌編纂委員會,「文廟重修記(1946)」『固城鄕校誌』, 固城鄕校, 2002.
固城鄕校誌編纂委員會,「文廟重修記(1956)」『固城鄕校誌』, 固城鄕校, 2002.
固城鄕校誌編纂委員會,「校宮重修記(1958)」『固城鄕校誌』, 固城鄕校, 2002.
固城鄕校誌編纂委員會,「風化樓重修記(1962)」『固城鄕校誌』, 固城鄕校, 2002.
固城鄕校誌編纂委員會,「固城鄕校修理記(1968)」『固城鄕校誌』, 固城鄕校, 2002.
釜山産業大學校 鄕土文化研究所,「鐵城鄕校風化樓重建記(1774)」『釜山慶南鄕校記文』, 1986.
釜山産業大學校 鄕土文化研究所,「(固城鄕校)明倫堂修建記實(1779)」『釜山慶南鄕校記文』, 1986.
釜山産業大學校 鄕土文化研究所,「(固城鄕校)嘉慶二十二年丁丑云云(1817)」『釜山慶南鄕校記文』,
    1986.
釜山産業大學校 鄕土文化研究所,「(固城鄕校)道光二年壬午三月日 明倫堂重修錄(1821)」『釜山慶南
    鄕校記文』, 1986.
釜山産業大學校 鄕土文化研究所,「(固城鄕校)風化樓重建記(1824)」『釜山慶南鄕校記文』, 1986.
釜山産業大學校 鄕土文化研究所,「(固城鄕校)大成殿改建錄(1838)」『釜山慶南鄕校記文』, 1986.
釜山産業大學校 鄕土文化研究所,「(固城鄕校)重修錄(1848)」『釜山慶南鄕校記文』, 1986.

釜山産業大學校 鄕土文化硏究所,「(固城鄕校)大成殿翻瓦錄(1862)」『釜山慶南鄕校記文』, 1986.

釜山産業大學校 鄕土文化硏究所,「(固城鄕校)鄕校移建實記(1876)」『釜山慶南鄕校記文』, 1986.

釜山産業大學校 鄕土文化硏究所,「(固城鄕校)校宮重建資助實蹟記(1876)」『釜山慶南鄕校記文』, 1986.

釜山産業大學校 鄕土文化硏究所,「(固城鄕校)校宮翻瓦錄(1884)」『釜山慶南鄕校記文』, 1986.

釜山産業大學校 鄕土文化硏究所,「(固城鄕校)校宮修葺(1904)」『釜山慶南鄕校記文』, 1986.

固城郡誌編纂委員會,「鄕校와 書院」『固城郡誌』, 1995.

○ 김해시

〈金海향교〉

李穀,「金海府鄕校水軒記」『稼亭集』 권2.

金海鄕校,「風化樓上梁文(1810)」『金海鄕校誌』, 2007.

金海鄕校,「金海鄕校重修記(1966)」『金海鄕校誌』, 2007.

金海鄕校,「金海鄕校大成殿修理記(1966)」『金海鄕校誌』, 2007.

釜山産業大學校 鄕土文化硏究所,「(金海鄕校)校宮重修記(1880)」『釜山慶南鄕校記文』, 1986.

釜山産業大學校 鄕土文化硏究所,「(金海)鄕校重修記(1885)」『釜山慶南鄕校記文』, 1986.

釜山産業大學校 鄕土文化硏究所,「金海鄕校重修記(1887)」『釜山慶南鄕校記文』, 1986.

釜山産業大學校 鄕土文化硏究所,「(金海鄕校)校宮重修記(1904)」『釜山慶南鄕校記文』, 1986.

金海鄕校,「金海鄕校의 沿革」『金海鄕校誌』, 2007.

○ 남해군

〈南海향교〉

南海鄕校,「乾隆三年戊午十月二十一日立柱上樑文(1738)」『南海鄕校誌』, 1998.

南海鄕校,「崇禎紀元後三戊寅年七月二四日立柱上樑文(1758)」『南海鄕校誌』, 1998.

南海鄕校,「崇禎紀元後三丁卯年十一月初六日立柱上樑文(1807)」『南海鄕校誌』, 1998.

南海鄕校,「崇禎紀元後四癸卯正月二十九日上樑文(1843)」『南海鄕校誌』, 1998.

南海鄕校,「明倫堂記(1917)」『南海鄕校誌』, 1998.

南海鄕校,「明倫堂重建實記(1917)」『南海鄕校誌』, 1998.

南海鄕校,「明倫堂重修上樑文(1933)」『南海鄕校誌』, 1998.

南海鄕校,「補修翻瓦記(1949)」『南海鄕校誌』, 1998.

南海鄕校,「南海鄕校明倫學校建築事蹟記(1953)」『南海鄕校誌』, 1998.

南海鄕校, 「南海鄕校丹雘記(1975)」『南海鄕校誌』, 1998.
釜山産業大學校 鄕土文化硏究所, 「(南海鄕校)明倫堂記(1917)」『釜山慶南鄕校記文』, 1986.

南海鄕校, 「沿革」『南海鄕校誌』, 1998.

○ 밀양시
〈密陽향교〉

林椿, 「鄕校諸生見招飮作詩謝之」『西河集』 권2.
釜山産業大學校 鄕土文化硏究所, 「(密陽鄕校)校宮移建記(1820)」『釜山慶南鄕校記文』, 1986.
釜山産業大學校 鄕土文化硏究所, 「(密陽鄕校)校宮永思錄(1876)」『釜山慶南鄕校記文』, 1986.

密陽誌編纂委員會, 「鄕校」『密陽誌』, 密陽文化院, 1987.
密陽鄕校誌編纂委員會, 「밀양향교의 역사」『密陽鄕校誌』, 2004.
尹熙勉, 「慶州司馬所에 대한 一考察」『歷史敎育』 37·38, 歷史敎育硏究會, 1985.

○ 사천시
〈昆陽향교〉

昆陽鄕校, 『昆陽鄕校校屯帳册(1854)』(姜大敏, 「鄕校의 財政的 基盤」『韓國의 鄕校硏究』, 경성대 출
    판부, 1992, 재인용).
釜山産業大學校 鄕土文化硏究所, 「昆陽鄕校殿內修繕屬村除役節目 並序(1819)」『釜山慶南鄕校記
    文』, 1986
釜山産業大學校 鄕土文化硏究所, 「(昆陽鄕校)西廡重修記(1863)」『釜山慶南鄕校記文』, 1986
釜山産業大學校 鄕土文化硏究所, 「(昆陽鄕校)節目(1869)」『釜山慶南鄕校記文』, 1986.
釜山産業大學校 鄕土文化硏究所, 「(昆陽鄕校)風化樓重修記(1869)」『釜山慶南鄕校記文』, 1986

泗川郡誌編纂委員會, 「昆陽鄕校」『泗川郡誌』, 泗川郡, 1990.

〈泗川향교〉

釜山産業大學校 鄕土文化硏究所, 「泗川鄕校重修記(1914)」『釜山慶南鄕校記文』, 1986.
泗川郡誌編纂委員會, 「泗川鄕校」『泗川郡誌』, 泗川郡, 1990.

○ 산청군
〈丹城향교〉

丹城鄕校, 「聖廟重修記(1680)」 『丹城鄕校誌』, 2008.
丹城鄕校, 「明倫堂記(1728)」 『丹城鄕校誌』, 2008.
丹城鄕校, 「聖廟重修記(1841)」 『丹城鄕校誌』, 2008.
丹城鄕校, 「鄕校重修記(1865)」 『丹城鄕校誌』, 2008.
丹城鄕校, 「縣學重修記(1895)」 『丹城鄕校誌』, 2008.
丹城鄕校, 「鄕校重修記(1909)」 『丹城鄕校誌』, 2008.
丹城鄕校, 「聖廟重修記(1914)」 『丹城鄕校誌』, 2008.
丹城鄕校, 「丹城鄕校重修記(1937)」 『丹城鄕校誌』, 2008.
「(丹城鄕校)鄕校卜戶釐弊記(1753)」(姜大敏, 「鄕校의 財政的 基盤」 『韓國의 鄕校硏究』, 경성대 출판
　　　부, 1992, 재인용).

丹城鄕校, 「丹城鄕校沿革」 『丹城鄕校誌』, 2008.
山淸郡誌編纂委員會, 「단성향교」 『山淸郡誌』, 山淸郡·山淸文化院, 2006.

〈山淸향교〉
山淸鄕校, 「山淸鄕校 大成殿重修記(1807)」 『山淸鄕校誌』, 2010.
山淸鄕校, 「山淸鄕校 庚申三月大成殿重修記(1860)」 『山淸鄕校誌』, 2010.
山淸鄕校, 「山淸鄕校 明倫堂重建記(1861)」 『山淸鄕校誌』, 2010.
山淸鄕校, 「山淸鄕校 明倫堂重修記(1870)」 『山淸鄕校誌』, 2010.
山淸鄕校, 「山淸鄕校 明倫堂重修記(1881)」 『山淸鄕校誌』, 2010.
山淸鄕校, 「山淸鄕校 校宮垣墻修補記(1896)」 『山淸鄕校誌』, 2010.
山淸鄕校, 「山淸鄕校 明倫堂重建記(1921)」 『山淸鄕校誌』, 2010.

山淸鄕校, 「山淸鄕校 沿革」 『山淸鄕校誌』, 2010.
山淸鄕校, 「山淸鄕校 現況」 『山淸鄕校誌』, 2010.

○ 양산시
〈梁山향교〉
梁山鄕校, 「鄕校重修記文(1636)」 『梁山鄕校誌』, 1999.
梁山鄕校, 「鄕校移建記文(1684)」 『梁山鄕校誌』, 1999.
梁山鄕校, 「鄕校重修記文(1863)」 『梁山鄕校誌』, 1999.
梁山鄕校, 「舊誌」 『梁山鄕校誌』, 1999.
梁山鄕校, 「鄕校重修記文(1955)」 『梁山鄕校誌』, 1999.

梁山鄕校, 「明倫堂重建上樑文并銘(1985)」『梁山鄕校誌』, 1999.

釜山産業大學校 鄕土文化硏究所, 「梁山鄕校重建記(1626)」『釜山慶南鄕校記文』, 1986.

梁山鄕校, 「梁山鄕校 沿革」『梁山鄕校誌』, 1999.

○ 의령군

〈宜寧향교〉

『宜春誌』 권1, 學校.(『韓國近代邑誌』, 한국인문과학원 1991 영인)

宜寧鄕校, 「敍重修記後(1849)」『校宮誌』, 2008.

宜寧鄕校, 「誌文跋(1849)」『校宮誌』, 2008.

釜山産業大學校 鄕土文化硏究所, 「(宜寧鄕校)庚辰年春余以不才云云(1821)」『釜山慶南鄕校記文』,
        1986.

釜山産業大學校 鄕土文化硏究所, 「(宜寧鄕校)校宮重建記(1849)」『釜山慶南鄕校記文』, 1986.

釜山産業大學校 鄕土文化硏究所, 「(宜寧鄕校)校宮器服新造重修記(1858)」『釜山慶南鄕校記文』,
        1986.

釜山産業大學校 鄕土文化硏究所, 「(宜寧鄕校)光學錢記(1865)」『釜山慶南鄕校記文』, 1986.

釜山産業大學校 鄕土文化硏究所, 「(宜寧鄕校)明倫堂重修記(1879)」『釜山慶南鄕校記文』, 1986.

釜山産業大學校 鄕土文化硏究所, 「(宜寧鄕校)校宮置贍學錢記(1884)」『釜山慶南鄕校記文』, 1986.

釜山産業大學校 鄕土文化硏究所, 「(宜寧鄕校)慕聖崇學記(1888)」『釜山慶南鄕校記文』, 1986.

釜山産業大學校 鄕土文化硏究所, 「(宜寧鄕校)補學錢拮据記(1892)」『釜山慶南鄕校記文』, 1986.

宜寧郡誌編纂委員會, 「향교, 흥학당의 교육」『宜寧郡誌』, 의령군, 2003.

○ 진주시

〈晉州향교〉

『晉陽誌』 권2, 鄕校.(『朝鮮時代私撰邑誌』, 한국인문과학원 1989년 영인)

『晉陽誌續修』 學校.(『韓國近代邑誌』, 한국인문과학원 1991년 영인)

晉州鄕校, 「四敎堂記(1449)」『晉州鄕校誌』, 1997.

晉州鄕校, 「風化樓重修記(1740)」『晉州鄕校誌』, 1997.

晉州鄕校, 「嶺南晉州校宮移建事蹟碑文(1752)」『晉州鄕校誌』, 1997.

晉州鄕校, 「風化樓重修記(1806)」『晉州鄕校誌』, 1997.

晉州鄕校, 「明倫堂移建記(1969)」『晉州鄕校誌』, 1997.

晉州鄕校, 「文廟重修記(1979)」『晉州鄕校誌』, 1997.

晋州鄕校, 「鄕校補修記(1983)」『晋州鄕校誌』, 1997.
晋州鄕校, 「風化樓重修上樑文(1984)」『晋州鄕校誌』, 1997.
晋州鄕校, 「四敎堂復元記(1986)」『晋州鄕校誌』, 1997.
釜山産業大學校 鄕土文化硏究所, 「(晋州鄕校)風化樓重修記(1740)」『釜山慶南鄕校記文』, 1986.

晋州鄕校, 「鄕校沿革」『晋州鄕校誌』, 1997.

○ 창녕군
〈靈山향교〉
昌寧郡誌編纂委員會, 「鄕校」『昌寧郡誌』, 昌寧郡誌編纂委員會, 2003.

〈昌寧향교〉
昌寧鄕校誌編纂委員會, 「大聖殿重修記」『昌寧鄕校誌』, 昌寧鄕校, 2012.
昌寧鄕校誌編纂委員會, 「鄕校任員錄」『昌寧鄕校誌』, 昌寧鄕校, 2012.
釜山産業大學校 鄕土文化硏究所, 「(昌寧鄕校)鄕校需米撟捄節目(1849)」『釜山慶南鄕校記文』, 1986.
釜山産業大學校 鄕土文化硏究所, 「(昌寧鄕校)癸巳十一月節目(1893)」『釜山慶南鄕校記文』, 1986.
釜山産業大學校 鄕土文化硏究所, 「(昌寧鄕校)甲辰十月重修記(1904)」『釜山慶南鄕校記文』, 1986.

昌寧郡誌編纂委員會, 「鄕校」『昌寧郡誌』, 昌寧郡誌編纂委員會, 2003.
昌寧鄕校誌編纂委員會, 「鄕校沿革」『昌寧鄕校誌』, 昌寧鄕校, 2012.

○ 창원시
〈馬山향교〉
辛容局, 「鄕校」『馬山市史』, 馬山市史編纂委員會, 1997.

〈창원향교〉
釜山産業大學校 鄕土文化硏究所, 「(昌原鄕校)風化樓記(1764)」『釜山慶南鄕校記文』, 1986.
釜山産業大學校 鄕土文化硏究所, 「(昌原鄕校)移交序(1767)」『釜山慶南鄕校記文』, 1986.
釜山産業大學校 鄕土文化硏究所, 「(昌原鄕校)明倫堂重修記(1780)」『釜山慶南鄕校記文』, 1986.
釜山産業大學校 鄕土文化硏究所, 「(昌原鄕校)育英齋記(1803)」『釜山慶南鄕校記文』, 1986.
釜山産業大學校 鄕土文化硏究所, 「(昌原鄕校)風化樓西齋重修記(1841)」『釜山慶南鄕校記文』, 1986.
釜山産業大學校 鄕土文化硏究所, 「(昌原鄕校)校宮宰脯實記(1886)」『釜山慶南鄕校記文』, 1986.
釜山産業大學校 鄕土文化硏究所, 「(昌原鄕校)西齋祛弊記(1890)」『釜山慶南鄕校記文』, 1986.

昌原鄕校誌編纂委員會, 『昌原鄕校誌』, 昌原鄕校, 2004.
閔肯基 역주, 『昌原府邑誌』, 창원문화원, 2005.

辛容局, 「鄕校」 『昌原市史』, 昌原市史編纂委員會, 1997.
장성진, 「창원의 교육기관-향교와 서원」 『창원600년사-창원의 어제』, 창원문화원, 2009.

○ 통영시
〈統營향교〉
釜山産業大學校 鄕土文化硏究所, 「(統營鄕校)文廟刱建記(1901)」 『釜山慶南鄕校記文』, 1986.
統營市誌編纂委員會, 「統營鄕校」 『統營市誌』, 1999.

○ 하동군
〈河東향교〉
『河東邑誌』 學校.(『韓國近代邑誌』, 한국인문과학원 1991년 영인)
河東鄕校誌編纂委員會, 「鄕校修理記(1893)」 『河東鄕校誌』, 河東鄕校, 2003.
河東鄕校誌編纂委員會, 「校宮修理記(1894)」 『河東鄕校誌』, 河東鄕校, 2003.
河東鄕校誌編纂委員會, 「河東郡文廟重修記(1894)」 『河東鄕校誌』, 河東鄕校, 2003.
河東鄕校誌編纂委員會, 「西齋重修記(1906)」 『河東鄕校誌』, 河東鄕校, 2003.
河東鄕校誌編纂委員會, 「文廟重修記(1915)」 『河東鄕校誌』, 河東鄕校, 2003.
河東鄕校誌編纂委員會, 「河東鄕學重修記(1920)」 『河東鄕校誌』, 河東鄕校, 2003.
河東鄕校誌編纂委員會, 「文廟重修記(1938)」 『河東鄕校誌』, 河東鄕校, 2003.
河東鄕校誌編纂委員會, 「風化樓重修記(1939)」 『河東鄕校誌』, 河東鄕校, 2003.
河東鄕校誌編纂委員會, 「鄕校修繕記(1947)」 『河東鄕校誌』, 河東鄕校, 2003.
河東鄕校誌編纂委員會, 「鄕校重修記(1959)」 『河東鄕校誌』, 河東鄕校, 2003.
河東鄕校誌編纂委員會, 「養士齋記(1984)」 『河東鄕校誌』, 河東鄕校, 2003.
釜山産業大學校 鄕土文化硏究所, 「(河東鄕校)粵辛丑夏密陽朴侯云云(1903)」 『釜山慶南鄕校記文』,
        1986.

河東鄕校誌編纂委員會, 「河東鄕校의 淵源과 變遷」 『河東鄕校誌』, 河東鄕校, 2003.

○ 함안군
〈漆原향교〉
漆原鄕校, 「大成殿重修記(1846)」 『漆原鄕校誌』, 2002.

漆原鄕校, 「鄕校修補記(1879)」『漆原鄕校誌』, 2002

漆原鄕校, 「鄕校重修記(1891)」『漆原鄕校誌』, 2002.

漆原鄕校, 「龜城記(1904)」『漆原鄕校誌』, 2002.

辛容局, 「鄕校」『咸安郡誌』, 咸安郡, 1997.

〈咸安향교〉

咸安鄕校誌編纂委員會, 「文廟重修記(1920)」『咸安鄕校誌』, 咸安鄕校, 2010.

咸安鄕校誌編纂委員會, 「明倫堂重修記(1920)」『咸安鄕校誌』, 咸安鄕校, 2010.

咸安鄕校誌編纂委員會, 「明倫堂重修記(1959)」『咸安鄕校誌』, 咸安鄕校, 2010.

咸安鄕校誌編纂委員會, 「明倫堂重新事實記(1959)」『咸安鄕校誌』, 咸安鄕校, 2010.

咸安鄕校誌編纂委員會, 「明倫堂重修上樑文(1959)」『咸安鄕校誌』, 咸安鄕校, 2010.

咸安鄕校誌編纂委員會, 「大成殿補修東齋復舊事實記(1968)」『咸安鄕校誌』, 咸安鄕校, 2010.

咸安鄕校誌編纂委員會, 「西齋重建記(1974)」『咸安鄕校誌』, 咸安鄕校, 2010.

咸安鄕校誌編纂委員會, 「咸安鄕校 近代 重·補修記」『咸安鄕校誌』, 咸安鄕校, 2010.

咸安鄕校誌編纂委員會, 「咸安鄕校의 沿革」『咸安鄕校誌』, 咸安鄕校, 2010.

咸安文化院, 「鄕校」『國譯咸州誌』, 2009.

辛容局, 「鄕校」『咸安郡誌』, 咸安郡誌編纂委員會, 1997.

○ 함양군

〈安義향교〉

『花林誌』 권上, 學校 鄕校.(『韓國近代道誌』, 한국인문과학원, 1991년 영인)

安義鄕校, 「鄕校重修碑文(1777)」『安義鄕校誌』, 2009.

安義鄕校, 「鄕校修理記(1818)」『安義鄕校誌』, 2009.

安義鄕校, 「明倫堂修理記(1819)」『安義鄕校誌』, 2009.

安義鄕校, 「校宮修理記(1820)」『安義鄕校誌』, 2009.

安義鄕校, 「鄕校重線記(1826)」『安義鄕校誌』, 2009.

安義鄕校, 「鄕校重修記(1837)」『安義鄕校誌』, 2009.

安義鄕校, 「重修記(1854)」『安義鄕校誌』, 2009.

安義鄕校, 「校宮修理記(1864)」『安義鄕校誌』, 2009.

安義鄕校, 「大成殿內三門重修記(1866)」『安義鄕校誌』, 2009.

安義鄕校, 「校宮重修記(1873)」『安義鄕校誌』, 2009.

安義鄕校, 「明倫堂重修記(1873)」『安義鄕校誌』, 2009.

安義鄕校, 「校宮修理祭服改備社畓卌置記(1883)」 『安義鄕校誌』, 2009.
安義鄕校, 「花林縣鄕校重修記(1887)」 『安義鄕校誌』, 2009.
安義鄕校, 「在川樓重修記(1891)」 『安義鄕校誌』, 2009.
安義鄕校, 「鄕校重修記(1892)」 『安義鄕校誌』, 2009.
安義鄕校, 「大成殿担墻重修記(1898)」 『安義鄕校誌』, 2009.
安義鄕校, 「鄕校重修記(1918)」 『安義鄕校誌』, 2009.
安義鄕校, 「在川樓重修記(1918)」 『安義鄕校誌』, 2009.
安義鄕校, 「校宮修理記(1924)」 『安義鄕校誌』, 2009.
釜山産業大學校 鄕土文化研究所, 「(安義)鄕校重修後節目序(1859)」 『釜山慶南鄕校記文』, 1986.
釜山産業大學校 鄕土文化研究所, 「(安義)鄕校節目小序(1778)」 『釜山慶南鄕校記文』, 1986.
釜山産業大學校 鄕土文化研究所, 「(安義鄕校)明倫堂修理記(1879)」 『釜山慶南鄕校記文』, 1986.
釜山産業大學校 鄕土文化研究所, 「(安義鄕校)校宮修理記(1880)」 『釜山慶南鄕校記文』, 1986.
釜山産業大學校 鄕土文化研究所, 「(安義鄕校)書金功曹鎭源出義捐財卌置社稷位畓新備祭齋服修理聖
　　　殿內外堂廡墻垣等事(1883)」 『釜山慶南鄕校記文』, 1986.
釜山産業大學校 鄕土文化研究所, 「(安義鄕校)完文(1892)」 『釜山慶南鄕校記文』, 1986.

安義鄕校, 「安義鄕校沿革」 『安義鄕校誌』, 2009.

〈咸陽향교〉
咸陽鄕校, 「蓮桂齋題名錄序」 『咸陽鄕校誌』, 2010.
咸陽鄕校, 「沿革」 『咸陽鄕校誌』, 2010.

○ 합천군
〈江陽향교〉
합천향교, 『陜川校誌』, 간행년도 미상.

부산대학교 한국민족문화연구소, 「강양향교」 『일반동산문화재 다량소장처 실태조사 보고서』, 문화
　　　재청, 2007.

〈三嘉향교〉
三嘉鄕校, 「三嘉鄕校移建上樑文(1826)」 『三嘉鄕校懸板集成』, 2007.
三嘉鄕校, 「風化樓上樑文(1826)」 『三嘉鄕校懸板集成』, 2007.
三嘉鄕校, 「夫子廟移建記(1826)」 『三嘉鄕校懸板集成』, 2007.

三嘉鄕校,「風化樓記(1826)」『三嘉鄕校懸板集成』, 2007.

三嘉鄕校,「興學堂重修記(1826)」『三嘉鄕校懸板集成』, 2007.

三嘉鄕校,「司馬齋重修記(1897)」『三嘉鄕校懸板集成』, 2007.

三嘉鄕校,「三嘉鄕校重修記(1967)」『三嘉鄕校懸板集成』, 2007.

부산대학교 한국민족문화연구소,「삼가향교」『일반동산문화재 다량소장처 실태조사 보고서』, 문화
    재청, 2007.

三嘉鄕校,「연혁」『三嘉鄕校懸板集成』, 2007.

尹熙勉,「朝鮮後期의 養士齋」『李元淳敎授華甲紀念史學論叢』, 1986.

尹熙勉,「鄕校와 兩班儒生의 鄕村活動」『朝鮮後期 鄕校 硏究』, 一潮閣, 1990.

〈草溪향교〉

釜山産業大學校 鄕土文化硏究所,「(草溪鄕校)校宮重修記(1843)」『釜山慶南鄕校記文』, 1986.

釜山産業大學校 鄕土文化硏究所,「(草溪鄕校)完議文(1885)」『釜山慶南鄕校記文』, 1986.

부산대학교 한국민족문화연구소,「초계향교」『일반동산문화재 다량소장처 실태조사 보고서』, 문화
    재청, 2007.

陜川文化院,「草溪鄕校」『陜川鄕案誌』, 2008.

〈陜川향교〉

陜川鄕校誌發刊委員會,「陜川鄕校史」『陜川鄕校誌』, 陜川鄕校, 1989.

부산대학교 한국민족문화연구소,「합천향교」『일반동산문화재 다량소장처 실태조사 보고서』, 문화
    재청, 2007.

Ⅲ. 저서 및 논문

1. 저서 및 학위논문

姜大敏,『韓國의 鄕校硏究』, 경성대 출판부, 1992.

경주유교문화유적편찬위원회,『경주유교문화유적』, 경주향교, 2010.

國立文化財硏究所,『경상북도의 향교건축-남서부편-』, 國立文化財硏究所, 2002.

國立文化財硏究所,『경상북도의 향교건축-북동부편-』, 國立文化財硏究所, 2003.

國立文化財研究所,『경상남도의 향교건축』上·下, 國立文化財研究所, 2004.

金龍德,『韓國制度史研究』, 一潮閣, 1983.

閔丙河,『韓國中世敎育制度史研究』, 성균관대 출판부, 1992.

朴贊洙,『高麗時代 敎育制度史 硏究』, 景仁文化社, 2001.

宋春永,『高麗時代雜學敎育研究』, 螢雪出版社, 1998.

申千湜,『高麗敎育制度史研究』, 螢雪出版社, 1983.

申千湜,『高麗敎育史研究』, 景仁文化社, 1995.

尹熙勉,『朝鮮後期鄕校研究』, 一潮閣, 1990.

韓國精神文化研究院,『慶尙南道의 鄕土文化』, 韓國精神文化研究院, 1999.

김명우,『日帝 植民地時期 鄕校 研究』, 중앙대학교 박사학위논문, 2008.

김선홍,『京畿道 所在 鄕校의 立地에 관한 風水地理的 考察』, 동방대학교대학원 박사학위논문,
    2010.

배동기,『朝鮮時代 鄕校建築의 空間特性에 관한 研究-慶南地域 鄕校를 中心으로』, 동아대학교 석
    사학위논문, 1991.

손지영,『19세기 昌原鄕校 재정과 그 변화』, 부산대학교 석사학위논문, 2000.

이정국,『朝鮮時代 鄕校建築의 配置와 空間構成에 關한 研究-全羅道와 慶尙道를 中心으로』, 한양
    대학교 석사학위논문, 1990.

2. 논문

姜大敏,「朝鮮後期 鄕校의 財政的 基盤-嶺南地方鄕校의 記文을 中心으로」『富山史叢』2, 부산산업
    대학교 사학회, 1986.

姜大敏,「韓末 鄕校儒林의 動向研究-嶺南地方의 鄕校를 中心으로」『釜山史學』17, 釜山史學會,
    1989.

具滋赫,「仁川鄕校考」『畿甸文化研究』18, 인천교육대학교 기전문화연구소, 1989.

具滋赫,「富平鄕校考」『畿甸文化研究』22·23, 인천교육대학교 기전문화연구소, 1994.

권혁명,「향교의 생활상연구-학령, 경주향교·안동향교·복천향교 학령을 중심으로」『東洋古典研
    究』40, 東洋古典學會, 2010.

金德珍,「조선후기 순천향교의 재정실태」『順天鄕校史』, 順天鄕校, 2000.

金龍德,「朝鮮後期 鄕校 研究」『韓國史學』5, 한국정신문화연구원 역사연구실, 1983.

金明友,「조선시대의 향교교관-예우와 파견 중단시기를 중심으로」『中央史論』10·11, 中央大 中央
    史學研究所, 1998.

金明友,「조선시대 향교교관에 관한 고찰-예우 및 파견 중단시기를 중심으로」『韓國 近現代移行期
    社會研究』, 신서원, 2000.

金明友, 「일제강점기 향교 直員과 掌議」『中央史論』25, 中央大 中央史學研究所, 2007.

김무진, 「조선시대 성주의 교육체제」『韓國學論集』24, 啓明大學校 韓國學研究所, 1997.

김세봉, 「향교의 전국 분포 및 역사」『東洋古典研究』40, 東洋古典學會, 2010.

金若秀, 「경산군 일대 문화유적 지표조사보고(2)-새로 발견된 지석묘유적과 경산향교의 正神門舊
　　蹟·正神門重修記事를 중심으로」『향토문화』4, 향토문화연구회, 1988.

金容晩, 「比安鄕校小考」『향토문화』6, 향토문화연구회, 1991.

金容晩, 「大邱鄕校小考」『향토문화』7, 향토문화연구회, 1992.

김인규, 「향교의 교육과정과 교육방법」『東洋古典研究』40, 東洋古典學會, 2010.

김정인, 「일제강점기 鄕校의 변동추이-향교 재산 관련 공문서 분석을 중심으로」『한국민족운동사
　　연구』47, 한국민족운동사학회, 2006.

金俊亨, 「조선후기 丹城鄕校의 地位와 機能」『韓國中世史論叢』, 李樹健敎授停年紀念論叢刊行委員
　　會, 2000.

金晧東, 「麗末鮮初 鄕校敎育의 강화와 그 경제적 기반의 확보과정」『大丘史學』61, 大丘史學會,
　　2000.

金鎬逸, 「朝鮮後期 鄕校 調査報告-全羅南·北道篇」『韓國史學』5, 한국정신문화연구원 역사연구
　　실, 1983.

金鎬逸, 「朝鮮後期 鄕校調查 研究-忠淸南北道 및 江原道篇」『中央史論』4, 中央大 中央史學研究所,
　　1985.

金鎬逸, 「朝鮮時代 鄕校에 대하여」『道山學報』8, 道山學術研究院, 2001.

南虎鉉, 「순천향교의 건물구조」『順天鄕校史』, 順天鄕校, 2000.

류미나, 「식민지권력에의 '협력'과 좌절-經學院과 향교 및 문묘와의 관계를 중심으로」『韓國文化』
　　36, 서울大學校 韓國文化研究所, 2005.

朴連鎬, 「朝鮮前期 鄕校政策의 性格과 限界」『敎育史學研究』8, 서울大學校 敎育史學會, 1998.

박재복, 「향교설립 이전의 유가경전 수용과 교육현황」『東洋古典研究』42, 東洋古典學會, 2011.

박진철, 「朝鮮後期 鄕校의 靑衿儒生과 在地士族의 動向-羅州『靑衿案』分析을 中心으로」『韓國史學
　　報』25, 高麗史學會, 2006.

朴贊洙, 「高麗時代의 鄕校」『韓國史研究』42, 韓國史研究會, 1983.

邊東明, 「순천지역의 書院과 祠宇」『順天鄕校史』, 順天鄕校, 2000.

宋春永, 「高麗時代 鄕校의 變遷史的 考察」『歷史敎育』41, 歷史敎育研究會, 1987.

宋春永, 「高麗時代의 鄕校 敎育政策」『歷史敎育論集』11, 慶北大學校 歷史敎育學會, 1987.

宋春永, 「고려시대 지방교육과 경북지방 향교의 보급」『慶北鄕校誌』, 慶尙北道, 1991.

宋春永, 「지방의 교육기관」『한국사』17, 국사편찬위원회, 1994.

신창모, 「고려시기 향교에 대하여」『력사과학』173, 과학백과사전출판사, 1999.

신창모, 「리조후반기 당쟁이 향교발전에 미친 후과」『력사과학』 176, 과학백과사전출판사, 2000.

신창호, 「고등교육기관으로서 조선시대 향교의 교육이념과 역할」『東洋古典研究』 40, 東洋古典學會, 2010.

申千湜, 「朝鮮前期 鄕校職官 變遷考」『관동대논문집』 6, 관동대학교, 1978.

申千湜, 「朝鮮前期 鄕校의 敎科運營과 財政」『明知史論』 10, 明知史學會, 1999.

申解淳, 「朝鮮初期 敎官의 實態-四學·鄕校敎官의 非敎育的 側面을 中心으로」『現代史學의 諸問題-南溪 曺佐鎬博士 華甲紀念論叢』, 일조각, 1977.

安承俊, 「安東鄕校 學規類」『古文書研究』 6, 韓國古文書學會, 1994.

尹熙勉, 「慶州司馬所에 대한 一考察」『歷史敎育』 37·38, 歷史敎育研究會, 1985.

尹熙勉, 「朝鮮後期의 養士齋」『李元淳敎授華甲紀念史學論叢』, 1986.

尹熙勉, 「朝鮮後期 鄕校의 校任」『斗溪李丙燾博士九旬紀念 韓國史學論叢』, 지식산업사, 1987.

尹熙勉, 「朝鮮後期 鄕校의 經濟基盤」『韓國史研究』 61·62, 韓國史研究會, 1988.

尹熙勉, 「朝鮮後期 鄕校의 靑衿儒生」『東亞研究』 17, 西江大學校 東亞研究所, 1989.

尹熙勉, 「順天鄕校의 설립과 그 변천과정」『順天鄕校史』, 順天鄕校, 2000.

尹熙勉, 「조선시대 향교 교육의 전개 및 사회적 기능」『順天鄕校史』, 順天鄕校, 2000.

李京燁, 「순천향교와 郡縣祭儀」『順天鄕校史』, 順天鄕校, 2000.

李達勳·趙源燮, 「儒敎建築의 配置形式에 관한 研究-忠北地方의 鄕校를 中心으로」『金顯吉敎授停年紀念鄕土史學論叢』, 同刊行委員會, 1997.

이명화, 「조선總督府의 儒敎政策(1910-1920年代)」『한국독립운동사연구』 7, 독립기념관 한국독립운동사연구소, 1993.

이미림, 「향교의 현대적 활용방안 모색」『東洋古典研究』 42, 東洋古典學會, 2011.

李範稷, 「朝鮮前期 儒學敎育과 鄕校의 機能」『歷史敎育』 12, 歷史敎育研究會, 1976.

李成茂, 「朝鮮初期의 鄕校」『漢坡李相玉博士回甲論文集』, 敎文社, 1970.

이수봉, 「충북鄕校記文調査研究」『湖西文化研究』 10, 忠北大學校 湖西文化研究所, 1992.

李容吉, 「朝鮮時代의 落講充軍法과 鄕校의 敎育的 機能」『한국교육사학』 18, 한국교육학회 교육사연구회, 1996.

李政祐, 「朝鮮後期 在地士族의 동향과 儒林의 향촌지배-全羅道 錦山郡 書院·鄕校의 치폐와 古文書類의 작성을 중심으로」『朝鮮時代史學報』 7, 朝鮮時代史學會, 1998.

李海濬, 「朝鮮後期 晋州地方 儒戶의 實態-1832년 晋州鄕校修理記錄의 分析」『震檀學報』 60, 震檀學會, 1985.

전경목, 「조선후기의 교생-책을 읽을 수 없는 鄕校의 生徒」『古文書研究』 33, 韓國古文書學會, 2008.

鄭求福, 「16세기 고문서를 통해 본 鄕校의 祭儀와 學令」『朝鮮時代史學報』 9, 朝鮮時代史學會, 1999.

鄭求用, 「鄕校建築 計劃에 관한 硏究-강릉향교를 중심으로」『論文集』 24, 삼척공전, 1991.

丁淳佑, 「朝鮮後期 '營建日記'에 나타난 學校의 性格-祭儀的 機能과 그 意味를 중심으로」『정신문화연구』 57, 한국정신문화연구원, 1996.

丁淳佑, 「고문서를 통해서 본 촌락사회와 교육의 변동과정 연구-書院·鄕校運營에서의 役의 賦課와 施行方式을 중심으로」『정신문화연구』 77, 한국정신문화연구원, 1999.

丁淳佑, 「고문서를 통해서 본 경남지역 서원과 향교의 특성」『慶南文化研究』 22, 慶尙大 慶南文化研究所, 2000.

丁淳佑, 「朝鮮後期 養士齋의 性格과 敎育 活動」『정신문화연구』 57, 한국정신문화연구원, 1994.

鄭勝謨, 「書院·祠宇 및 鄕校 組織과 地域社會體系(上)」『泰東古典研究』 3, 翰林大學校 泰東古典研究所, 1987.

鄭勝謨, 「書院·祠宇 및 鄕校 組織과 地域社會體系(下)」『泰東古典研究』 5, 翰林大學校 泰東古典研究所, 1989.

鄭勝謨, 「鄕執綱案을 통해 본 조선후기 순천의 鄕權推移」『順天鄕校史』, 順天鄕校, 2000.

정진영, 「조선후기의 예안향교-『校案』과 『田畓案』 분석」『安東文化研究』 5, 安東文化研究會, 1991.

趙康熙, 「朝鮮時代 尙州鄕校의 社會 經濟的 基盤」『尙州文化研究』 2, 尙州産業大學 尙州文化研究所, 1992.

趙湲來, 「조선전기 순천지방의 新興士族과 鄕中人物」『順天鄕校史』, 順天鄕校, 2000.

趙湲來, 「조선후기 순천지방의 민정실태와 敎民興學의 방향-숙종대 부사 黃翼再의 지방행정사례를 중심으로」『順天鄕校史』, 順天鄕校, 2000.

조철제, 「경주향교」『경주문화』 12, 경주문화원, 2006.

崔允榛, 「高敞鄕校 東·西齋 儒生案에 대한 檢討」『宋俊浩敎授停年紀念論叢』, 송준호교수 정년기념 논총 간행위원회, 1987.

韓基汶, 「朝鮮時代 尙州鄕校의 位相과 變化」『尙州文化研究』 16, 尙州大學校 尙州文化研究所, 2006.

韓東一, 「朝鮮時代의 鄕校敎育政策에 관한 硏究」『成均館大學校論文集』 人文·社會系 16, 成均館大學校, 1971.

韓東一, 「朝鮮時代 鄕校의 生徒에 關한 一考察」『林漢永博士華甲紀念論叢』, 임한영박사 화갑기념 논문집 간행위원회, 1974.

韓東一, 「朝鮮時代 鄕校의 校生에 關한 硏究」『人文科學』 10, 成均館大學校 人文科學研究所, 1981.

韓東一, 「16세기 以後의 鄕校敎育制度」『大東文化研究』 17, 成均館大學校 大東文化研究院, 1983.

韓東一, 「朝鮮時代 鄕校敎育頹廢의 原因에 關한 硏究」『大東文化研究』 19, 成均館大學校 大東文化研究院, 1985.

洪英基, 「일제강점하 순천향교의 동향과 재정운용」『順天鄕校史』, 順天鄕校, 2000.

찾아보기

김우근(金友根) 194
김우명(金佑明) 97
김우전(金雨田) 210
김원두(金元斗) 248
김유(金紐) 62
김이만(金履萬) 201
김익성 145
김익훈(金益勳) 97
김익희(金益熙) 103
김인순(金麟淳) 126
김자점(金自點) 96, 113
김장(金丈) 247
김장(金璋) 247
김장대(金章大) 246
김전(金詮) 63, 71
김정(金淨) 69, 70
김종직(金宗直) 60
김준수(金俊修) 144
김증(金增) 151
김진환(金震桓) 246
김집(金集) 48, 94
김징(金澄) 311
김창협(金昌協) 103
김최진(金㝡鎭) 247
김태허(金太虛) 219
김포 90
김한식(金翰植) 194
김홍(金泓) 218
김황(金滉) 90

나순손(羅順孫) 261
나은(羅隱) 42
나주 61
나흥유(羅興儒) 57
남강 221
남계(南溪) 107
남계서원(藍溪書院) 61, 88
남곤(南袞) 63, 71, 88
남구만(南九萬) 103, 110
남부참봉 63
남산(南山) 42, 325
남송(南宋) 36, 39
남양 114
남은(南誾) 58
낭장 겸 합문지후(郎將兼閣門祇候) 56
내사령(內史令) 48
내상리(內廂里) 246
내섬시첨정(內贍侍僉正) 84
내시교관(內侍敎官) 113
내죽리(內竹里) 54
노경린(盧慶麟) 87
노국(魯國) 25
노사국(盧思國) 134
노세완(盧世琓) 246
노세환(盧世煥) 246
노수신(盧守愼) 74, 77, 88
노진(盧禛) 167, 297
노탄(盧坦) 248
능곡 194
능주 72

【ㄴ】

나동(螺洞) 262
나마(奈麻) 50, 51

【ㄷ】

다전동(茶田洞) 144

봉성동 278

봉암서원(鳳巖書院) 107, 114

봉양재(鳳陽齋) 248

봉잠산(鳳岑山) 54

부사(府使) 126

부사직(副司直) 113

부산서원(浮山書院) 107

부성군(富城郡) 43

부여 107

부제학 70

부주(涪州) 36

부지밀직사사 53

부필(富弼) 37

북경(北京) 80

북벌(北伐) 99

북부주부 63

북산(北山) 309

북송(北宋) 35

북송사철(北宋四哲) 38

북송오자(北宋五子) 38

북송초삼자(北宋初三子) 38

북한산 비봉(碑峯) 50

북해(北海) 37

비래동(飛來洞) 96

비봉곡(飛鳳谷) 218

비은어대(緋銀魚袋) 42

빈공과(賓貢科) 41

빙산(氷山) 44

【ㅅ】

사간 65

사강(士剛) 106

사계(沙溪) 92

사교당(四敎堂) 217

사구(司寇) 29

사당 170

사마광(司馬光) 36, 37

사마시 68

사마안(司馬案) 159, 209

사마재(司馬齋) 159, 209

사상가 25

사성(四性) 38, 56

사시사유(四時四維) 38

사예 56

사온(士蘊) 52

사옹(簑翁) 62

사옹원(司饔院) 93

사옹원봉사(司饔院奉事) 96

사옹원정(司饔院正) 84

사임당(師任堂) 87

「사잠(四箴)」 76

사재감정(司宰監正) 84

사정전(思政殿) 84

사직제 288

「사천향교중수기(泗川鄕校重修記)」 176

사칠이기설(四七理氣說) 83

사토(佐藤直方) 80

사포서(司圃署) 93

사헌부감찰 63

사헌부장령 63, 96

사헌부지평 85

사헌부집의 96

삭녕(朔寧) 83

산굴방촌(山屈坊村) 35

산당(山黨) 103

삼가흥학당 310

【ㅌ】

경남의 향교 연구진

연구책임자 : 구산우(창원대 사학과 교수)

공동연구원 : 성진석(창원대 사학과 박사과정 수료)